【 高等院校财务与会计系列教材 】

成本管理

Cost Management

刘彦文　吴灏文　主编

大连理工大学出版社

图书在版编目(CIP)数据

成本管理 / 刘彦文，吴灏文主编. — 大连：大连
理工大学出版社，2013.5
高等院校财务与会计系列教材
ISBN 978-7-5611-7789-1

Ⅰ. ①成… Ⅱ. ①刘… ②吴… Ⅲ. ①成本管理－高
等学校－教材 Ⅳ. ①F275.3

中国版本图书馆 CIP 数据核字(2013)第 085192 号

大连理工大学出版社出版
地址：大连市软件园路 80 号　邮政编码：116023
发行：0411-84708842　邮购：0411-84703636　传真：0411-84701466
E-mail:dutp@dutp.cn　URL:http://www.dutp.cn
大连力佳印务有限公司印刷　　大连理工大学出版社发行

幅面尺寸:170mm×240mm	印张:20.5	字数:430 千字
2013 年 5 月第 1 版		2013 年 5 月第 1 次印刷

责任编辑:邵　婉　　　　　　　　　　　　　　　责任校对:李　雪
封面设计:波　朗

ISBN 978-7-5611-7789-1　　　　　　　　　　　　定　价:36.00 元

高等院校财务与会计系列教材编委会

序 成本管理
Preface

　　企业管理的需求使财务与会计课程在理工科高等院校的地位日益提高。随着理工科院校财务与会计教学体系的建立,财会类课程作为提高学生基本素质的课程开始大量开设。由于课程体系的新建,缺乏相应的教材与之配套。因此,编写一套适合理工科院校教学特点的浅显易懂、主线鲜明的教材是理工科院校的迫切需要。

　　大连理工大学出版社密切关注高等院校的财务与会计学科的教材建设,多次与中国工商管理教育的先驱——大连理工大学管理与经济学部——协商,决定出版理工科高等院校财务与会计系列教材,并得到大连理工大学教材出版基金的重点资助。

　　高等院校财务与会计系列教材包括《公司理财》、《财务会计》、《管理会计》、《成本管理》、《财务报告分析》、《会计学》。其中,《公司理财》以资金管理为主,包括企业经营中资金筹集、资金控制、资金投放、股利分配等内容;《财务会计》以会计核算为主,包括会计循环、报表编制与分析等内容;《管理会计》以企业内部管理为主,包括损益分析、资金计划、敏感性分析等内容;《成本管理》以工业企业成本核算、成本控制、成本分析与考核为主要内容;《财务报告分析》以财务报告分析的原理及应用为主要内容;《会计学》以会计案例为主,讲述复式记账等内容。

编写这套系列教材的思想定位是：①内容适合理工科院校的管理、经济类专业需求。②突出案例教学特点。③融合企业财务与会计工作的实际。④纳入最新的财务管理理论，注意关注国际最新的研究动态。⑤内容浅显易懂，主线突出。

由于经验和时间有限，本套丛书必然会存在各种各样的问题，恳请读者和本领域的专家提出建设性意见，使系列教材不断完善，为人才培养和教学改革做出贡献。

高等院校财务与会计系列教材编委会
2013 年 3 月

前言

Foreword

在社会主义市场经济体制下,在当今开放的全球一体化的信息经济时代,企业综合运用成本、质量、服务和高新技术参与市场全方位竞争,其中成本在企业竞争中占有至关重要的地位。优胜劣汰是竞争的基本法则,企业要生存,求发展,就必须苦练内功,强化成本管理职能,采取各种有效措施降低产品和劳务的成本,才能以优质的产品和服务在竞争中立于不败之地。企业的成本核算为企业的成本管理提供了基础数据;成本管理为企业的成本领先战略提供了保障,对企业经营目标的实现具有长期的战略意义。因而现代企业管理必须更加重视成本,成本管理也必须更加科学化。

本教材以传统成本会计和成本核算为基础,内容涵盖传统的成本预测、决策、计划、控制、考核、成本报表以及成本分析等方面,并探及作业成本法、战略成本管理、环境成本管理、质量成本管理等拓展性内容。本教材的编写,强调系统性、理论性、实用性和创新性,融合了成本管理工作的实际,纳入了新的成本管理理论,并充分考虑了新准则的相关规定,适合经济、管理类专业本科和研究生教学的需求。

本教材由刘彦文、吴灏文主编，全书共五篇十七章，其中第 1 章至第 9 章由刘彦文编写；第 10 章至第 17 章由吴灏文编写。刘彦文对全书进行校订和定稿。

由于编者水平所限，对于教材中的疏漏、错误之处，恳请读者批评指正。本教材在编写过程中得到了大连理工大学管理与经济学部领导以及财务管理所同仁的大力支持和帮助，同时在出版过程中也得到了大连理工大学出版社的关心和支持。在此，一并致以衷心的感谢！

编　者

2013 年 4 月

目录 成本管理
Contents

第1篇 概 论

第1章　成本概述 ………………………………………………… 3

1.1　成本概念 …………………………………………………… 3

1.2　成本分类 …………………………………………………… 4

1.3　成本习性 …………………………………………………… 6

复习思考题 ……………………………………………………… 9

第2章　成本管理概述 …………………………………………… 10

2.1　成本管理的概念及内容 …………………………………… 10

2.1.1　成本管理的概念 ……………………………………… 10

2.1.2　成本管理的内容 ……………………………………… 10

2.2　成本管理的对象 …………………………………………… 13

2.2.1　工业企业成本管理的对象 …………………………… 13

2.2.2　其他企业成本管理的对象 …………………………… 14

2.2.3　现代成本管理的对象 ………………………………… 14

2.3　成本管理的目标与原则 …………………………………… 15

2.3.1　成本管理的目标 ……………………………………… 15

2.3.2　成本管理的基本原则 ………………………………… 16

复习思考题 ……………………………………………………… 19

第 2 篇　成本核算

第 3 章　成本核算的基本要求和一般程序 ···················· 23

3.1　成本核算的基本要求 ································· 23

3.1.1　成本核算的内容 ··························· 23

3.1.2　成本核算的原则 ··························· 24

3.1.3　成本核算的要求 ··························· 25

3.2　成本核算的一般程序 ································· 27

3.2.1　生产经营费用的审核和控制 ··············· 27

3.2.2　生产费用在各个成本核算对象之间进行归集和分配 ··· 28

3.2.3　生产费用在本期完工产品和期末在产品之间进行分配 ··· 29

复习思考题 ·· 30

第 4 章　成本归集与分配 ································· 31

4.1　材料费用的核算 ··································· 31

4.1.1　材料费用的归集 ··························· 31

4.1.2　主要材料费用的分配 ······················· 33

4.1.3　其他材料费用的核算 ······················· 39

4.2　人工费用的核算 ··································· 42

4.2.1　人工费用的归集 ··························· 43

4.2.2　人工费用的分配 ··························· 45

4.3　辅助生产费用的核算 ······························· 47

4.3.1　辅助生产费用概述 ························· 47

4.3.2　辅助生产费用的归集 ······················· 48

4.3.3　辅助生产费用的分配 ······················· 49

4.4　制造费用的核算 ··································· 57

4.4.1　制造费用的类别和项目 ····················· 57

4.4.2　制造费用的归集和分配 ····················· 58

4.5　损失性费用的核算 ································· 66

4.5.1　生产损失的核算 ··························· 66

4.5.2　废品损失的核算 ··························· 67

4.5.3　停工损失的核算 ··························· 71

4.6 生产费用在完工产品和在产品之间的归集与分配 ·················· 72

4.6.1 在产品数量的核算 ·························· 72

4.6.2 生产费用在完工产品和在产品之间的分配 ·················· 75

4.7 联产品和副产品的核算 ·························· 80

4.7.1 联产品和副产品 ·························· 80

4.7.2 联产品成本的核算 ·························· 80

4.7.3 副产品成本的核算 ·························· 81

4.8 等级产品成本的核算 ·························· 83

复习思考题 ·························· 84

第5章 产品成本核算的一般方法——制造成本法 ·················· 85

5.1 成本核算方法概述 ·························· 85

5.1.1 成本核算方法的概念和内容 ·················· 85

5.1.2 产品成本核算的基本方法 ·················· 86

5.1.3 生产特点与成本管理的要求对产品成本核算其他要素的影响 ····· 87

5.2 品种法 ·························· 88

5.2.1 品种法的适用范围和特点 ·················· 88

5.2.2 品种法的核算程序 ·················· 89

5.2.3 品种法举例 ·················· 89

5.3 分批法 ·························· 95

5.3.1 分批法的适用范围和特点 ·················· 95

5.3.2 分批法的核算程序 ·················· 96

5.3.3 分批法举例 ·················· 96

5.3.4 简化的分批法 ·················· 97

5.4 分步法 ·························· 100

5.4.1 分步法的特点和适用范围 ·················· 100

5.4.2 逐步结转分步法 ·················· 101

5.4.3 平行结转分步法 ·················· 108

复习思考题 ·························· 112

第6章 其他产品成本核算方法 ·························· 113

6.1 变动成本法 ·························· 113

6.1.1 变动成本法概述 ·················· 113

6.1.2 制造成本法和变动成本法的比较 ·················· 114

6.2　作业成本法 ·· 120

　　6.2.1　作业成本法概述 ·· 120

　　6.2.2　作业成本法与传统成本法的比较 ······················· 123

　　6.2.3　作业成本法的计算 ·· 125

复习思考题 ··· 131

第 7 章　各类型企业成本核算方法 ································ 132

7.1　商品流通企业成本核算 ·· 132

　　7.1.1　商品流通企业成本核算的特点 ······························ 132

　　7.1.2　商品成本的核算 ··· 134

7.2　运输企业成本核算 ··· 138

　　7.2.1　运输企业的特点 ··· 138

　　7.2.2　运输企业的成本构成 ·· 139

　　7.2.3　运输企业的成本核算对象 ······································ 140

　　7.2.4　运输企业营运成本的构成及账户设置 ···················· 141

　　7.2.5　运输企业成本核算的程序 ······································ 142

7.3　房地产开发企业成本核算 ·· 142

　　7.3.1　房地产开发企业的特点 ··· 142

　　7.3.2　房地产开发企业的成本构成和账户设置 ·················· 143

　　7.3.3　房地产开发企业的成本核算 ··································· 144

7.4　农业企业成本核算 ··· 146

　　7.4.1　种植业产品的成本核算 ··· 147

　　7.4.2　林业产品的成本核算 ·· 149

　　7.4.3　畜牧业产品的成本核算 ··· 150

　　7.4.4　渔业产品的成本核算 ·· 151

7.5　施工企业成本核算 ··· 152

　　7.5.1　施工企业的特点 ··· 152

　　7.5.2　施工企业成本核算的特点 ······································ 153

　　7.5.3　工程成本的核算 ··· 155

　　7.5.4　已完工程成本的核算 ·· 157

复习思考题 ··· 157

第3篇　成本预测、计划与决策

第8章　成本预测 ……………………………………………………………… 161
　8.1　成本预测的概念及意义 …………………………………………… 161
　8.2　成本预测的方法 …………………………………………………… 162
　　8.2.1　定性预测法 …………………………………………………… 162
　　8.2.2　定量预测法 …………………………………………………… 162
　8.3　成本定量预测法的应用 …………………………………………… 164
　　8.3.1　高低点法 ……………………………………………………… 164
　　8.3.2　一元线性回归分析法 ………………………………………… 165
　　8.3.3　本量利分析法 ………………………………………………… 165
　　8.3.4　时间序列法 …………………………………………………… 166
　复习思考题 ……………………………………………………………… 168
第9章　成本计划 ……………………………………………………………… 169
　9.1　成本计划概述 ……………………………………………………… 169
　　9.1.1　成本计划的作用 ……………………………………………… 169
　　9.1.2　成本计划的内容 ……………………………………………… 170
　　9.1.3　成本计划的编制原则 ………………………………………… 172
　　9.1.4　成本计划的编制程序 ………………………………………… 173
　9.2　成本计划的编制方法 ……………………………………………… 175
　　9.2.1　静态成本计划法 ……………………………………………… 175
　　9.2.2　弹性成本计划法 ……………………………………………… 180
　　9.2.3　零基成本计划法 ……………………………………………… 181
　　9.2.4　滚动成本计划法 ……………………………………………… 182
　　9.2.5　概率成本计划法 ……………………………………………… 182
　复习思考题 ……………………………………………………………… 183
第10章　成本决策 …………………………………………………………… 184
　10.1　成本决策概述 …………………………………………………… 184
　　10.1.1　成本决策的概念 …………………………………………… 184
　　10.1.2　成本决策的意义 …………………………………………… 184
　　10.1.3　与成本决策有关的成本概念 ……………………………… 185
　　10.1.4　成本决策的程序及原则 …………………………………… 187

10.2 成本决策的方法 ································· 189
    10.2.1 成本决策的方法和步骤 ················· 189
    10.2.2 成本决策方法的应用 ··················· 190
复习思考题 ······································· 198

第4篇 成本分析、控制与考核

第11章 成本分析 ································· 201
11.1 成本分析的意义 ··························· 201
11.2 成本分析的程序 ··························· 202
    11.2.1 成本分析准备阶段 ··················· 202
    11.2.2 成本分析实施阶段 ··················· 203
    11.2.3 成本分析报告阶段 ··················· 203
11.3 成本分析的方法 ··························· 204
    11.3.1 成本报表整体分析法 ················· 204
    11.3.2 指标分析法 ······················· 205
    11.3.3 因素分析法 ······················· 207
复习思考题 ······································· 211
第12章 成本控制 ································· 212
12.1 成本控制概述 ····························· 212
    12.1.1 成本控制系统的组成 ················· 212
    12.1.2 成本控制的原则 ··················· 214
    12.1.3 成本降低 ························· 217
12.2 标准成本控制 ····························· 218
    12.2.1 标准成本 ························· 218
    12.2.2 标准成本的差异分析 ················· 225
    12.2.3 标准成本系统账务处理的特点 ········· 229
12.3 目标成本控制 ····························· 231
    12.3.1 目标成本控制的含义与特征 ··········· 231
    12.3.2 目标成本制定的程序 ················· 232
    12.3.3 产品设计阶段的目标成本控制 ········· 233
    12.3.4 生产阶段的目标成本控制 ············· 236

12.4　弹性预算 ··· 237
　　12.4.1　弹性预算的特点 ························· 237
　　12.4.2　弹性预算的编制 ························· 239
　　12.4.3　弹性预算的运用 ························· 240
　复习思考题 ·· 241

第 13 章　成本考核 ······································· 242
13.1　成本考核概述 ······································ 242
　　13.1.1　成本考核的意义 ························· 242
　　13.1.2　成本考核的原则 ························· 243
13.2　成本考核的方法 ··································· 244
　　13.2.1　成本考核的指标 ························· 244
　　13.2.2　成本考核的方法 ························· 244
13.3　责任成本考核 ······································ 247
　　13.3.1　分权管理与责任会计 ················· 247
　　13.3.2　责任成本 ································· 249
13.4　部门成本业绩的考核和评价 ·················· 252
　　13.4.1　部门成本业绩考核和评价的原则 ···· 253
　　13.4.2　部门成本业绩考核和评价的程序 ···· 253
　　13.4.3　部门成本业绩报告的编制 ············ 255
　　13.4.4　差异调查 ································· 257
　　13.4.5　奖励与惩罚 ····························· 257
　　13.4.6　纠正偏差 ································· 258
　复习思考题 ·· 258

第 14 章　成本报表 ······································· 259
14.1　成本报表概述 ······································ 259
　　14.1.1　成本报表的含义与作用 ·············· 259
　　14.1.2　成本报表的分类 ························· 260
　　14.1.3　成本报表的编制要求 ················· 261
14.2　成本报表的编制 ··································· 262
　　14.2.1　产品成本表 ····························· 262
　　14.2.2　主要产品单位成本表 ················· 264
　　14.2.3　制造费用明细表 ························· 266
　　14.2.4　期间费用明细表 ························· 267
　复习思考题 ·· 269

第 5 篇　成本管理专题

第 15 章　战略成本管理 ·· 273

　15.1　战略成本管理的特点 ·· 273

　15.2　战略成本管理的基本方法 ······································ 276

　　15.2.1　战略定位分析 ·· 276

　　15.2.2　价值链分析 ·· 279

　　15.2.3　成本动因分析 ·· 282

　15.3　战略成本管理的基本步骤 ······································ 287

　复习思考题 ·· 288

第 16 章　质量成本管理 ·· 289

　16.1　质量成本的含义和内容 ·· 289

　16.2　质量成本的计量 ·· 291

　　16.2.1　显性质量成本的计量 ······································ 291

　　16.2.2　隐性质量成本的计量 ······································ 295

　16.3　质量成本的报告 ·· 296

　　16.3.1　质量成本报告 ·· 296

　　16.3.2　质量成本的分析 ·· 297

　16.4　质量成本的控制 ·· 299

　　16.4.1　质量标准的选择 ·· 299

　　16.4.2　质量业绩报告 ·· 300

　复习思考题 ·· 303

第 17 章　环境成本管理 ·· 304

　17.1　环境成本的含义及分类 ·· 305

　17.2　环境成本的确认和计量 ·· 306

　17.3　环境成本的会计处理 ·· 308

　17.4　环境成本的分配 ·· 308

　17.5　环境成本管理目标和内容 ······································ 309

　复习思考题 ·· 310

主要参考书目 ·· 311

第 **1** 篇

概 论

第1章

成 本 概 述

1.1 成本概念

成本(Cost)与人们的关系十分密切,它时时刻刻存在于人们的生活中——生产产品要耗费成本,吃饭购物需要花钱,甚至当你阅读这本《成本管理》教材时也要成本,因为你至少花费了时间。从最基本的意义上来说,成本被定义为"为达到某一特定目的而作出的牺牲,一般通过为之放弃的资源来衡量"。有关成本的信息无疑是十分有用的,它可以帮助人们了解为了达到某个目的而采取行动所要付出的代价,人们可以通过比较收益和成本来决定是否采取行动。实际上,为了满足特定的需要,人们往往需要知道某些事物的成本。

成本是指为了达到某一特定目的,在生产经营活动中发生的人力、物力和财力的耗费。其实质是以货币表现的,为生产产品所消耗的物化劳动的转移价值和活劳动的转移价值之和。根据上述成本概念的界定,成本的价值构成包括三个方面:第一,制造产品所耗费物化劳动的转移价值,包括已消耗的原料及主要材料、燃料等劳动对象的价值;第二,劳动者活劳动的转移价值,包括支付给职工的工资、福利费、奖金、津贴、补贴等;第三,劳动者活劳动创造的价值,包括上交给国家的税金和企业形成的利润等。

要全面理解成本管理中的成本概念,还需要了解以下几个相关概念:

1. 成本对象(Cost Object)

成本对象是指为管理目的而归集成本的任何成本项目或作业。成本对象主要有六种类型:

(1)工序、半成品和产品,如显像管、电视机、书、汽车、手表等;

(2)服务,如维修、运输、咨询、审计、教学等;

(3)顾客,如享受服务的人、机构等;

(4)部门,如工程部、人力资源管理部等;

(5)项目,如研发项目、市场促销项目或社区服务项目等;

(6)作业,如整理库存、客户支持、信用控制等。

对企业而言,成本对象通常是产品或服务,有时单个顾客或一组相关顾客也被作为成本对象,以便进一步分析为这部分顾客提供产品或服务的成本。在作业成本管理中,作业是基本的成本对象。一般而言,成本对象是营利分析的中心——哪个产品或针对哪些顾客最赚钱。

2. 成本池(Cost Pool)

成本按一定标准被归纳为不同的类别,这些类别被称为成本池或成本库。将个别成本分组的方法有很多,因此也就有很多方法区分和定义成本池。例如,按照成本的用途将个别成本分为人工成本池与材料成本池;按照发生成本的部门可以将个别成本分为第一部门成本池、第二部门成本池与第三部门成本池等;按照责任人可以将个别成本分为经理 A 成本池、经理 B 成本池与经理 C 成本池等。生产部门既可能是成本池也可能是成本对象,这取决于管理者更关注产品成本还是生产部门成本。在实践中,一般是通过明细分类账户或成本计算单来对成本进行归集,形成成本池。

3. 成本动因(Cost Driver)

成本动因是指决定成本发生的那些重要的活动或事项。例如,一种产品(成本对象)的电力成本主要取决于该产品所消耗的机器工时数量,因此机器工时数量便是该产品电力成本的成本动因。其他常见的成本动因有产品数量、机器调整准备次数、产品设计改变次数、促销和分销渠道数量等。成本动因的识别和分析是企业成本管理的关键步骤,它为精确分配、计算和控制成本对象的成本奠定了基础。

1.2　成本分类

成本按照不同的标准可以有不同的分类,下面介绍几种常用的分类方式。

1. 制造成本(Manufacturing Cost)与期间费用(Period Cost)

成本以其对收益配比的时间为标准可分为制造成本与期间费用。制造成本是指生产一定种类和数量的产品所耗费的直接材料、直接人工和间接制造费用的总和。产品的制造成本在会计处理上被确认为生产待销商品的成本,也被称做可计入存货的成本。在销售之前,其成本在资产负债表上列为资产,只有在产品销售时,这种可计入存货的成本才转化为销货成本与其销售收入的配比。

期间费用又称为不可计入存货的成本。期间费用的受益期仅在本期,而不在未来,因此,在会计处理上全部将其计入当期费用。期间费用包括销售费用、管理费用、财务费用,从当期的销售收入中获得补偿。其中,销售费用包括包装运送成本、仓储成本、促销成本(如广告费)、销售人员工资成本和专设销售机构日常经费支出等;管理费用是公司(工厂)行政管理部门执行全公司(工厂)生产和销售两种功能时所发生的共有的组织管理成本;财务费用是指为筹集资金所付出的代价。

2. 预计成本(Expected Cost)和实际成本(Actual Cost)

成本按其计算的时间可分为预计成本和实际成本。预计成本是在成本计算对象的实际费用发生之前,根据有关资料预先计算的成本,如计划成本、标准成本和定额成本等。实际成本是根据生产中实际发生的费用计算的成本。划分预计成本和实际成本,主要目的是进行成本控制。预计成本是成本管理的奋斗目标,也是用以衡量实际支出是超支还是节约的一种手段。实际成本对于确定利润和计算所得税固然重要,但从成本管理来讲,实际成本是已经过去的、历史的成本,现代企业管理者不仅要了解过去,更应着眼未来,制定预计成本,用以进行成本控制,对于节约消耗、提高经济效益大有益处。

3. 可控成本(Controllable Cost)与不可控成本(Uncontrollable Cost)

成本按其可控性可以分为可控成本与不可控成本两大类。可控成本是指在会计期间能够由一个责任单位(分厂、车间、部门、班组)控制其发生,受该责任单位工作质量所影响的成本。不可控成本是指在会计期间不能由一个责任单位控制其发生,不受该责任单位工作质量所影响的成本。例如,因材料质量问题造成的废品损失,对于材料供应部门属于可控成本,而对于生产车间则是不可控成本。划分可控成本与不可控成本,主要是为了明确企业各责任单位的成本职责,以便进行成本考核,调动各成本责任单位的积极性,加强成本的岗位经济责任制管理。

4. 直接成本(Direct Cost)与间接成本(Indirect Cost)

成本按其归属成本计算对象的难易程度可分为直接成本和间接成本。直接成本是指能够根据原始资料直接确认其负担对象的成本,即可追溯归属为某种产品、某一部门的成本。如生产某种产品所直接领用的原材料、所消耗的产品、生产工人工资均属直接成本。间接成本是指若干成本计算对象共同发生的,不能根据原始资料直接确认其负担对象,必须借助于一定方法在各成本计算对象之间进行分摊的成本。如生产多种产品情况下的车间设备折旧费、维修费和办公费等。

当比较和考核不同产品、不同部门的成本,并对其业绩进行评价时,必须确认各项成本的归属和分摊,直接成本直接计入各归属对象,间接成本则应采用适当的方法分摊计入成本归属对象。因此,了解各项成本的直接性和间接性是十分重要的。

1.3 成本习性

成本习性(Cost Behavior)是指成本总额的变动与业务量之间的依存关系,这种联系表现为产量的变动与相应成本变动的依存关系。成本习性分析就是研究成本与业务量之间的相关性,考查当某种给定的业务量变动时,其相关成本的变动的数量关系。掌握产量的变动对各类成本变动的规律性影响,能够为企业正确进行最优化管理决策和改善经营管理提供有利资料。

成本按成本习性分析可分为固定成本、变动成本和混合成本。

1. 固定成本(Fixed Cost)

(1)固定成本的特点

固定成本是指在一定时期一定业务量范围内,不受业务量增减影响而保持不变的成本。

固定成本的特点是在一定范围内,业务量增减变动不影响成本总量的变化;单位产品分配的固定成本随业务量的增加而减少,如图 1-1 所示。

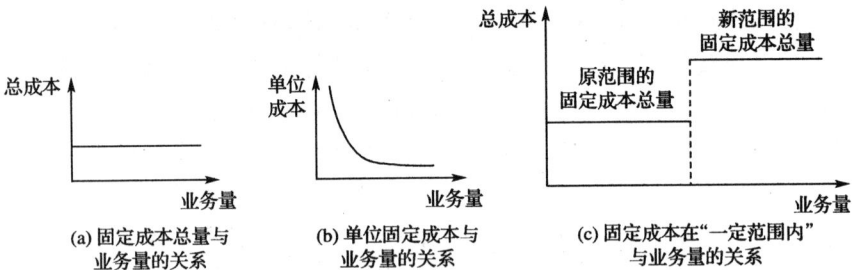

图 1-1　成本与业务量的关系

【例1】　某厂生产过程中使用某种外租的机器,单台机器的月租金为 60 000 元,该机器设备每月的最大生产能力为 3 000 件。若想进一步增加产量,需要再租一台相同的机器。试分析该厂生产量分别为 2 000、3 000、4 000、5 000、6 000 件时,固定成本的分摊情况。

表 1-1　　　　　　　　　固定成本分摊表

产量(件)	固定成本总额(元)	单位固定成本(元/件)
2 000	60 000	30
3 000	60 000	20
4 000	120 000	30
5 000	120 000	24
6 000	120 000	20

从表 1-1 可以看出,产量在 0~3 000 变动时,固定成本总额不变,而单位固定成本减少;当产量超过 3 000 时,需要增加新的机器,固定成本增加。

（2）固定成本的分类

固定成本可分为约束性固定成本和酌量性固定成本。

约束性固定成本是一种为提供和维持经营所需设备、机构而支出的成本。管理者的临时决策行为不会改变约束性固定成本数量,其支出额的多少取决于生产经营能力的规模和质量,是企业实现长远目标的基础。

酌量性固定成本是为完成特定活动而支出的成本,其发生额取决于管理者当期经营决策,预算期较短,通常为一年,如广告费。

2. 变动成本（Variable Cost）

变动成本是指在一定时期一定业务量范围内,成本总额随业务量的增减变动成正比例变动的成本,如直接材料费等。

（1）变动成本的特点

在一定范围内,变动成本总量随业务量增减变动成正比例增减;单位变动成本保持在某一特定水平上时,变动成本总量不受业务量变动的影响,如图 1-2 所示。

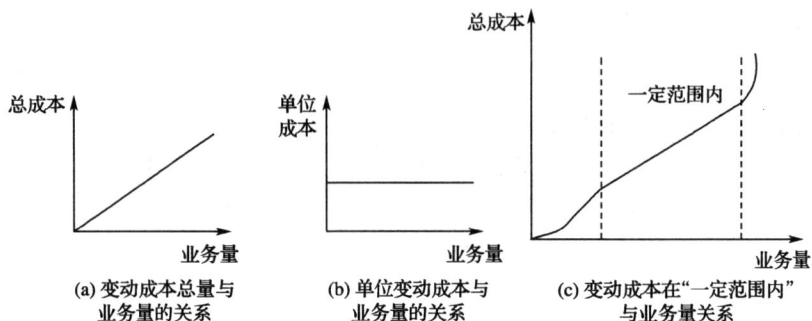

图 1-2　变动成本与业务量关系

【例 2】 某厂生产一种产品,其单位产品的变动成本为 30 元,试分析产量在 1 000~3 000 变动时,对变动成本总额和单位变动成本的影响。

表 1-2　　　　　　　　产品变动成本表

产量（件）	变动成本总额（元）	单位变动成本（元/件）
1 000	30 000	30
2 000	60 000	30
3 000	90 000	30

从表 1-2 中可以看出,产品的单位变动成本不随着产量的增加而增加,而变动

成本总额与产量成正比。

（2）变动成本的分类

变动成本可分为技术变动成本和酌量性变动成本。

技术变动成本与产量有明确的技术或实物关系。理论上讲，如果产品停产，此项成本为零。

酌量性变动成本的大小可通过管理决策改变，如销售佣金。

3. 混合成本（Mixed Cost）

混合成本是指总成本受业务量变化影响，但变动幅度不与业务量的变化保持严格的比例的成本。根据混合成本兼有变动成本与固定成本两种性质的情况，混合成本可细分为半变动成本、半固定成本、曲线变动成本和延期变动成本。

（1）半变动成本（Semi-variable Cost）

半变动成本有一个初始量，在此基础上，产量的增加会带动成本的增加，成正比例变动，如图1-3所示。

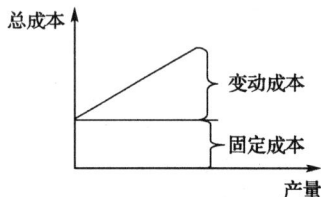

图 1-3　半变动成本

【例3】 设某厂租用一台生产设备，合同中规定每年支付租金120 000元，另外，设备每开机一天，还要支付营运费10元。计算该设备的固定成本部分和变动成本部分各为多少。

该设备某年累计开机的天数为360天，则当年支付的租金总额为

$$120\ 000+10\times360=123\ 600(元)$$

可见，设备的租金总额123 600元属于半变动成本，其中固定成本部分为120 000元，变动成本部分将随各个年度机床的开机天数的变动而变动，为3 600元。

（2）半固定成本（Semi-fixed Cost）

半固定成本随产量的增加呈阶梯式发展，又称阶梯式成本。其特点为：产量在一定范围内增长时，其成本不变；当产量超过一定范围，成本则跳跃上升，然后又保持不变，如图1-4所示。

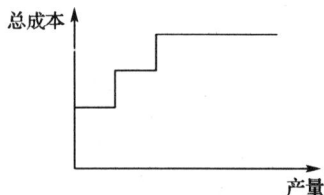

图 1-4　半固定成本

（3）曲线变动成本（Curve Variable Cost）

曲线变动成本通常有一个初始量，在初始量基础上成本随业务量增加而增加，但两者不呈正比例直线相关。曲线变动成本又分为两类：

①递减曲线成本。例如热处理的电炉设备，每班需预热，预热成本为初始量，预热后耗电成本随业务量增加而上升，且上升率递减，如图1-5(a)所示。

②递增曲线成本。例如累计计件工资,当刚达到约定产量时,成本固定不变,在此基础上,成本随产量增加而上升,且上升率递增,如图1-5(b)所示。

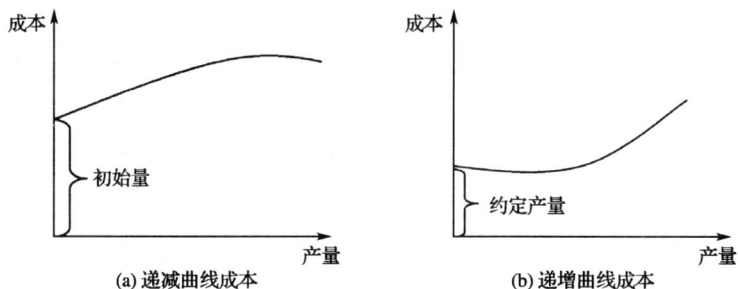

图 1-5

(4)延期变动成本(Delayed-variable Cost)

延期变动成本指在一定业务量范围内成本总额保持稳定,但超过一定业务量后,随业务量按比例增长的成本。例如,企业正常生产时工资是固定不变的,但有加班时,则需按加班时间长短按比例支付加班费,如图1-6所示。

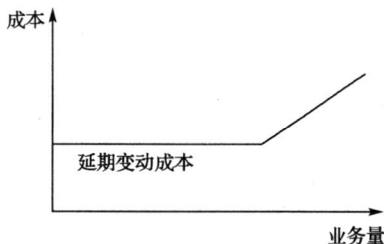

图 1-6 延期变动成本

▌▌ 复习思考题 ▐▐

1.成本的含义是什么?

2.试阐述制造成本与期间费用。

3.成本按其习性可以分为哪几类?

4.什么是变动成本?什么是固定成本?它们各有什么特点?

5.什么是混合成本?它有哪些类型?

第2章

成本管理概述

2.1 成本管理的概念及内容

2.1.1 成本管理的概念

现代成本管理是成本会计与管理的直接结合,它根据成本核算和其他资料,采用现代数学和数理统计的原理和方法,针对不同的业务建立起数量化的管理技术,用来帮助人们按照成本最优化的要求,对企业的生产经营活动进行预测、决策、控制、分析和考核,促使企业的生产经营实现最有效运转,从而大大提高企业的竞争和适应能力。

成本管理的方法和理论体系在不同发展时期呈现出不同的特点。从成本管理的方法看,早期的成本核算只是采用分批或分步成本管理制度计算产品成本,以确定存货成本及销售成本;近代成本管理主要采用标准成本制度和成本预算制度,为生产过程的成本控制提供了条件;现代成本管理强调加强事前成本控制,广泛运用现代管理科学的成果,其发展重点趋向于预测、规划及决策,实行最优化控制。从成本管理的理论体系来看,早期成本管理属于财务会计体系,主要从财务会计理论来研究成本计算,并纳入会计账簿体系;近代成本管理阶段,成本管理逐渐从财务会计体系中分离出来,具备了完整的理论和方法,成为独立的学科;现代成本管理阶段随着经营管理的发展,成本概念日益广泛,成本管理的范围更加开阔。

2.1.2 成本管理的内容

成本管理可以有广义和狭义两种理解。从广义上讲,成本管理是成本管理的全过程,包括成本预测、成本决策、成本计划、成本控制、成本核算、成本分析、成本考核等项管理活动。从狭义上讲,成本管理是指对生产经营过程中发生的费用进行归集、分配,计算出有关成本对象的实际总成本和单位成本,并加以分析和考核。随着经济的发展,广义的成本管理含义越来越多地被企业接受。

1. 成本预测

成本预测是指根据企业的有关成本数据和具体情况,运用一定的技术以及计算方法对未来企业的成本水平及其变动趋势做出科学、合理的估计。运用成本预测,有助于企业管理人员了解企业发展前景,挖掘出降低成本费用的潜力,提高降低成本的自觉性。

成本预测既要充分考虑企业的历史资料,又要与同行同类企业的成本资料相比较,分析企业材料消耗以及人工工资支付情况,预测企业产品的销售前景,制定出若干不同的预测方案,以供决策时使用。

2. 成本决策

成本决策是在成本预测的基础上,按照既定的目标,结合其他有关资料,运用一定的方法从若干不同预测方案中选择最优方案的过程。例如,零部件是自制还是外购的决策;生产企业固定资产(如机器设备)更新的决策;根据历史资料确定本期的订货数量及批次;生产出的产品是以半成品出售还是继续加工以产成品出售等,都需做出成本决策。做出最优的成本决策,是制订成本计划的前提,也是提高企业经济效益的重要途径。

3. 成本计划

成本计划是根据成本决策所确定的方案、计划期的生产任务、降低成本的要求以及有关资料,通过一定的程序,运用一定的方法,以货币形式规定计划期产品生产耗费和各种商品成本水平,并提出保证成本计划顺利实现所应采取的措施。好的成本计划工作有助于管理者和员工提高降低成本的自觉性,合理控制成本费用,挖掘企业降低成本的潜力,确保企业取得最优经济效益。

企业成本计划的制订是一项复杂的工作。由于企业生产经营情况复杂,仅靠财会部门和计划部门制订成本计划是不够的,必须发动各个部门,包括生产部门、供应部门、销售部门等共同努力,各自制订降低成本的计划,最后由领导部门加以综合,制定出本企业的成本目标,并采取必要的技术、管理措施,保证目标的实现。

4. 成本控制

成本控制是根据成本计划预定的目标,对成本发生和形成过程以及影响成本的各种因素和条件施加主动的影响,以实现最低成本和保证合理的成本补偿的一种行为,它是成本计划实现的重要保证。通过成本控制可以防止浪费,及时揭示生产过程中的不合理环节,对于降低成本、实现成本目标要求有重要作用。

成本控制可以分为事先控制、事中控制和事后控制。成本事先控制是整个成本控制活动中的最重要环节,它直接影响以后产品制造成本和使用成本的高低。成本的事中控制是对制造产品实际劳动耗费的控制,包括原材料耗费的控制、劳动工具耗费和其他费用支出等方面的控制。成本的事后控制是通过定期对过去某一段时间成本控制的总结、反馈来控制成本。

5. 成本核算

成本核算是指对企业成本核算的对象,采用相应的成本核算方法,按规定的成本项目,通过一系列的生产费用归集与分配,从而计算出各成本核算对象的实际总成本和单位成本。成本核算是整个成本管理的核心。成本核算提供的资料,可以反映成本计划完成情况,进行存货估计,确定企业利润,也是制定产品价格的依据。

成本核算要求准确及时,所采用的方法要符合成本核算对象的特点,要遵循成本核算的原则。

6. 成本分析

成本分析是指利用成本核算及其他有关资料,运用一定的方法,揭示产品成本水平的变动,进一步了解成本变动的原因和影响成本变动的因素,查明对成本变动应当负责任的单位和个人,并提出积极的建议,采取有效措施,进一步降低成本,为新的经营决策提供依据。

成本分析为成本考核提供依据,并为新的成本预测、成本决策以及成本计划提供资料。在进行成本分析时,要采用各种分析方法,重点进行企业成本的经济技术分析,此外还要注意分析企业管理水平的高低,企业成本计划的执行情况,总结经营管理中的经验教训,以促进企业经济效益的提高。

7. 成本考核

成本考核就是根据成本分析的结果,对企业成本计划的执行情况及其有关指标完成情况进行总结评价,意在鼓励先进,鞭策后进,以监督和促使企业加强成本管理责任制,履行经济责任,提高成本管理水平。

企业进行成本考核,是建立在成本责任中心的基础上的。成本责任中心可以是分厂、车间、工段等各管理层次,对各责任中心进行考核,有助于调动各管理层次的积极性,不断挖掘潜力,降低成本,提高经济效益。成本考核应建立相应的激励制度,根据考核结果进行奖惩,以充分调动企业员工的积极性。

以上成本管理的各内容是互相联系的。成本核算是成本管理最基本的职能,为成本预测、决策、计划、控制、分析和考核提供数据资料;成本预测是成本决策的前提,成本决策是成本预测的结果,也是制订成本计划的依据;成本计划是成本决策的扩展和具体化,是成本分析和考核的依据;成本控制是成本计划实现的保证。这些内容贯穿企业生产经营活动的全过程,并在其中发挥着作用。

2.2 成本管理的对象

成本管理的对象是成本管理核算和监督的内容。明确成本管理的对象对确定成本管理的任务、选用合适的成本核算方法、发挥成本管理在企业中的作用有着重要的意义。

2.2.1 工业企业成本管理的对象

工业企业的生产经营活动是生产和销售工业产品。在产品的直接生产过程中,从原材料投入到产成品制成的产品制造过程,要发生各种各样的耗费。生产耗费包括生产资料的耗费、劳动手段(如机器设备)和劳动对象(如原材料)的耗费,以及劳动力(如人工)的耗费。其中房屋、机器设备等作为固定资产的劳动资料,在生产过程中不改变实物形态,其价值随着固定资产的磨损,通过计提折旧的方式逐渐转移到生产的产品中去,构成产品生产成本的一部分;原材料等劳动对象,在生产过程中一般都是一次性投入到生产过程中去,在生产过程中消耗掉或改变其实物形态,其价值也一次性转移到新产品中去,也构成产品成本的一部分;生产过程是劳动者借助劳动工具将劳动对象进行加工制造出产品的过程,通过劳动者对劳动对象的加工,改变劳动对象的使用价值,并创造出新的价值来。其中劳动者为由自己劳动所创造的价值以工资的形式支付给劳动者,因此这部分工资也构成产品成本的一部分。

总的来说,在产品的制造过程中发生的各种生产耗费,主要包括原材料及主要材料、辅助材料、燃料等支出,生产单位固定资产的折旧、直接人工及生产管理人员的工资以及其他的一些货币支出等,所有这些支出构成了企业在产品制造过程中的全部生产费用,而为生产一定种类、一定数量产品所支付的各种生产费用总和就是这些产品的成本。上述产品制造过程中各种生产费用的支出和产品生产成本的形成是成本管理反映和监督的主要内容。

在产品销售过程中,工业企业为销售产品也发生各种费用支出。如工业企业销售产品应负担的运输费、包装费、差旅费、保险费、广告费以及销售人员的工资和其他经费等,这些为销售而发生的费用构成销售费用。销售费用也是工业企业生产经营活动中的重要费用,其归集和分配过程也应该成为成本核算的内容。

工业企业的行政管理部门为组织和管理生产经营活动,也会发生各种费用。如行政管理部门人员的工资、固定资产折旧费、业务招待费、工会经费、坏账损失等,统称为管理费用。管理费用也是生产经营活动中一项重要经营费用,其归集和分配过程也应该成为成本管理反映和监督的内容。

此外,工业企业为筹集生产经营资金也会发生一些费用,如利息净支出、汇兑净损失、金融机构的手续费等,这些费用统称为财务费用。财务费用作为企业生产经营过程中发生的费用,它的归集和分配过程也应成为成本管理反映和监督的内容。

上述工业企业的销售费用、管理费用、财务费用大都按期发生,难以直接归集到产品中去,为简化成本核算工作,应作为期间费用,直接计入当期损益,从当期利润中扣除。这三项费用,可总称为工业企业的经营管理费用。

综上所述,按照企业会计制度的有关规定,可以把工业企业成本管理的对象概括为:企业生产经营过程中发生的产品生产成本和经营管理费用。

2.2.2 其他企业成本管理的对象

除工业企业外,在其他企业中同样应进行成本管理的反映和监督。

商品流通企业的基本经济活动是采购商品和销售商品,为此要发生采购成本和销售成本。另外,还要发生经营费用、管理费用和财务费用等,这三项费用统称为商品流通费用。商品流通费用不计入采购成本和销售成本。施工企业的基本经济活动是进行建筑工程的施工,工程施工要耗费工程成本,施工企业发生的财务费用和管理费用不计入施工成本。其他如交通运输业、餐饮服务业、农业企业等,虽然其生产经营活动各有特点,但按照行业企业会计制度的有关规定,从总体上看,生产经营过程中发生的费用可以归为两部分:一部分形成企业的生产经营成本,另一部分作为期间费用(也称经营管理费用),直接计入当期损益。

由此可见,成本管理的对象可以概括为:各行业企业生产经营业务的成本和有关的经营管理费用,简称成本、费用。

2.2.3 现代成本管理的对象

随着经济的发展,企业经营管理要求的提高,成本的概念和内容都在不断发展变化。美国会计学会所属的成本概念与标准委员会将成本定义为:"成本是为达到特定目的而发生或应发生的价值牺牲,它可用货币单位加以衡量。"这就是说,成本是为了实现一定目的而支付或应支付的可以用货币计量的代价。成本的这一定义大大超过了产品成本和以上所属各种经营业务成本的内容和概念。

成本管理不仅应按现行会计制度的有关规定为企业正确确定利润和进行成本管理提供可靠的生产经营业务成本和费用信息,而且应该从企业内部生产经营管理出发,运用不同的成本概念,如为按税法规定计算利润、缴纳税金;为进行产品成本管理计算成本;为进行短期生产经营决策,计算变动成本、固定成本、边际成本、机会成本和差别成本;为加强企业内部的成本控制和考核,计算可控成本和不可控成本;为进一步提高成本信息的决策相关性,计算作业成本等。除了上述产品成本和各种经营业务成本以外的成本称为专属成本。

由此可见,随着成本概念的变化,成本管理的对象也随之发生变化。现代成本管理的对象,应该包括各行业企业生产经营业务成本、有关的经营管理费用和各种专属成本。

2.3 成本管理的目标与原则

2.3.1 成本管理的目标

成本管理的基本目标是提供信息、参与管理,但在不同层面又可分为总体目标和具体目标两个方面。

1. 总体目标

成本管理的总体目标是为公司的整体经营目标服务,包括为公司外部的利益相关者提供其所需要的各种成本信息,以供决策和通过各种经济、技术和组织手段实现控制成本水平。根据不同的经济环境,公司设置成本管理总体目标的表现形式也不同,在竞争性经济环境中,成本管理的总体目标主要依据竞争战略而定。波特将竞争战略分为成本领先战略、差异化战略和集中化战略。在成本领先战略指导下,成本管理的总体目标是追求成本水平的绝对降低;而在差异化战略指导下,成本管理的总体目标则是在保证实现产品、服务等方面差异化的前提下,对产品全生命周期成本进行管理,实现成本的持续性降低。

2. 具体目标

成本管理需要在思想、组织、方法、手段和人才等方面符合集权和分权相结合的原则、技术和经济相结合的原则、全员管理等原则。同时,成本管理在宏观调控体系良好环境的大背景下,使公司的主要物质消耗和产品成本大大降低,在国内外市场上形成较强的竞争力。因此,成本管理的具体目标如下:

(1)成本预测符合实际

公司通过成本预测,可以掌握未来的成本水平及变动趋势,有助于公司合理组织生产经营活动,挖掘降低成本的潜力。成本预测必须根据成本特性及有关资料,运用定量分析和定性分析的方法,对未来成本做出科学估计,使成本管理工作更加符合客观规律的要求。

（2）成本决策科学合理

成本决策是公司经营决策的核心，公司的生产经营活动错综复杂，如果事前没有决策，盲目行动，将十分危险。成本决策必须广泛搜集资料，运用科学方法合理选择，既要做到技术上可行，又要达到经济效益最好，使成本最低。

（3）成本计划积极先进

成本计划是指导成本管理工作的行动纲领，积极先进和实事求是的成本计划可以指导公司加强成本管理工作，组织全体员工齐心协力完成目标成本。

（4）成本控制全面实施

成本控制是在成本形成过程中，根据成本标准，对实际发生的生产耗费严格把关。一般不让其超过标准耗费，若超过标准，则要有一定的手续批准，这样就把生产耗费控制在成本标准范围以内，有利于达到目标成本。成本控制要全面，包括全过程、全方位、全要素都要进行控制。

（5）成本核算及时准确

为了真实反映公司生产产品的各种资源耗费情况以及为成本控制和考核提供真实情况，成本核算必须及时准确，必须真实反映生产耗费情况，不乱摊乱挤成本，不弄虚作假，及时提供核算资料，为成本决策提供依据。

（6）成本分析全面客观

成本分析就是为了寻求降低成本的途径而对成本进行的对比、解剖和评价工作。因此，成本分析必须全面客观，这样有助于认识和掌握产品成本变动规律，为正确决策提供依据。

（7）成本考核严格公平

成本考核是对成本责任部门和个人完成目标成本的情况进行的考查评价，以此作为工作奖惩的依据。因此，考核必须严格公平，要分清主观因素和客观因素，本身责任和外部责任，以及可控指标和不可控指标，做到功过分明，奖惩有据。

对于经济指标比较先进、成本管理基础较好的公司，可以提出较高的要求；对于经济指标比较落后、成本管理基础较差的公司，应从基础做起，脚踏实地地完成成本管理的各项工作。首先要加强各项基础工作，积极学习成本管理的知识和技能，做好起步工作，然后再逐步提高。对于小型公司，除了要做好基础工作以外，还应针对公司本身成本管理上的弱点，选择和推行一些现代成本管理经验，取得实效后，再逐步前进，不必求全求快。

2.3.2　成本管理的基本原则

成本管理就是要在企业的经营活动之中，贯彻和推行科学的管理办法，规划、指导和控制费用的发生，以最少的人力、物力和财力，以尽可能少的活劳动和物化劳动的消耗,获得尽可能多的经济效益。这个目的要求成本管理必须遵循以下基本原则。

1.成本最低化原则

成本管理的根本目的,是通过成本管理的各种手段,促进产品成本不断降低。因此,成本管理的任务就是在各种特定的经济环境和生产经营环境中,分析并寻找降低成本的各种途径,制定可能实现的最低的目标成本,并以此为依据进行有效的控制和管理,使实际执行结果达到最低成本的要求。贯彻落实成本最低化的原则,要注意以下两个问题:

(1)要全面研究降低成本的可能性

实践证明,不论哪种产品(劳务)都存在着各种降低成本的潜在因素,但这种潜力很少能全部发挥出来。因此,成本管理要根据降低成本的途径,研究各种降低成本的潜力,使可能性变为现实。

(2)要研究合理的成本最低化

所谓合理,一是指要从实际出发,二是指要注意成本最低化的相对性。从实际出发,就是在研究成本最低化时,不能简单地把部门平均成本作为考核、评价的依据。因为影响成本的内外因素是多方面的,我们必须从实际出发,制定在企业主观努力下可能达到的最低成本水平,并据此来进行分析、考核和评比。所谓最低成本的相对性,是指有些老产品(如钢铁、水泥、棉纱等)的成本,并不是逐年都大幅度下降的。这些产品生产的时间久远,生产工艺相对定型,物资消耗也相对稳定,所以成本也有个相对稳定的阶段。

2.全面成本管理原则

目前,成本管理工作中普遍存在偏重于实际成本的计算和分析,尽管这是完全必要的,但仍是不全面的,对于有效促使成本降低还不够,因为影响产品实际成本核算和计算的因素很多,实际成本不能完全反映报告期的工作质量,这样计算出的实际成本,不能起到直接指导、控制成本的作用;偏重于生产成本的计算和分析,而对于采购成本、试制新产品成本、工艺成本、质量成本、销售费用以及技术组织措施对成本的影响则很少留意;成本计算和分析工作完全局限在财会人员身上,没有广泛发动群众进行日常的控制和监督等问题。

基于上述问题,为了确保降低产品成本目标的实现,达到成本最低化的要求,必须积极宣传和实行全面成本管理制度,实现全厂、全员、全过程的管理。企业各个环节都要实行成本管理,通过计划、控制、核算、分析、考核等方法,计算每个环节的消耗,进行所耗与所得的比较。同时企业的全体员工都应参与到成本管理中间去,而且从产品研究设计、物资采购、生产制造、产品销售,一直到用户使用整个过程,都要进行成本核算。

也就是说,成本管理程序是随着生产经营活动周而复始地进行的。它要求人人、事事、处处都根据成本管理程序进行管理,人人、事事、处处都要对降低成本、实现成本最低化负责。

3.成本责任制度原则

为了实行全面成本管理,必须以分级、分工、分人的成本责任制做保证。企业应对制定或上级下达的成本指标负责,企业内部各层次乃至每个人,应对上级下达的成本指标负责,保证上级考核企业,企业考核车间和部门,车间考核班组和个人的实现。生产组织部门要将定期考核的结果与奖惩制度挂钩。成本责任制度的实施犹如一个无形的网络,在这个制度的网络中,全部产品的成本被逐级逐层分解到了每一个职工身上,层层把关、层层检查、相互督促、人人落实。

4.成本管理效益化原则

成本管理自身也要讲求效益,不能只管别人,不管自己。既要管好别人,更要管好自己。它应从两个方面来努力:

(1)讲求少投入,努力多产出

成本管理的宗旨,就是要以最少的投入,获得最大的产出。如何通过计划、组织、指挥、监督、协调等职能,取得最佳的经济效益,始终是成本管理工作的大课题。因此,在作出成本决策、制订成本计划时,首先要全面掌握情况,仔细分析材料,再将那些特别难以解决的问题细分为若干部分,提炼出最简单的形式,寻找成本最低化的途径。其次,要善于预防事故,警惕可能出现的影响成本超支的不确定的因素,采取必要的措施,使之向有利于降低成本的方向转化。最后,要及时解决问题,抓得准,安排细,解决快,不得优柔寡断,贻误时机。

(2)有效提高工作效率

有效提高工作效率的方法很多,属于行政方法的有利用行政隶属关系,下达指标,制定实施措施,进行检查监督等;属于经济方法的有利用经济杠杆、经济手段、经济利益等方法进行管理;属于法制方法的有利用法律手段来进行成本管理,使大家照章办事等,提高成本管理的有效性。

5.成本管理科学化原则

成本管理科学化,就是把有关自然科学和社会科学中的原理、技术和方法运用于成本管理中。比较常用的有以下几种:

(1)系统科学

系统科学就是把研究对象看成一个系统,从系统的整体出发,对各个部分进行分析、评价和综合,从而选择最优的方案。通过目的性分析,解决有无存在的价值,减少与目的无关的各种浪费;通过综合性分析,解决系统应由哪部分组成以及组成的合理性;通过相关性分析,建立各组成部分之间的合理关系,减少盲目联系和无效行动;通过整体性分析,解决系统与外部更大系统之间的关系,以不断适应环境。系统分析应用于成本管理,可以把企业、企业内部的某一层次或产品看作一个系统。通过系统分析,寻求系统性降低成本的有效途径,达到系统化降低成本的目的。

(2)可行性研究

可行性研究是一种定性-定量分析的方法,多用于投资建厂和新产品开发等决策。主要内容有国内外市场对产品的需要量的调查和预测,工厂的规模,原材料、燃料、动力的供应,厂址的选择,工艺流程、设备、土建工程的设计,工厂组织机构和管理结构,职工人数,投产后的成本—效益比较,等等。只有通过反复地分析比较,才能"两利相权取其重,两害相权取其轻",做到技术上适用,经济上合理,成本低,效益高。

(3)决策分析

决策就是为了达到办事的目的而采取的某种对策。它是在多种可供选择的方案中,选择可供计划使用的最优化方案。

(4)目标管理

目标就是人们在经营管理中所希望达到的结果和效益。目标管理就是在一定时期内,提出一个希望达到的企业整体目标(指标),并按照企业的生产管理结构和生产程序对整体目标进行分解,将整体目标化解成各个分项目标,确定各层次乃至个人要达到的目标,使企业上下都按规定的目标进行控制和管理,以完成既定的整体目标。

(5)数学方法

现代管理技术需要大量应用数学方法,逐渐形成了管理数学这门学科。数学方法在成本管理中的运用主要有线性规划、非线性规划、离散数学、模糊数学、灰色系统分析、拓扑、网络技术、矩阵代数和数理统计等。

复习思考题

1.简述成本管理的概念。

2.成本管理的内容包括哪些?

3.成本管理的对象包括哪些?

4.成本管理的目标和原则是什么?

第 **2** 篇

成本核算

第3章

成本核算的基本要求和一般程序

3.1 成本核算的基本要求

3.1.1 成本核算的内容

企业的生产经营过程也是生产资料和活劳动消耗的过程,由此产生了生产经营管理费用,成本核算的内容就是对这些费用的消耗进行归集和分配,确定出生产产品的成本。

企业的生产经营管理费用包括:

(1)用于产品生产的费用,称为生产费用(Operating Cost);

(2)用于产品销售的费用,称为销售费用(Selling Expense);

(3)用于组织和管理生产经营活动的费用,称为管理费用(Overhead Expenses)。

企业为生产一定种类、一定数量的产品所支出的各种生产费用之和,就是这些产品的生产成本,也称产品的制造成本,简称产品成本;企业的销售费用和管理费用总称经营管理费用。因此,企业的生产经营管理费用包括产品成本和经营管理费用。与此相对应,企业的成本核算包括产品成本的核算和经营管理费用的核算。企业的成本核算,实际上是企业产品成本、经营管理费用的核算。

3.1.2　成本核算的原则

企业成本核算的目标是提供真实可靠的会计信息。为提高提供信息的质量，充分发挥成本核算的作用,成本核算应遵循以下原则:

1.合法性原则

所谓合法性原则,是指计入产品成本的支出必须符合国家法律制度关于成本开支范围和标准的规定。例如,凡是属于增加固定资产而发生的各项支出,按规定应作为固定资产增加的,不应直接计入产品成本;管理费用、财务费用应作为期间费用处理,也不计入产品成本。对于不合理的支出,企业的处理一般有两种做法:一是不准登记入账,二是先行登记入账,而后在编制报表、计算利润和缴纳所得税时再予以调整。我国企业一般采用后一种做法。

2.重要性原则

所谓重要性原则,是指在成本核算过程中应基于管理要求将各成本计算对象区分主次,对于那些对成本有重大影响的内容或项目,要重点或单独反映、处理,而对于那些对成本无重大影响的内容或项目,为提高成本核算效率,可简化处理。

例如,按照权责发生制原则,凡属于本期负担的费用,应作为本期的应付费用计入本期成本,但如果数额较小,可以将其在实际支付时计入支付月份的成本。

3.一致性原则

成本核算所采用的方法要求前后各期一致,使各期的成本资料有统一的口径,前后连贯,相互可比。主要包括三个方面的内容:

(1)确认成本发生时,计算发生水平的方法应前后一致;

(2)成本计算过程中所采用的费用分配方法应前后一致;

(3)产品成本计算的总体方法应前后一致。

若企业的内外环境发生变化,需要变更其核算方法以适应环境时,企业应及时改变核算方法并在会计报表中予以反映。

4.分期核算原则

所谓分期核算原则,是指成本核算分期应与整个会计年度的分月、分季、分年相一致,分别核算各期的成本。成本核算遵循分期核算原则,主要为了确认成本发生的时间和分配的时间,在时间上划分各期成本的界限,为正确进行各期末存货资产的计价和各期损益的计算提供良好的基础。

需要注意的是,成本核算的分期不能与产品的成本计算期混为一谈,不论生产情况如何,成本核算工作中包括的费用的归集和分配,都必须按月进行。至于完工产品的成本计算,与生产类型有关,可能是定期的,也可能是不定期的。例如,单件小批生产企业的完工产品成本计算以产品的生产周期为成本计算期,与会计分期不同。

5.配比原则

配比原则又称权责发生制原则,是指成本核算应以权责发生制为基础,凡是为实现本期收入而发生的应由本期负担的费用,不论是否已经支付,都要计入本期成本;凡不是为实现本期收入所发生的不应由本期负担的费用,即使在本期支付,也不应计入本期成本。

6.历史成本原则

历史成本原则又可称为成本核算按实际成本计价原则。历史成本原则包括三个方面的内容:

(1)确认某项成本发生时,应按实际成本计算。例如,产品生产耗用原材料时,不管企业对于原材料的日常核算是采用实际成本还是计划成本方式进行,在确认产品生产费用水平时,均应采用适当的方法计算确定已耗材料的实际成本。

(2)对固定资产的折旧必须按照原始价值和规定使用年限计算。

(3)完工产成品成本要按实际成本计价。

7.有用性原则

提供成本信息的主要目的是帮助信息使用人员解决和成本有关的问题,并为未来决策提供有用信息。例如,将成本信息反馈,能为成本升降找出原因,及时进行控制,达到降低成本的目的;又如,历史成本信息能帮助决策人员采用科学的方法预测未来,从而做出最佳决策。所以有用性就是要求提高成本核算的质量,使之成为成本管理中重要的一环。所谓成本的及时性,是指成本核算应及时反馈信息,可及时改进工作或为预测决策服务,过时的信息对企业来说是没有意义的。

8.可靠性原则

可靠性包括真实性和可核实性,成本核算所提供的成本信息应该与客观发生的经济事项一致,即真实性;成本核算资料按一定的原则由不同的会计人员加以计算,能得出相同结果即为可核实性。由此可见,可靠性是为了保证成本核算资料质量的正确可靠。

以上是成本核算的一些主要原则,它们大多是国际上通用的会计准则,也符合我国企业会计核算的要求,用以指导我国的成本核算工作。

3.1.3　成本核算的要求

1.正确划分各种支出的界限

一个会计主体在其业务活动中会发生多种性质的支出,除了与正常生产经营活动有关的支出外,还有资本性支出、福利性支出、营业外支出等。在企业支出中,只有在日常活动中发生的与正常生产经营活动有关的支出,才称作生产经营费用(生产费用和期间费用)。为了正确计算产品成本和期间费用,企业首先应当正确划分应计入产品成本和期间费用的生产经营费用与不应计入产品成本和期间费用的其他各种支出的界限。正确划分各种支出的界限,也称作严格费用成本的开支范围。企业必须按照国家有关规定采用一致的会计政策,严格费用成本开支范围。例如,企业为购置和建造固定资产、无形资产和其他资产的支出,以及对外投资的支出等,都属于资本性支出,应当计入固定资产、无形资产等资产的价值,不能计入费用成本;企业支付职工福利费、交纳社会保险费和住房公积金等,只能由"应付职工薪酬"支付,不能再计入费用成本;企业发生的非流动资产处置损失、非货币性资产交换损失、债务重组损失、公益性捐赠支出、非常损失、盘亏损失等,只能列入"营业外支出",不能计入费用成本;企业向投资者支付股利或利润,应当由"应付股利"开支,不能计入费用成本;企业采用公允价值模式计量投资性房地产等项目时,按规定直接计入所有者权益的损失,应当调整"资本公积",不能计入费用成本。

2. 正确划分各期费用成本的界限

对于可以计入费用成本的支出,企业应当根据权责发生制原则,正确划分各期费用成本的界限。按照权责发生制原则,凡是本期已经发生的费用成本,不论其款项是否已经付出,都应当作为本期费用成本入账;凡是不属于本期费用成本的支出,即使款项已经在本期付出,也不应当作为本期的费用成本处理。正确划分各期费用成本的界限,是合理确定各期产品成本和期间费用、正确计算各期营业损益的需要。为了按期结算费用,计算本期产品成本和期间费用,企业发生的不能全部计入当年损益而应在以后年度内分期摊销的租入固定资产改良支出等,应当记作长期待摊费用,在受益期限内平均摊销。严格掌握长期待摊费用的摊销,对于正确计算各期产品成本和如实反映各期期间费用有重要意义。要注意防止利用长期待摊费用等项目来调节各期费用成本(产品成本和期间费用),虚增或者虚减企业利润的错误做法。

3. 正确划分产品成本和期间费用的界限

在正确区分各种支出和各期费用成本的基础上,还应当正确划分产品成本和期间费用的界限。企业生产经营费用包括生产费用和期间费用,生产费用构成产品生产成本,期间费用直接计入当期损益。为了正确计算产品成本和营业损益,应当计入产品成本的费用,企业不得列为期间费用;应当列作期间费用的支出,企业不得计入产品成本。

4. 正确划分各种产品成本的界限

为了正确计算各种产品的成本,可以计入本期产品成本的各项生产费用,还必须在各种产品之间进行划分。有两种情况应计入本期产品成本,一是能够直接计入某种产品成本的;二是多种产品共同发生的。正确划分各种产品成本的界限,凡是能够分清由哪种产品成本负担的费用,应当直接计入该种产品的成本;凡是不能分清由哪种产品成本负担的费用,即由几种产品成本共同负担的费用,应当按照受益原则,采用合理的分配标准,在各种产品之间进行分配之后,再计入各种产品的成本。

5. 正确划分本期完工产品成本与期末在产品成本的界限

企业本期发生的生产费用,经过在各种产品之间进行划分后,确定了各种产品应负担的生产费用。为了分期确定损益,企业需要分期计算产品成本。企业期末计算产品成本时,除了本期已完工产品外,还可能有未完工的产品(期末在产品)。这样,为了正确计算出本期完工产品的实际总成本和单位成本,必须正确划分本期完工产品成本与期末在产品成本的界限。企业期末计算产品成本时,应当注意核实期末在产品的数量和完工程度,采用合理的分配方法,将已经计入该种产品成本的生产费用在本期完工产品和期末在产品之间进行分配,正确计算本期完工产品的实际总成本和单位成本。企业不得以计划成本、估计成本或者定额成本代替实际成本,不得任意压低或者提高本期完工产品成本和期末在产品成本。

3.2　成本核算的一般程序

企业可以根据生产经营特点、生产经营组织类型和成本管理的要求,自行确定成本计算方法。不同生产工艺过程和生产组织的企业,其成本计算的具体方法是不同的,企业内部不同的生产单位(车间、分厂)也可以采用不同的成本计算方法。但是,产品成本计算的目的在于控制生产过程中的耗费,计算出各个成本核算对象的实际总成本和单位成本。为了达到这一目的,首先,应当对企业所发生的生产经营费用进行审核和控制,确定本期生产经营费用应计入产品成本和期间费用的数额;其次,应当将计入本期产品成本的生产费用在各个成本核算对象之间进行归集和分配,计算出各个成本核算对象本期发生的生产费用;第三,如果某成本核算对象本期既有本期完工产品,又有期末在产品,还要在本期完工产品和期末在产品之间分配生产费用,以确定该成本核算对象本期完工产品的实际总成本和单位成本。因此,各个企业成本核算的一般程序是相同的,都可以归纳为上述三个步骤,具体有以下三个方面:

3.2.1　生产经营费用的审核和控制

生产经营费用的审核和控制,是以国家有关法律、行政法规和规章以及企业内部有关制度和管理办法等为依据,审核和控制生产经营费用的开支,以确定应计入本期产品成本和期间费用的数额。

生产经营费用的审核和控制实际上就是3.1.3中所讲的要正确划分各种支出的界限、正确划分各期费用成本的界限、正确划分产品成本和期间费用的界限。企业应当严格遵守国家规定的费用成本开支范围,严格按照企业内部财务会计制度和成本费用核算办法所规定的费用审核标准进行生产经营费用的审核和控制。企业只有对所发生的费用支出进行严格的审核和控制,才能够正确确定应计入产品成本和期间费用的数额。

3.2.2　生产费用在各个成本核算对象之间进行归集和分配

成本核算对象是指企业承担费用的对象。确定了成本核算对象,也就解决了生产费用应由谁负担、分配给谁、按什么目标来归集等问题。企业发生的生产经营费用,有的应当计入产品成本,有的应当计入期间费用。企业计入产品成本的生产费用,应由各种产品来负担。这样,各种产品就是企业的成本核算对象。企业的成本核算对象除了产品品种外,还可以是产品批次、产品类别或者生产步骤等。企业成本核算对象一经确定,不得随意变更,如需变更,应当根据管理权限,经股东大会或董事会,或经理(厂长)会议或类似机构批准,并在会计报表附注中予以说明。生产费用在各个成本核算对象之间进行分配和归集,实际上就是3.1.3中所讲的要正确划分各种产品成本的界限,以正确确定本期应计入各种产品(各成本核算对象)成本的费用。这里,必须注意以下三点:

(1)归集和分配生产费用必须按成本项目进行。成本项目是指构成企业产品生产成本的项目,一般分为直接材料、直接人工和制造费用。多个成本核算对象共同消耗的直接材料、直接人工和制造费用,因在生产过程中发生的情况不同,必须采用不同的分配方法进行分配。

(2)需要进行归集和分配的,只是本期发生的生产费用,以前各期发生的生产费用已经在当期分配给了各成本核算对象。

(3)分配生产费用的方法多种多样,但原则只有一个,就是"受益原则"。按照受益原则归集和分配生产费用,对能直接计入各成本核算对象的生产费用,应当直接计入;不能直接计入的,应当按照受益程度的大小分配计入各成本核算对象。

经过费用的审核和控制,以及生产费用在各成本对象之间分配这两个步骤,确定了本期发生的应计入各成本核算对象的生产费用。如果没有期末在产品,则各成本核算对象所归集的生产费用就是本期完工产品成本;如果本期没有完工产品,则各成本核算对象所归集的生产费用就是期末在产品成本;如果既有本期完工产品又有期末在产品,则还有下面的第三个步骤。

3.2.3 生产费用在本期完工产品和期末在产品之间进行分配

如果本期既有完工产品又有期末在产品,各成本核算对象所承担的生产费用还应当在本期完工产品和期末在产品之间进行分配。这里应当注意以下两点:

(1)生产费用的分配应当按成本项目进行。不同成本项目的费用发生情况不同,有的在生产开始时一次性投入,如构成产品实体的原材料;有的在生产过程中陆续发生,如产品生产工人的工资和制造费用等。

(2)分配的生产费用数额是该成本核算对象承担的生产费用合计数(或者称作累计生产费用),即期初在产品成本加上本期发生的生产费用之和。

经过生产费用在本期完工产品和期末在产品之间的分配,可以确定各成本核算对象本期完工产品的实际总成本,再除以本期完工产品总产量,就可以求得本期完工产品的单位成本。

生产费用在本期完工产品和期末在产品之间进行分配,也就是 3.1.3 中所讲的正确划分本期完工产品成本与期末在产品成本的界限。可见,成本核算基本要求中应当划清的五个界限,是按照成本核算的一般程序的顺序来叙述的。

1. 费用审核

企业各部门的原始记录是成本核算的依据,如定额领料单、领料单或领料登记表是材料成本核算的依据;日常考勤记录和工时记录、产量记录是工资核算的依据。会计人员必须严格审查这些凭证,审核凭证数字记录是否准确,凭证张数是否齐全,凭证日期是否正确,签章是否真实,费用该不该开支,材料领用单上还要审核材料耗用是否超过定额。经过审核无误的费用凭证才能作为成本计算的依据。

2. 确定成本计算对象

成本计算对象是指成本计算过程中成本、费用归集的对象,即生产经营过程中生产经营管理费用的承担者。成本计算过程是按一定的成本计算对象分配、归集生产费用的过程。成本的计算对象一般由三个要素构成:

(1)产品的本身,既可以是某种、某类产品,也可以是某种、某类半成品,是生产费用归属的实体。

(2)产品的空间范围,即产品应归属的车间、部门、工段或生产线等。

(3)产品的时间范围,即产成品或半成品应归属的期间范围。

由此可知成本的计算对象是在某一成本计算期内某一生产主体生产的某种产品,确定了成本计算对象,便确定了成本的计算方法。

3. 按成本项目归集生产费用

企业的成本项目一般分为直接材料、直接人工、燃料和动力以及制造费用。企业应合理归集各月份的生产费用。本月已开支的但应由以后各月份负担的费用，应计入待摊费用；将本月应负担的以前月份的待摊费用以及本月应负担的其他费用计入本月支出；将本月尚未开支但应由本月负担的成本、费用计入本月预提费用。

4. 在各成本对象之间分配费用

将应计入本月的产品成本在本月的各种产品之间进行分配，采用一定的分配方法，如定额法、工时比例法等。

5. 生产费用在完工产品和期末在产品之间进行分配

将生产费用在完工产品和期末在产品之间进行分配是生产费用分配的最后一个环节，这是对于月末既有完工产品又有在产品的企业来说的。将本期费用按照一定的方法在完工产品和在产品之间进行分配，确定本期完工产品成本，是生产费用在完工产品和在产品之间的纵向分配。

▌复习思考题▐

1. 成本核算的内容是什么？
2. 成本核算的对象包括哪些？
3. 成本核算的一般程序是什么？

第 4 章

成本归集与分配

4.1 材料费用的核算

材料费用(Material Expenses)是指企业生产经营管理过程中直接消耗的原料、主要材料、辅助材料、外购半成品、包装材料以及燃料和动力(Fuels and Energy)等。在耗用燃料和动力数量较少的企业,可将"燃料和动力"归入材料费用,而不专设"燃料及动力"科目。

企业的材料包括自制和外购两种,自制材料需要经过收发材料、生产、验收入库等环节,由于其领用方式同外购材料相同,在核算产品耗用的材料费用时,可视同外购材料一起核算。

企业进行材料费用核算,包括以下方面的内容:

(1)材料发出的核算。根据一定的成本计算方法,确定发出材料的数量及金额。

(2)根据发出材料的用途,归集材料费用。

(3)根据产品的种类、数量分配材料费用。

在材料费用核算过程中,还应做好材料的退料和盘点工作,以便保证成本核算的准确性。

4.1.1 材料费用的归集

做好材料费用的归集,首先应该做好材料费用归集的基础工作,确定材料的发出成本,做好成本控制工作。

1. 建立健全发出材料的计量制度

发出材料的计量制度有两种：永续盘存制（Perpetual Inventory System）和实地盘存制（Physical Inventory System）。

永续盘存制是指企业按照材料的具体品种设置明细账，逐笔或逐日登记收入和发出材料的数量，并在月末统计出发出材料的数量和价值的方法。采用永续盘存制的方法可以随时计算出发出材料的数量、价格，便于管理部门了解材料的耗用情况，但这种方法计算量大，计算过程比较复杂。

实地盘存制是指在月末通过实地盘点材料的库存数，据此计算出本月发出材料数量的方法。其公式可表示为

本月材料消耗量＝期初材料结存量＋本期材料收入量－月末材料结存量

采用实地盘存制的方法来计算材料的发出数量比较简便，但也存在弊端，如不能揭露出材料管理中的问题，如偷盗、损坏、挪用、贪污等造成的损失，采用这种方法计算时，本期材料消耗量均被计入本期消耗材料成本，因而计算出的本期材料消耗量并不准确，不利于成本核算工作的进行。一般这种方法只应用于计算不能随时办理领用手续的材料，如沙石、煤炭等。

2. 做好材料领发的原始凭证登记工作

企业材料的领发凭证主要有领料单、限额领料单、领料登记表等。企业应根据自身生产特点，以及材料的特点，采用合适的凭证登记材料的收发数额。原始凭证必须经过审核，比如限额领料单上发出的材料是否超出规定数量，材料的用途是否符合规定等，审核后并签章的凭证才能作为登记入账的依据。

（1）领料单

领料单是一种由车间、部门按用途分别填制的一次性使用的领料凭证。一般用于不经常领用或难以控制其耗用数量的材料的领用。

领料单可以是一料一单，也可以是多料一单，为便于汇总核算，大多数企业采用一料一单式。领料单由领料单位填写，一式三联：一联留在领料单位备查；一联留存发料仓库，据以登记材料发出明细账；一联送交财会部门，据以登记入账、计算成本。

（2）限额领料单

限额领料单是车间（单位）领用的在本期有消耗定额的材料领用凭证，它是可以多次使用的领料凭证，但必须在有效时间里才可以多次领用。

限额领料单可以一料一单，也可以多料一单。对于产品构成原料及主要材料的品种较多的生产单位，可以采用多料一单式；对于构成产品的材料品种较少的生产单位，可采用一料一单式，领料单位应在领料单上连续填写所领材料的数量、日期。

在产品投产或本月生产开始之前，生产计划部门和材料供应部门应共同制定

领料限定的数量,确定领料单位。限额领料单上应注明材料名称、领料单位、领料限额及材料用途等。使用限额领料单是有效控制材料消耗的方式,可以促使车间(单位)合理、节约使用材料。

对于超过限额的材料领用,车间需经过生产计划部门的审核、批准,并在批准后添置新的领料单予以领用。

(3)材料退库和盘点制度

企业不仅应当重视材料的发出和领用工作,材料的退库和盘点对材料费用的归集同样有举足轻重的作用。

如果企业生产车间(部门)领用材料全部被消耗掉,那么本月领用材料便是本月消耗的材料,如果月末有剩余材料,应当办理退料手续。但对于下月仍需领用的材料,可办理"假退料",即可以同时填写本月退料单和下月领料单,材料留在车间(部门)使用,并不交回仓库。

对于使用定期盘存制的企业,应在月末对材料进行实地盘点,然后确定本期发出材料的数量;在永续盘存制下,企业也应该在月末对材料进行实地盘点,以便确定实存数和账存数是否相符,如果不符,需要将账面记录进行调整,使之与实存数相符。

4.1.2 主要材料费用的分配

材料费用的分配要根据审核后的领退料凭证,按照材料的用途进行。将用于产品生产的材料费用计入产品成本及有关成本项目;将用于产品销售、筹集资金、组织和管理生产等活动中消耗的费用,计入销售费用、财务费用、管理费用等有关期间费用。

1.材料费用分配的方法

在材料费用的分配过程中,可将材料费用分为直接计入费用和间接计入费用。

(1)直接计入费用

在产品生产过程中,直接用于产品生产的原材料费用记入"基本生产成本"和"辅助生产成本"明细账。例如,纺织业用的原棉、造纸业用的原料以及生产面粉用的小麦等,应列入"直接材料"项目。这些原料和主要材料一般分产品品种领用,可以根据领料凭证直接计入到有关成本中去。

(2)间接计入费用

原料和主要材料不能按产品品种领用的,如化工生产中为生产几种产品共同耗用某种(些)原料,这种(些)原料消耗构成这几种产品的共同费用,为核算各产品的成本,需要将这些费用采用适当的方法进行分配,那么这些费用就是间接计入费用。

对于费用按何种方法进行分配,应根据各产品的生产特点,如钢铁企业的原料为生铁,其产品成本可按重量比例分配,采用重量(产品重量)分配法。另外,还有按定额耗用量比例分配法、系数分配法等,这些方法的计算可用费用分配率的通用公式来概括:

$$费用分配率=待分配费用总额÷分配标准总额$$
$$某种产品或某分配对象应负担的费用=该产品或对象的分配标准额×费用分配率$$

(1)重量(产品重量)分配法

重量(产品重量)分配法是一种按产品的重量为标准进行材料费用分配的方法,这种方法适用于原料和主要材料的耗用量与产品的重量关系密切,原材料费用可以按产品的重量比例分配的产品。例如,钢铁企业铸件用的生铁,可以按各铸件产品的重量进行分配。其计算公式为

$$费用分配率=待分配费用总额÷各种产品重量之和$$
$$某产品应分配费用=该产品总重量×费用分配率$$

【例1】 某钢铁企业某生产车间 7 月份生产甲、乙、丙三种铸件,其中甲产品40 000 千克,乙产品 35 000 千克,丙产品 27 000 千克,共同耗用生铁等原材料费用510 000 元。

原材料费用分配计算如下:

费用分配率=510 000÷(40 000+35 000+27 000)=5(元/千克)
甲产品应分配费用=40 000×5=200 000(元)
乙产品应分配费用=35 000×5=175 000(元)
丙产品应分配费用=27 000×5=135 000(元)

在实际工作中,原材料费用的分配是通过"原材料费用分配表"进行的。原材料费用分配表是企业编制会计分录、登记账簿的依据。如果将例1列表计算,结果见表4-1。

表 4-1　　　　　　　原材料费用分配表(××车间)
20××年 7 月

产品名称	产量(千克)	分配率(元/千克)	分配计入(元)
甲产品	40 000	5	200 000
乙产品	35 000	5	175 000
丙产品	27 000	5	135 000
合计	102 000		510 000

（2）定额耗用量比例分配法

定额耗用量比例分配法是指以各种产品原材料定额消耗量为标准而进行原材料分配的一种方法，它适用于材料消耗定额比较准确、定额管理制度比较完善的企业。

消耗定额是单位产品可以消耗原材料的数量限额；定额消耗量指一定产量下按照消耗定额计算的可以消耗的材料数量；费用定额和定额费用就是消耗定额和定额消耗量的货币表现。按这种方法分配材料费用的计算公式如下：

费用分配率＝待分配费用总额÷各产品材料消耗定额之和

某产品应分配费用＝该产品材料消耗总定额×费用分配率

①在各种产品耗用原材料种类不多的情况下，在实际计算中，将上述公式予以细化，可表示为

某种产品材料定额消耗量＝该种产品实际产量×单位产品材料消耗定额

$$原材料消耗量分配率＝\frac{该产品的原材料实际总消耗量}{各种产品材料定额消耗量之和}$$

某种产品应分配的材料数量＝该种产品的材料定额消耗量×原材料消耗量分配率

某种产品应分配的材料费用＝该种产品应分配的材料数量×原材料单价

【例2】 某企业7月份生产A、B两种产品，领用主要材料154 800千克，单价20元，共计3 096 000元，本月投产A产品6 000件，B产品4 000件，A、B产品的单位材料消耗定额分别为18千克、16千克。分配计算如下：

A产品材料定额消耗量＝6 000×18＝108 000（千克）

B产品材料定额消耗量＝4 000×16＝64 000（千克）

A、B产品材料定额消耗量合计＝108 000＋64 000＝172 000（千克）

原材料消耗量分配率＝154 800÷172 000＝0.9（元/千克）

A产品应分配的材料数量＝108 000×0.9＝97 200（千克）

B产品应分配的材料数量＝64 000×0.9＝57 600（千克）

A产品应分配的材料费用＝97 200×20＝1 944 000（元）

B产品应分配的材料费用＝57 600×20＝1 152 000（元）

例2计算材料费用的分配程序是：

①计算各种产品的材料定额消耗量；

②计算原材料消耗量分配率；

③分别计算各种产品实际应分配的材料数量；

④计算各产品应分配的材料费用。

这种分配方式可以考核材料定额消耗的执行情况,有利于进行材料消耗的实物管理,但计算工作量大。如果简化分配程序,可以直接将材料费用按消耗定额分配,例2简化后计算如下:

A 产品材料定额消耗量＝6 000×18＝108 000(千克)

B 产品材料定额消耗量＝4 000×16＝64 000(千克)

A、B 产品材料定额消耗量合计＝108 000＋64 000＝172 000(千克)

原材料费用分配率＝3 096 000÷172 000＝18(元/千克)

A 产品应分配的材料费用＝108 000×18＝1 944 000(元)

B 产品应分配的材料费用＝64 000×18＝1 152 000(元)

这种方法比较简便,但没有计算出各种产品应负担分配的材料消耗量,不利于材料消耗的实物管理。

②在各种产品共同耗用原材料种类较多的情况下,为进一步简化核算,可采用按照各种材料的定额费用比例计算产品应分配原材料的实际费用的方法,又称为“材料定额费用比例法”,其计算公式如下:

某种产品某种原材料定额费用＝该种产品的实际产量×单位产品该种原材料费用定额
＝该种产品实际产量×单位产品该种原材料消耗定额×该种原材料计划单价

原材料费用分配率＝各种产品实际费用总额÷各种产品材料定额费用之和

某种产品应负担的原材料费用＝该产品各种原材料费用之和×原材料费用分配率

【例3】 某企业生产 A、B 两种产品,共同耗用甲、乙两种材料,原材料费用合计为 3 276 000 元,本月投产 A 产品 2 000 件,B 产品 1 500 件。A 产品的材料消耗定额为:甲材料 6 千克/件,乙材料 4 千克/件;B 产品的材料消耗定额为:甲材料 4 千克/件,乙材料 5 千克/件,甲、乙材料的计划单价分别为 100 元和 60 元。

原材料费用分配计算如下:

A 产品:甲材料定额费用＝2 000×6×100＝1 200 000(元)

乙材料定额费用＝2 000×4×60＝480 000(元)

A 产品材料定额费用合计＝1 200 000＋480 000＝1 680 000(元)

B 产品:甲材料定额费用＝1 500×4×100＝600 000(元)

乙材料定额费用＝1 500×5×60＝450 000(元)

B 产品材料定额费用合计＝600 000＋450 000＝1 050 000(元)

原材料费用分配率＝3 276 000÷(1 680 000＋1 050 000)＝1.2(元/千克)

A 产品应负担的原材料费用＝1 680 000×1.2＝2 016 000(元)

B 产品应负担的原材料费用＝1 050 000×1.2＝1 260 000(元)

由以上公式可以看出,这种材料费用分配方法的计算程序为:首先,计算各产品各种原材料消耗的定额费用;然后,计算原材料费用分配率;最后,计算各种产品应负担的原材料费用。

(3)系数分配法

系数分配法又叫标准产量分配法,是指将各种产品的产量按系数折算为标准产品的产量,并按标准产品产量的比例分配材料费用的一种方法。系数是各种产品的消耗量(如定额消耗量)与标准产品消耗量的比例。这种方法一般适用于生产各种产品的工艺过程基本相同的企业,其计算公式如下:

某产品系数＝该产品定额消耗量÷标准产品定额消耗量

某产品总系数(标准产量)＝该产品实际产量×该产品系数

费用分配率＝待分配费用总额÷各产品总系数之和(标准总产量)

某产品应分配原材料费用＝该产品标准产量×原材料费用分配率

【例4】 某企业车间生产 A、B、C 三种产品,共同耗用原材料费用 1 232 000 元。三种产品的实际产量分别为:A 产品 2 000 件,B 产品 2400 件,C 产品 3 000 件,以 B 产品作为标准产品,以其材料消耗定额作为折合标准。A、B、C 三种产品的材料消耗定额依次为 140 千克、100 千克、120 千克。如果以 B 产品作为标准产品,原材料费用分配计算如下:

A 产品系数＝140÷100＝1.4

B 产品系数＝100÷100＝1

C 产品系数＝120÷100＝1.2

A 产品总系数(标准产量)＝2 000×1.4＝2 800(件)

B 产品总系数(标准产量)＝2 400×1＝2 400(件)

C 产品总系数(标准产量)＝3 000×1.2＝3 600(件)

原材料费用分配率＝1 232 000÷(2 800＋2 400＋3 600)＝140(元/件)

A 产品分配费用＝2 800×140＝392 000(元)

B 产品分配费用＝2 400×140＝336 000(元)

C 产品分配费用＝3 600×140＝504 000(元)

(4)生产工时(机器工时)分配法

生产工时(机器工时)分配法是以产品的生产工时(机器工时)作为分配原材料费用的标准,这种方法适用于产品生产工时较易计算的企业,其计算公式为

原材料费用分配率＝车间耗用原材料费用总额÷生产工时总额

某产品应分配材料费用＝该产品生产工时×原材料费用分配率

2. 材料费用分配的账务处理

费用分配有广义和狭义两种含义。广义的费用分配是指费用的划分,包括前面所讲述的四个费用界限的划分,也包括不需要采用分配方法划分的费用,如直接计入产品、车间的费用成本,还包括需要采用一定分配方法划分的费用。狭义的费用分配只包括采用一定的分配方法划分的费用。各种材料费用汇总分配表以及要素费用的分配都是广义的费用分配,而材料费用分配表则是狭义的费用分配。

按照实际成本核算时,根据各种材料的领料凭证所登记的实际成本的汇总登记,编制原材料费用分配表,见表4-2。

表4-2 　　　　　　　　　　　　原材料费用分配表
××厂 　　　　　　　　　　　　20××年7月 　　　　　　　　　　　　单位:元

应借科目		成本费用项目	直接计入	分配计入	原材料费用合计
基本生产成本	甲产品	原材料	72 500	35 740	108 240
	乙产品	原材料	61 400	24 700	86 100
	小计		133 900	60 440	194 340
辅助生产成本	机修车间	原材料	21 300		21 300
	供电车间	原材料	5 200		5 200
	小计		26 500		26 500
制造费用	基本生产车间	机物料	4 700		4 700
	机修车间	机物料	3 900		3 900
	供电车间	机物料	2 100		2 100
	小计		10 700		10 700
销售费用		包装、差旅费	3 400		3 400
管理费用		其他	2 050		2 050
合计			176 550	60 440	236 990

根据表4-2,可以编制会计分录如下:

借:生产成本——基本生产成本 　　　　　　　　　194 340

　　　　　　——辅助生产成本 　　　　　　　　　 26 500

　制造费用 　　　　　　　　　　　　　　　　　　10 700

　销售费用 　　　　　　　　　　　　　　　　　　 3 400

　管理费用 　　　　　　　　　　　　　　　　　　 2 050

　　贷:原材料 　　　　　　　　　　　　　　　　　　　236 990

3. 燃料费用的分配

燃料本来是原材料的组成部分,如果企业的燃料消耗比重较大,可以将它与动力费用一起专门设立"燃料及动力"成本项目进行核算,同时增设"燃料"会计科目,以便单独核算燃料的增加、减少以及结存情况。

燃料费用的分配与原材料费用分配的程序相同。直接用于产品生产的燃料，在只生产一种产品或按产品分别领用时，属于直接计入费用，可直接计入各种产品成本明细账的"燃料及动力"项目；如果生产多种产品且没有分产品领用，是几种产品共同耗用的燃料，属于间接计入费用，应当采用适当的方法，将燃料费用在各种产品之间进行分配，然后计入各种产品成本明细账的"燃料及动力"项目。燃料费用的分配标准可按产品重量、体积、所耗原材料的数量或费用，也可以按照燃料的定额消耗量或定额费用比例等进行分配。

【例5】 某企业消耗燃料及动力较多，为了加强对能源消耗的核算和控制，单独设立"燃料"会计科目。若企业本月直接用于甲、乙两种产品生产的燃料费用共 1 692 900 元，按照燃料的定额费用比例进行分配，根据耗用燃料的产品数量和单位产品的燃料费用定额算出的燃料定额费用为：甲产品 897 000 元，乙产品 642 000 元，燃料费用应分配如下：

燃料费用分配率＝1 692 900÷(897 000＋642 000)＝1.1(元/件)

甲产品燃料费用＝897 000×1.1＝986 700(元)

乙产品燃料费用＝642 000×1.1＝706 200(元)

上述直接用于产品生产、专设成本项目的燃料费用，应直接计入"基本生产成本"总账科目和所属明细科目的借方。直接用于辅助生产、专设成本项目的燃料费用或用于基本生产和辅助生产但没有专设成本项目的燃料费用，应计入"辅助生产成本"总账科目的借方及其所属明细科目；用于产品销售、组织和管理生产经营活动所消耗的燃料费用，应记入"销售费用"、"管理费用"总账科目的借方及所属明细科目。已领用燃料的总额记入"燃料"科目的贷方。

燃料费用分配表与原材料费用分配表的编制方法基本相同。

4.1.3 其他材料费用的核算

1. 低值易耗品、包装物的核算

低值易耗品(Low Priced and Easily Worn Articles)是指价值在规定标准以下，不作为固定资产计价的如模具、管理用具、工具以及在生产经营过程中周转使用的包装容器等各种物品。

包装物(Wrap Page)是指企业为销售而包装产品使用的各种容器及物品，如桶、箱、瓶、袋等。企业的包装物可以按其用途分为四类：

(1)生产过程中包装产品而成为产品组成部分的包装物；

(2)随同产品出售但不单独计价的包装物；

(3)随同产品出售但单独计价的包装物；

(4)出租或出借给购买单位使用的包装物。

在生产过程中,因包装产品而构成产品实体的包装物费用属于产品成本的一部分,应计入"基本生产成本";随同产品出售但不单独计价的包装物,应视为销售产品过程中发生的费用,应计入"销售费用";随同产品出售但单独计价的包装物,应视同材料销售,将其销售收入计作"其他业务收入",结转其成本时,应计入"其他业务成本";出租给购买单位使用的包装物,所收到的租金属于企业的其他业务收入,计入"其他业务收入",其成本计入"其他业务成本";出借给购买单位使用的包装物,发生的包装物折旧摊销是为销售本企业产品而发生的费用,应计入"销售费用"。

出租或出借的包装物可使用一次摊销法、五五摊销法和分次摊销法摊销。其中,一次摊销法是指在领用包装物时一次性进行摊销;五五摊销法是指在领用包装物和包装物报废时分两次摊销;分次摊销法是指根据实际情况分若干次摊销。企业应根据具体情况,使用合适的方法进行包装物的摊销。

同原材料和包装物一样,低值易耗品的发出、领用也应在当期予以核算,编制费用分配表和会计分录,并据以登记账簿。企业应该设立"低值易耗品"总账科目,据以计算低值易耗品的收入、发出、摊销和结存,设立明细账并按其种类、规格、数量进行明细核算。

低值易耗品采购、入库阶段核算与原材料相似,其发出、摊销与包装物相似。包装物领用后,其价值应根据其用途计入成本费用项目。如用于生产产品的低值易耗品的摊销应先记入"制造费用";用于组织和管理生产经营活动的低值易耗品的摊销应计入"管理费用";用于其他业务经营的低值易耗品的摊销应记入"其他业务成本"。

【例6】 某企业某月发出材料的成本为:生产领用低值易耗品 30 000 元,行政管理部门领用低值易耗品 19 000 元,出租包装物 550 000 元,出借包装物 36 000 元。因出租包装物的金额较大,规定分 5 个月平均摊销,领用的低值易耗品和出借包装物金额不大,采用一次摊销法摊销。

当月应编制的会计分录如下:

发出新的包装物时:

借:销售费用 36 000
  制造费用 30 000
  管理费用 19 000
  周转材料——包装物——出租 550 000
 贷:周转材料——包装物——在库 586 000
   低值易耗品 49 000

当月应摊销的出租包装物价值为

$$550\,000 \div 5 = 110\,000(元)$$

当月应负担的待摊费用：

借：其他业务成本   110 000

    贷：周转材料——包装物——摊销   110 000

在第5个月摊销完毕时：

借：周转材料——包装物——摊销   550 000

    贷：周转材料——包装物——出租   550 000

2. 外购动力费用的核算

外购动力费用是指企业从外单位购入的电力蒸气、煤气等动力所支付的费用。

外购动力有的直接用于产品生产如生产工艺用电；有的间接用于产品生产，如生产车间照明用电；有的用于管理部门，如行政管理部门照明用电。外购动力费用中，直接用于产品生产，并设有"燃料及动力"成本项目的动力费用，应单独记入"基本生产成本"总账科目及所属明细科目。直接用于辅助生产，并设有该科目的动力费用或用于基本生产的辅助生产但未专设成本项目的动力费用，应分配计入"辅助生产成本"。用于组织和管理生产经营活动的动力费用，应分配计入"辅助生产成本"、"制造费用"和"管理费用"等总账科目和所属明细账的借方。

以上动力费用的分配，在有仪表记录的情况下，可用仪表记录数量乘以单价计算；在没有安装仪表或生产动力无法按产品安装仪表的情况下，一般按照工时比例、机器工时或定额耗用量的比例来分配动力费用。下面以企业的电力费用为例来讲述生产工时比例法、机器工时比例法、定额耗用量比例法的计算过程。

（1）生产工时比例法

生产工时比例法按产品的生产工时作为分配动力费用的标准。

电力费用分配率＝车间动力用电费用总和÷该车间各种产品生产工时总和
    某产品动力用电费用＝该产品生产工时×电力费用分配率

（2）机器工时比例法

机器工时比例法以生产产品的机器工时作为分配动力费用的标准，主要用于以机器加工为主的生产。

电力费用分配率＝车间动力用电费用总额÷该车间各种产品机器工时总额
    某产品动力用电费用＝该产品机器工时×电力费用分配率

（3）定额耗用量比例法

定额耗用量比例法以产品的定额用电量为比例分配电力费用。

【例7】 某企业本月生产甲、乙两种产品，直接耗用外购动力（电力费用）1 200 000元，没有分装电表。按定额耗电量比例分配，其定额耗电量分别为甲产品 1 200 000 千瓦时,乙产品 720 000 千瓦时,同时辅助生产车间耗用 200 000 元,基本生产车间照明耗用 45 000 元,管理部门耗用 70 000 元。

计算如下:

电力费用分配率＝1 200 000÷(1 200 000＋720 000)＝0.625(元/千瓦时)

甲产品用电费用＝1 200 000×0.625＝750 000(元)

乙产品用电费用＝720 000×0.625＝450 000(元)

应作会计分录如下:

借:生产成本——基本生产成本——甲产品　　　　　750 000

　　　　——基本生产成本——乙产品　　　　　450 000

　　　　——辅助生产成本　　　　　　　　　　200 000

　　制造费用　　　　　　　　　　　　　　　　45 000

　　管理费用　　　　　　　　　　　　　　　　70 000

　　贷:应付账款　　　　　　　　　　　　　　　　1 515 000

4.2　人工费用的核算

人工费用即职工薪酬,是指企业为获取职工提供的服务而给予各种形式的报酬以及其他相关支出。职工薪酬包括工资、奖金、津贴、职工福利费、各类社会保险费用、住房公积金、工会经费、职工教育经费、未参加社会统筹的退休人员退休金和医疗费用以及辞退福利、带薪休假等其他与薪酬相关的支出。

(1)职工工资、奖金、津贴和补贴,即国家统计局规定的构成工资总额的内容,包括计时工资、计件工资、奖金、津贴和补贴、加班加点工资和特殊情况下支付的工资。计时工资是指按照劳动者本人的技术、业务等级水平,或者是劳动者所在工作岗位、职位的劳动等级预先规定的相应工资标准及劳动者实际有效工作时间计付工资的形式。按计算时间的单位不同,计时工资一般分为小时工资制、日工资制、月工资制和年薪制。计件工资是指按照劳动者生产的合格产品数量或完成的工作量,根据企业内部确定的计件工资单价,计算并支付工资的一种形式。

(2)职工福利费,即企业为职工集体提供的福利,一般按照实际发生额据实列支。

(3)"五险一金",即医疗保险费、养老保险费、失业保险费、工伤保险费和生育保险费以及住房公积金。它们由企业根据工资总额的一定比例计算确定。其中,养老保险费包括基本养老保险费和补充养老保险费。基本养老保险费是企业根据国家规定的基准和比例计算,向社会保险经办机构缴纳的养老保险费;补充养老保险费是企业根据《企业年金试行办法》、《企业年金基金管理试行办法》等相关规定,向有关单位缴纳的养老保险费。住房公积金指企业按照国家新修订的《住房公积金管理条例》规定的比例计算,向住房公积金管理机构缴存的金额。

(4)工会经费和职工教育经费,指企业为了改善职工文化生活、提高职工业务素质,用于开展工会活动和职工教育及职业技能培训,按工资总额的一定百分比提取的金额。

(5)非货币性福利,是指企业以自己的产品或外购商品发放给职工作为福利,职工无偿使用企业拥有的资产或租赁资产,如企业提供给企业高级管理人员使用的住房、免费为职工提供诸如医疗保健服务等。

(6)辞退福利,即因解除与职工的劳动关系而给予的补偿。辞退福利包括两方面的内容:一是在职工劳动合同尚未到期前,不论职工本人是否愿意,企业决定解除与职工的劳动关系而给予的补偿;二是在职工劳动合同尚未到期前,为鼓励职工自愿接受裁减而给予的补偿,职工有权利选择继续在职或者接受补偿离职。

(7)其他与获得职工提供的服务相关的支出。

4.2.1 人工费用的归集

企业中的人工费用,应根据登记员工工作状况的原始记录,如职工薪酬卡片、考勤记录、工作量(产量)记录等进行归集和核算。企业应根据自身的生产经营特点和管理要求,确定职工薪酬核算所需原始凭证的种类、格式、登记方法和传递程序,以保证凭证记录准确无误,然后根据原始凭证编制职工薪酬结算单,最后根据职工薪酬结算单,按人员类别编制职工薪酬结算汇总表,据以登记入账。

1. 职工薪酬核算的原始记录

企业人工费用核算的主要原始记录有:

(1)职工薪酬卡片

职工薪酬卡片是反映员工就职、离职、调动、职务变动、工资级别及各种津贴标准、津贴变动的原始记录,是计算职工薪酬费用的重要依据。

(2)考勤记录

考勤记录是在企业采用计时工资形式计算工资时,为了解企业员工的出勤、缺勤情况,正确计算职工薪酬,登记员工出勤和缺勤时间和情况的原始记录。

考勤记录应登记企业内部每一单位、每一员工的出勤和缺勤时间,并对这些时间进行归类分析。考勤记录有考勤簿、考勤卡片、考勤号牌等多种形式。每月月末,考勤人员将经过车间、部门负责人检查签章的考勤记录送交会计部门审核,经会计部门审核后的考勤记录才可以作为计算每一员工的工资、津贴以及病、伤、产假工资等的依据。

认真进行考勤记录,不仅可以将此作为计算工资的依据,还可以加强劳动管理和劳动纪律,提高员工的出勤率和工时利用率,从而提高劳动生产率。

(3)工作量记录

工作量记录也称产量记录,是记录工人或生产小组在出勤时间内完成产品的数量、质量和生产产品所用工时数量的原始记录。

工作量记录不仅为计算计件工资费用提供正确的依据,而且还为在各种产品之间分配与工时有关的费用提供依据。工作量记录应记录产品的产量、工时、实物产量、废品产量等资料。由于各企业各生产车间的生产特点和工艺过程不同,产量记录的内容和形式也会有所不同,主要有以下几种:

①工作通知单

工作通知单适用于单件小批生产的企业。它是针对每个员工或班组所从事的某个项目或工序开设的,用以分配生产任务并记录其产量和工时的原始凭证。

采用工作通知单,在工作开始时由生产调度部门根据生产计划制定,通知某一员工或班组从事通知单内指定的工作,完成工作任务后,将生产出的产品按照通知单上的各项目填写,连同产品送交质检员,经其检查登记后作为计算工资和工时的依据。

采用工作通知单作产量记录时,计算工资和工时比较方便,但不能连续反映被加工产品连续加工的过程,因此这种方法不适用于成批生产的企业。

②工序进程单

工序进程单适用于成批生产的企业。它是按照每批产品的工艺过程开设的,并用以分配生产任务,同时记录产品加工进程的原始凭证。

工序进程单由车间调度人员根据生产计划的产品消耗定额和生产工艺过程签发,据以分配生产任务。在生产过程中,随着产品或零件的加工,根据每道工序产品的质检结果顺序登记其加工过程,如各工序的实际产量、消耗工时以及各工序间零件交接数量等。但工序进程单不能满足企业统计产量和计算工资的要求,还需设置"工作班产量记录"。

③工作班产量记录

工作班产量记录是计算计件工资的主要依据。它是反映一个班组工人在工作班内生产产品数量、应计工时等的原始记录。

2.职工薪酬计算汇总表

企业根据以上原始凭证计算出每一员工的应付职工薪酬后,应在规定的日期发放给员工。为了汇总反映各车间、部门和整个企业工资的结算情况,应根据各车间、部门提供的"职工薪酬单"汇总编制"职工薪酬结算汇总表",见表4-3。

表 4-3

职工薪酬结算汇总表

20××年7月　　　　　　　　　　　　　　　　　　　　　　　单位:元

车间和部门	应付工资							代发款项			代扣款项				应发金额	实发金额
	日标准工资	奖金	津贴和补贴		扣缺勤工资		应付工资合计	福利补助费	交通补助费	合计	保险费	养老保险费	住房公积金费	合计		
			津贴	补贴	病假	事假										
基本生产车间 生产工人	151 000	17 400	18 000	8 700	800	2 000	192 300	10 000	3 000	13 000	8 000	9 500	18 000	35 500	169 800	169 800
基本生产车间 管理人员	31 500	1 800	3 200		400	300	35 800	1 200	500	1 700	1 500	2 000	3 000	6 500	31 000	31 000
基本生产车间 合计	182 500	19 200	21 200	8 700	1 200	2 300	228 100	11 200	3 500	14 700	9 500	11 500	21 000	42 000	200 800	200 800
行政管理部门	80 000	6 000	5 800	2 000	1 000	1 500	91 300	2 500	1 500	4 000	2 500	4 000	8 700	15 200	80 100	80 100
生活福利部门	20 000	1 500	1 300	400			23 200	1 500	500	2 000	1 000	1 000	1 800	3 800	21 400	21 400
长期病假人员	90 000		8 000				98 000				1 500			1 500	96 500	96 500
总计	372 500	26 700	36 300	11 100	2 200	3 800	440 600	15 200	5 500	20 700	14 500	16 500	31 500	62 500	398 800	398 800

职工薪酬结算表不仅可以按照类别反映应付职工薪酬的总额,还可以按车间、部门反映应付工资总额以及各种代缴、代扣款项。职工薪酬结算汇总表既表明了企业与员工结算的情况,又是将职工薪酬计入成本费用项目的依据。

4.2.2　人工费用的分配

企业于月度终了时要计算出全体职工的职工薪酬,根据职工的工作岗位,在各受益对象中进行分配。直接从事产品生产人员的职工薪酬由各种产品负担;辅助生产车间人员的职工薪酬由各辅助车间的劳务或产品负担;各生产车间管理人员的职工薪酬由制造费用负担;从事基本建设工作人员的职工薪酬由在建工程负担;销售人员的职工薪酬由销售费用负担;企业管理人员的职工薪酬由管理费用负担。为了按工资的用途和发生地点归集并分配人工费用,月末应分生产部门根据职工薪酬结算单和有关的生产工时记录编制"职工薪酬费用分配表",然后汇总编制"职工薪酬(工资费用)汇总分配表"。

【例8】　××公司20××年7月实际发生工资费用783 900元,其中基本生产车间工人工资440 000元,辅助生产车间工人工资(包括供电车间、锅炉车间)295 200元(175 200元、120 000元),基本生产车间、辅助生产车间管理人员工资(包括供电车间、锅炉车间)分别为6 000元和6 700元(3 500元、3 200元),企业行政管理部门人员工资36 000元。基本生产工人工资按甲、乙两种产品的生产工时比例进行分配,其工时分别为5 600小时和3 200小时,计算的分配率为50元/小时。职工福利费按工资总额的10%计提,其他费用略。编制的"职工薪酬(工资费用)汇总分配表"见表4-4。

表 4-4   职工薪酬(工资费用)分配表

20××年 7 月   单位:元

应借科目		工资				职工福利费(10%)	职工薪酬合计
总账及二级科目	明细科目	分配标准(工时)	直接生产人员工资	管理人员工资	工资合计	金额	
基本生产成本	甲产品	5 600	280 000		280 000	28 000	308 000
	乙产品	3 200	160 000		160 000	16 000	176 000
	小计	8 800	440 000		440 000	44 000	484 000
辅助生产成本	供电车间		175 200		175 200	17 520	192 720
	锅炉车间		120 000		120 000	12 000	132 000
	小计		295 200		295 200	29 520	324 720
制造费用	基本生产车间			6 000	6 000	600	6 600
	供电车间			3 500	3 500	350	3 850
	锅炉车间			3 200	3 200	320	3 520
	小计			12 700	12 700	1 270	13 970
管理费用				36 000	36 000	3 600	39 600
合计			735 200	48 700	783 900	78 390	862 290

根据表 4-4 即可登记总账和有关明细账,其会计分录如下:

借:生产成本——基本生产成本——甲产品   308 000

                        ——乙产品   176 000

           ——辅助生产成本——供电车间   192 720

                        ——锅炉车间   132 000

     制造费用——基本生产车间   6 600

              ——供电车间   3 850

              ——锅炉车间   3 520

     管理费用   39 600

     贷:应付职工薪酬   862 290

在实际工作中,员工职工薪酬一般在月中或月初支付,而本月应付职工薪酬是根据本月的考勤和产量记录的数据分配计算得出的,因此,本月支付的职工薪酬是按上月考勤和产量等数据推算出的上月职工薪酬。这样,本月支付给员工的职工薪酬数额与本月分配计入的成本、费用的工资数额并不相等,不符合权责发生制原则。但是月末根据考勤和产量记录计算本月应付职工薪酬的工作量较大,按照本月应付职工薪酬分配费用,会影响成本费用核算的及时性。因此,在各月应付职工薪酬金额比较稳定的企业,即每月应付职工薪酬(本月应付、下月支付)与每月支付职工薪酬(本月支付、上月应付)数额相差不大的情况下,将本月支付职工薪酬数额作为本月应付职工薪酬数额。这样,本月分配计入成本、费用的职工薪酬数额与本月支付的职工薪酬数额相等。

在各月职工薪酬费用水平相差较大的企业中,应按照本月应付职工薪酬分配工资费用。企业在本月编制工资结算汇总表和工资费用分配表时,是根据考勤和产量记录计算的,因而本月应付职工薪酬费用,应在期末按本月的考勤和产量记录进行计算分配。在这种情况下,"应付职工薪酬"科目借方登记本月支付职工薪酬额,贷方登记本月分配职工薪酬额,二者不相等。而"应付职工薪酬"可能有贷方余额,也可能有借方余额。因此,作为负债类项目的"应付职工薪酬"科目,在作为会计科目时,是具有资产和负债双重性质的科目。

4.3　辅助生产费用的核算

4.3.1　辅助生产费用概述

1. 辅助生产的类型

辅助生产(Subsidiary Production)是指为基本生产和经营管理服务而进行的产品生产和劳务供应。

企业的生产车间按照生产的性质可以被划分为基本生产车间和辅助生产车间。基本生产车间是生产产品的部门,是主要车间;辅助生产车间是为基本生产和经营管理服务的,起到的是辅助作用。辅助生产车间发生的费用统称为辅助生产费用。

辅助生产车间根据生产产品或提供劳务的品种数,可以划分为以下两种:

(1)只生产一种产品或提供一种劳务的辅助生产,如供电、供水、运输、供气等辅助生产,可称为单品辅助生产;

(2)提供多种产品或劳务的辅助生产,如从事工具、磨具、制造、机械修理的生产,可称为多品辅助生产。

辅助生产车间根据生产产品或提供劳务的性质,可以划分为:

(1)提供可以储存、入库的辅助生产,如生产工具、磨具、自制材料、自制半成品的车间或部门;

(2)提供劳务或不可储存产品的辅助生产,如供电、供水、运输、修理等的车间或部门。

辅助生产车间提供的产品和劳务,有时也对外销售,但这并不是辅助生产车间的主要任务。

2. 辅助生产核算的意义

辅助生产产品和劳务所耗费的生产费用之和构成这些产品和劳务的成本。但对于耗用这些产品和劳务的基本生产车间和各车间、部门来说,这些成本又是构成基本生产产品成本和经营管理费用的一项费用。

辅助生产费用的核算是根据辅助生产的特点,以辅助生产的产品和提供的劳务为对象归集其费用,计算出各产品和劳务的成本,然后按照一定的方法分配给各受益车间、部门,计入基本生产成本的过程。

辅助生产产品和劳务的成本的高低对企业的基本生产成本和经营管理费用有着很大的影响。同时,只有辅助生产产品和劳务费用确定后,才能计算基本生产成本和经营管理费用。因此,正确、及时地组织辅助生产费用的归集和分配,对于节约费用、降低成本有着重要的意义。

4.3.2 辅助生产费用的归集

1. 辅助生产费用归集的账户

辅助生产费用(Auxiliary Production Expenses)是通过"辅助生产成本"科目来进行归集和分配的。辅助生产发生的各项成本和费用,记入"辅助生产成本"账户的借方;月末,采用适当的方法计算出完工入库产品成本及分配转出的劳务成本,记入该账户的贷方。若账户有余额,余额在借方,表示辅助生产在产品的成本及辅助生产在产品占用的资金,但提供劳务的辅助生产车间期末一般无余额。"辅助生产成本"一般按照车间名称和生产的产品、劳务分别设置明细账。

辅助生产车间的制造费用,有的专设"制造费用"账户进行归集,而有的没有专设该科目。按是否设置"制造费用"账户,将辅助生产费用的归集程序分为两种:

(1)一般情况下,辅助生产的制造费用应该同基本生产的制造费用一样,先通过"制造费用"进行归集,然后转入"辅助生产成本"科目,计入辅助生产产品和劳务的成本。

(2)在辅助生产车间规模较小,发生的制造费用很少,而且辅助生产不对外销售产品,因而不需要按规定的成本项目计算产品和劳务成本的情况下,为简化核算工作,辅助生产车间可以不单独设置"制造费用"账户,而将其直接归集到"辅助生产成本"账户中去,然后计入辅助生产产品和劳务的成本。

2. 辅助生产费用归集的账务处理

在辅助生产车间的制造费用单独设置"制造费用"科目进行归集的企业中,发生辅助生产费用时,专设成本项目的直接计入费用,应直接记入"辅助生产成本"及有关明细科目的借方;专设成本项目的间接计入费用,应采用一定的方法分配记入"辅助生产成本"总账科目及有关明细科目的借方。辅助生产发生的制造费用,应先记入"制造费用"总账科目及有关明细科目的借方,然后再从贷方直接转入或分配转入"辅助生产成本"总账科目及有关明细科目的借方。辅助生产费用的归集是通过各种费用分配表进行的,见表4-5、表4-6。

表 4-5　　　　　　　　　　　**辅助生产明细账**

辅助车间:修理　　　　　　　　　20××年7月　　　　　　　　　单位:元

摘要	原材料	动力	工资	福利费	制造费用	其他
材料费用分配表	450 000					
动力费用分配表		48 000				
工资分配表			870 000			
福利费分配表				132 000		
制造费用分配表					560 000	
其他费用分配表						540 000
合计	450 000	48 000	870 000	132 000	560 000	540 000

表 4-6　　　　　　　　　　　**制造费用明细账**

辅助车间:修理　　　　　　　　　20××年7月　　　　　　　　　单位:元

摘要	原材料	动力	工资	福利费	折旧费	办公费	保险费	其他	合计
材料费用分配表	600 000								600 000
动力费用分配表		100 000							100 000
工资分配表			540 000						540 000
福利费分配表				200 000					200 000
折旧费用分配表					190 000				190 000
办公费(付款凭证×号)						180 000			180 000
保险费(付款凭证×号)							180 000		180 000
其他(付款凭证×号)								200 000	200 000
合计	600 000	100 000	540 000	200 000	190 000	180 000	180 000	200 000	2 190 000

不论采用哪一种方式归集辅助生产费用,月末完工产品和劳务成本均从"辅助生产成本"总账科目及所属明细科目的贷方转出。

4.3.3　辅助生产费用的分配

1.辅助生产费用的分配及分配特点

辅助生产费用的分配是指将辅助生产的成本按其用途分配到各产品成本、费用项目中去。归集在"辅助生产成本"借方的辅助生产费用,在月末应按产品、劳务用途进行分配。

(1)分配程序

由于各辅助生产车间生产的产品和提供的劳务各不相同,其分配程序也有所不同。对于提供不能入库的产品和劳务的辅助生产费用,如动力、机修和运输车间等生产提供的水、煤气、电、修理和运输劳务等所发生的费用,应该在各受益单位之间采用一定的标准进行分配。分配时,应贷记"辅助生产成本"科目,借记"基本生产成本"、"制造费用"、"管理费用"、"产品销售费用"、"在建工程"等科目。对于生产可以入库产品的生产费用,如工具和模具车间生产的工具、模具和修理备用件等,月末应在其验收入库时,分配计算产成品和在产品的成本费用,将完工产品的成本从"辅助生产成本"账户的贷方转入到"原材料"、"低值易耗品"等科目的借方;当有关车间、部门领用时,再根据各种领用凭证,从"原材料"、"低值易耗品"等科目的贷方转出,借记"制造费用"、"管理费用"、"产品销售费用"、"在建工程"等科目。

辅助生产费用的分配,应通过辅助生产费用分配表进行,其格式根据各种分配方法而定。

(2)辅助生产费用分配的特点

辅助生产车间主要是为基本生产车间和经营管理部门服务的,但在各辅助生产部门之间,有时也相互提供产品和劳务。如供水车间为修理和供电车间提供水,供电车间又为供水和修理车间提供电,同时修理车间又为供电和供水车间提供修理劳务。为了正确计算供水车间的成本,需确定修理成本和供电成本,依此类推,各辅助生产车间的成本是相互制约的,使计算各车间的成本增加了难度。因此,为了正确计算各种辅助生产成本,需要在各辅助生产车间之间把相互提供的产品和劳务费用先进行交互分配,然后再对外分配辅助生产费用。这就使得辅助生产的成本核算有着与基本生产不同的核算特点,即各辅助生产车间费用的交互分配。

2. 辅助生产费用分配的方法

辅助生产费用分配的方法有很多种,企业应根据自己生产的特点和核算要求,采用适当的方法分配辅助生产费用。企业通常采用的分配方法有:直接分配法、交互分配法、代数分配法和计划成本分配法。

(1)直接分配法(Direct Allocation Method)

直接分配法是指将辅助生产的费用,直接分配给辅助生产以外的各受益车间、部门,而不考虑各辅助生产车间之间相互提供产品和劳务情况的一种方法。

采用这种方法分配辅助生产费用,各费用只对外进行分配,计算简便。但对各辅助生产车间之间提供的产品和劳务没有予以分配,所以其分配结果不准确。这种方法只适用于各辅助生产车间之间相互提供产品和劳务不多,不考虑对其进行交互分配并对总体辅助生产成本和产品成本影响不大的情况。

在实际计算时,应按以下步骤进行:

第一,按实际发生的辅助生产费用和对辅助生产以外的部门、车间提供的产品和劳务的数量,计算辅助生产费用分配率(或称为实际单位成本);

第二,按各受益部门、车间的耗用量进行分配。其计算公式为

辅助生产费用分配率＝某辅助生产车间待分配费用总额÷该辅助生产车间提供给
辅助生产以外部门的产品或劳务数量
＝某辅助生产车间待分配费用总额÷（该辅助生产车间提供
的产品或劳务的总量－其他辅助生产车间耗用量）

【例9】 某企业设有修理和供电两个辅助生产车间、部门。该企业7月份在分配辅助生产费用以前，修理车间发生费用4.8万元，修理费用按修理工时进行分配。该车间本月份提供修理劳务3 200小时，其中供电部门50小时；为其他车间、部门提供的修理劳务为：基本生产第一车间1 200小时，第二车间1 500小时，行政管理部门450小时，共计3 150小时。供电车间发生的费用为1.8万元，供电27 000千瓦时，其中为修理车间提供3 000千瓦时；为其他车间提供用电量为：基本生产第一车间13 500千瓦时，第二车间8 700千瓦时，行政管理部门1 800千瓦时，共计24 000千瓦时。该辅助生产的制造费用不通过"制造费用"科目核算。按直接分配法编制辅助生产费用分配表，见表4-7。

表 4-7　　　　　　　　辅助生产费用分配表（直接分配法）

20××年7月　　　　　　数量单位：小时、千瓦时

金额单位：元

辅助生产车间名称			修理车间	供电车间	合计
待分配辅助生产费用			48 000	18 000	66 000
供应辅助生产以外单位的劳务数量			3 150	24 000	
辅助生产费用分配率（实际单位成本）			15.23 81	0.75	
基本生产成本	一车间	耗用数量	1 200	13 500	
		分配金额	18 285.72	10 125	28 410.72
	二车间	耗用数量	1 500	8 700	
		分配金额	22 857.15	6 525	29 382.15
	小计	小计	41 142.87	16 650	57 792.87
行政管理部门		耗用数量	450	1 800	
		分配金额	6 857.13	1 350	8 207.13
分配金额合计			48 000	18 000	66 000

注：误差计入管理费用。

表4-7中辅助生产费用分配率计算如下：

修理车间辅助生产费用分配率＝48 000÷（1 200＋1 500＋450）

＝15.238 1（元/小时）

供电车间辅助生产费用分配率＝18 000÷（13 500＋8 700＋1 800）

＝0.75（元/千瓦时）

根据辅助生产费用分配表,应编制会计分录如下:

借:制造费用——第一车间　　　　　　　　　28 410.72

　　　　　　　——第二车间　　　　　　　　29 382.15

　　管理费用　　　　　　　　　　　　　　　8 207.13

　　贷:辅助生产成本——修理车间　　　　　　　　48 000

　　　　　　　　　　——供电车间　　　　　　　　18 000

（2）交互分配法（Reciprocal Allocation Method）

交互分配法是对各辅助生产车间、部门的费用进行两次分配的方法。首先,根据各辅助生产车间相互提供产品或劳务的数量和交互分配前的单位成本(费用分配率),在各辅助生产车间之间进行一次交互分配;然后,将各辅助生产车间分配后的费用(即交互分配前各自的成本费用加上分配转入的成本费用,减去交互分配转出的成本费用),再按一定的方法分配给辅助生产以外的各车间部门。

【例10】　沿用例9的资料,按交互分配法编制辅助生产费用分配表,见表4-8。

表4-8　　　　　　　　　辅助生产费用分配表（交互分配法）

20××年7月　　　　　　　　　数量单位:小时、千瓦时

金额单位:元

项目		交互分配			对外分配		
		修理	供电	合计	修理	供电	合计
待分配辅助生产费用		48 000	18 000	66 000	49 250	16 750	66 000
供应劳务数量		3 200	27 000		3 150	24 000	
辅助生产费用分配率		15	0.666 7		15.634 9	0.697 9	
辅助生产耗用	修理车间 耗用数量		3 000				
	修理车间 分配金额		2 000				
	供电车间 耗用数量	50					
	供电车间 分配金额	750					
	分配金额小计	750	2 000				
基本生产耗用	第一车间 耗用数量				1 200	13 500	
	第一车间 分配金额				18 761.88	9 421.65	28 183.53
	第二车间 耗用数量				1 500	8 700	
	第二车间 分配金额				23 452.35	6 071.73	29 524.08
	分配金额小计				42 214.23	15 493.38	57 707.61
行政管理部门耗用	耗用数量				450	1 800	
	分配金额				7 035.77	1 256.62	8 292.39
分配金额合计					49 250	16 750	66 000

注:误差计入管理费用。

在表4-8中,交互分配的辅助生产费用分配率是由待分配辅助生产费用除以各车间总的供应劳务数量计算得出的。

交互分配修理部门辅助生产费用分配率＝48 000÷3 200＝15(元/小时)

交互分配供电车间辅助生产费用分配率＝18 000÷27 000＝0.666 7(元/千瓦时)

对外分配的费用：

修理费用＝48 000＋2 000－750＝49 250(元)

供电费用＝18 000＋750－2 000＝16 750(元)

对外供应劳务数量：

修理部门工时＝3 200－50＝3 150(小时)

供电车间度数＝27 000－3 000＝24 000(千瓦时)

对外分配的辅助生产费用分配率：

修理部门辅助生产费用分配率＝49 250÷3 150＝15.634 9(元/小时)

供电车间辅助生产费用分配率＝16 750÷24 000＝0.697 9(元/千瓦时)

根据辅助生产费用分配表(表4-8)，应做会计分录如下：

交互分配

借：辅助生产成本——修理部门 2 000

　　　　　　　　——供电车间 750

　　贷：辅助生产成本——修理部门 750

　　　　　　　　——供电车间 2 000

对外分配

借：制造费用——第一车间 28 183.53

　　　　　　——第二车间 29 524.08

　　管理费用 8 292.39

　　贷：辅助生产成本——修理部门 49 250

　　　　　　　　——供电车间 16 750

由此可以看出，采用交互分配法，辅助生产车间之间相互提供的劳务全部进行了交互分配，提高了分配结果的准确性，但是由于进行两次分配，增加了计算工作量。而且交互分配的辅助生产费用分配率是根据交互分配前的待分配费用计算的，不是该辅助生产的实际单位成本，因而分配结果也是不准确的。这种方法适用于各月辅助生产的费用水平相差不大的情况。

(3)代数分配法(Algebra Allocation Method)

代数分配法是根据代数中多元一次联立方程的原理，先计算各辅助生产车间提供产品或劳务的单位成本，然后按各受益单位耗用辅助生产车间产品或劳务的数量将辅助生产费用分配给各受益单位的方法。采用这种方法，首先根据各辅助生产车间提供产品和劳务的情况，联立方程组，求出产品或劳务的单位成本，然后根据各受益单位耗用产品或劳务的数量以及各自的单位成本将辅助生产费用分配出去。

【例11】 沿用例9的资料,假设 $x=$ 每小时修理成本,$y=$ 每千瓦时电的成本,则联立方程式如下:

$$\begin{cases} 48\,000 + 3\,000y = 3\,200x \\ 18\,000 + 50x = 27\,000y \end{cases}$$

由此可解得: $\begin{cases} x = 15.652\,2 \\ y = 0.695\,7 \end{cases}$

根据计算结果,编制辅助生产费用分配表,见表4-9。

表4-9 辅助生产费用分配表(代数分配法)

20××年7月 单位:元

辅助生产车间名称		修理车间	供电车间	合计
待分配辅助生产费用		48 000	18 000	
劳务供应数量		3 200	27 000	
辅助生产费用分配率		15.652 2	0.695 7	
辅助生产耗费用	修理车间 耗用数量		3 000	
	修理车间 分配金额		2 087.1	2 087.1
	供电车间 耗用数量	50		
	供电车间 分配金额	782.61		782.61
	分配金额小计	782.61	2 087.1	2 869.71
基本生产耗用	第一车间 耗用数量	1 200	13 500	
	第一车间 分配金额	18 782.64	9 391.95	28 174.59
	第二车间 耗用数量	1 500	8 700	
	第二车间 分配金额	23 478.3	6 052.59	29 530.89
	分配金额小计	42 260.94	15 444.54	57 705.48
行政管理部门耗用	耗用数量	450	1 800	
	分配金额	7 043.49	1 252.26	8 295.75
合计		50 087.04	18 783.9	68 870.94

根据表4-9,应编制会计分录如下:

借:辅助生产成本——修理车间 2 087.10

　　　　　　　　——供电车间 782.61

　　制造费用——第一车间 28 174.59

　　　　　　——第二车间 29 530.89

　　管理费用 8 295.75

　贷:辅助生产成本——修理车间 50 087.04

　　　　　　　　　——供电车间 18 783.90

采用代数分配法分配辅助生产费用,分配结果准确。但由于要联立方程组,如果辅助生产车间、部门较多,会有多个未知数,不便于求解,计算工作量大。因而这种方法适用于辅助生产车间、部门较少的企业或者计算工作已实现电算化的企业。

(4)计划成本分配法(Planning Allocation Method)

计划成本分配法是指辅助生产车间生产的产品和劳务,按照计划单位成本计算、分配辅助生产费用的方法。采用这种分配方法时,辅助生产车间为各受益单位(包括其他受益的辅助生产车间、部门在内)提供的劳务,都按劳务的计划单位成本进行分配;辅助生产车间实际发生的费用(包括各辅助生产车间之间交互分配进入的费用在内)与按计划单位成本分配转出的费用之间的差额,即辅助生产产品或劳务的差异,可以追加分配给辅助生产车间以外的各受益单位。为简化计算工作,也可以将此差异计入"管理费用"科目。

【例12】 沿用例9资料,假定该企业确定的辅助生产劳务和产品的成本为:修理车间每小时修理费用16元,电费每千瓦时0.70元,按计划成本分配法列示辅助生产费用分配表,见表4-10。

表4-10　　　　　辅助生产费用分配表(计划成本分配法)

20××年7月　　　　　　　　　单位:元

辅助生产车间名称		修理车间	供电车间	合计
待分配辅助生产费用		48 000	18 000	66 000
劳务供应数量		3 200	27 000	
计划单位成本		16	0.70	
辅助生产耗费用	修理车间 耗用数量		3 000	
	修理车间 分配金额		2 100	2 100
	供电车间 耗用数量	50		
	供电车间 分配金额	800		800
	分配金额小计	800	2 100	2 900
基本生产耗用	第一车间 耗用数量	1 200	13 500	
	第一车间 分配金额	19 200	9 450	28 650
	第二车间 耗用数量	1 500	8 700	
	第二车间 分配金额	24 000	6 090	30 090
	分配金额小计	43 200	15 540	58 740
行政管理部门耗用	耗用数量	450	1 800	
	分配金额	7 200	1 260	8 460
按计划成本分配金额合计		51 200	18 900	70 100
辅助生产实际成本		50 100	18 800	68 900
辅助生产成本差异		−1 100	−100	−1 200

在辅助生产费用分配表中,产品和劳务实际成本:

修理劳务实际成本＝48 000＋2 100＝50 100(元)

供电实际成本＝18 000＋800＝18 800(元)

由此可以看出,从其他辅助生产车间分配转入的费用(2 100元和800元)是按计划成本计算得出的,因此辅助生产的实际成本并不是纯粹的实际成本。

根据表4-10,可编制会计分录如下:

按计划成本分配

借:生产成本——辅助生产成本——修理部门   2 100

                ——供电车间   800

    制造费用——第一车间   28 650

          ——第二车间   30 090

    管理费用   8 460

    贷:生产成本——辅助生产成本——修理部门   51 200

                ——供电车间   18 900

将辅助生产成本差异计入管理费用

借:管理费用   −1 200

    贷:生产成本——辅助生产成本——修理部门   −1 100

                ——供电车间   −100

在调整成本差异时,应借记"管理费用",贷记"辅助生产成本"及其明细科目,超支差异用蓝字,节约差异用红字冲减。

采用计划成本分配法,各种辅助生产费用只分配一次,而且各种产品和劳务的计划单位成本已经确定,不必去计算费用分配率,从而简化了费用分配的计算工作。另外,通过计算辅助生产成本差异,还能考核企业辅助生产成本计划的执行情况。按照计划单位成本分配,排除了各辅助生产实际成本对受益部门、车间所负担成本、费用的影响,便于考核和分析各受益单位的经济责任。但采用这种方法时,辅助生产的产品或劳务必须有明确的计划单位成本,否则会影响分配的准确性。因此这种方法适用于管理制度比较健全,定额管理水平较高的企业。

通过对辅助生产费用进行归集和分配,应计入本月产品成本和经营管理费用的各种费用都已分别归集在"基本生产成本"、"制造费用"、"管理费用"及"销售费用"等科目的借方。

表4-11为四种方法的总结及比较。

表 4-11

方法	直接分配法	交互分配法	代数分配法	计划成本分配法
过程	将辅助生产的费用,直接分配给辅助生产车间以外的各受益车间、部门	先在各辅助生产车间之间进行一次交互分配,再按一定的方法分配给辅助生产车间以外的各车间、部门	先计算各辅助生产车间提供产品或劳务的单位成本,然后按各受益单位耗用辅助生产车间产品或劳务的数量,将辅助生产费用分配给各受益单位	辅助生产车间生产的产品和劳务,按照计划单位成本计算、分配辅助生产费用,辅助生产产品或劳务的差异计入"管理费用"
特点	生产费用只对外分配	在辅助生产车间之间进行分配	联立方程组	各种辅助生产费用只分配一次
适用范围	辅助生产车间相互提供劳务不多或差异不大的企业	各辅助生产车间较多,相互提供劳务量较大的企业	辅助生产车间、部门较少的企业或者计算工作已实现电算化的企业	管理制度比较健全、计划管理水平较高的企业
优点	简单	提高了分配结果的准确性	分配结果最准确	简化了计算工作,便于考核和分析各受益单位的经济责任,同时能反映辅助生产实际成本与计划成本的差异
缺点	分配结果不准确	增加了计算工作量,辅助生产费用分配率不是该辅助生产的实际单位成本	如果辅助生产车间、部门较多,会有多个未知数,不便于求解,计算工作量大	辅助生产车间、部门的产品或劳务必须有明确的计划单位成本,否则会影响分配的准确性

4.4 制造费用的核算

4.4.1 制造费用的类别和项目

1. 制造费用的类别

制造费用(Factory Overhead Cost)是指企业的生产车间为生产产品或提供劳务而发生的不能直接计入产品成本的各项间接费用,即产品制造成本中除去直接材料和直接人工成本以外的其余一切制造成本。

制造费用大部分不是直接用于产品生产而是间接用于产品生产的费用,如机物料消耗、车间辅助人员的工资及福利费以及车间厂房的折旧费、修理费和租赁费等;制造费用也包括一部分直接用于产品生产但不单独核算的费用,如生产机器的折旧费、修理费、租赁费以及没有专设成本项目的燃料和动力费用。制造费用还包括用于生产车间组织和管理生产的费用,如生产车间管理人员的工资及福利费,车间管理部门的房屋和设备折旧费、差旅费、办公费、水费、取暖费和车间照明等。这些费用虽然具有管理费用的性质,但车间是企业的生产单位,其管理费用和制造费用很难划分,因而也计入制造费用。

2.制造费用的项目

由于制造费用的内容比较庞杂,为了减少费用项目,简化制造费用的核算,可以将制造费用的项目按管理要求进行划分,将某些方面具有相同性质的费用项目进行合并,归类反映各项费用计划的执行情况。例如,将全车间的固定资产(包括房屋、建筑物和机器设备)设立"折旧费"项目;将用于车间办公的各项费用支出共同设立"办公费"项目。因此,制造费用的项目一般包括:

(1)职工薪酬费,指生产车间除生产工人以外的所有人员的工资,如车间管理人员、辅助人员、修理人员、勤杂人员等的工资以及按工资比例计提的福利费;

(2)折旧费,指车间生产及管理用房屋、建筑物和机器设备等的折旧费;

(3)修理费,指生产车间因修理所使用的固定资产及低值易耗品等所发生的费用;

(4)租赁费,指生产车间从外部租入的各种固定资产和工具,按规定在成本中列支的资金,但不包括融资租入固定资产的租赁费;

(5)保险费,指生产车间应负担的各种财产物资的保险费;

(6)机物料消耗,指各生产单位耗用的机物料的费用;

(7)低值易耗品的摊销费,指生产车间使用的低值易耗品在规定的时间内应负担摊销的费用;

(8)办公费,指生产车间的印刷、邮电、办公用品等办公费用;

(9)停工损失,指季节性生产和固定资产修理期间的停工损失。

另外还有差旅费、取暖费、水电费、运输费、设计制图费、试验检验费、劳动保护费、在产品盘亏和毁损损失、会议费、仓库经费、警卫消防费以及其他制造费用等。

由于制造费用大多数与产品的生产工艺没有直接的关系,而且一般属于间接计入费用,因此不便于按产品制定定额,而是按车间、部门和费用项目,按月、季、年编制制造费用计划加以控制。

4.4.2　制造费用的归集和分配

企业的制造费用应通过制造费用的归集和分配,反映制造费用计划的执行情况,并将其正确合理地计入产品成本。

1.制造费用的归集

(1)制造费用的归集方法

制造费用的归集和分配是通过"制造费用"科目进行的。该科目按生产车间、部门设立明细账,账内按费用项目设立专栏或专行,分别反映各车间、部门制造费用的发生情况。企业发生制造费用时,应记入"制造费用"总账科目及其明细科目的借方。基本生产车间发生的生产费用中,专设成本项目的费用应借记"基本生产成本"及有关明细科目;不专设成本项目而属于制造费用的某项费用应记入"制造费用"总账科目,并记入有关车间、部门的制造费用明细账的相应费用项目;辅助生产车间发生的费用,如果专门设立"制造费用"账户进行核算,应和基本生产车间归集方法相同;如果没有专设"制造费用"账户,应记入"辅助生产成本"总账科目及有关明细科目和成本项目。月末,按"制造费用"归集情况分析、考核制造费用的计划执行情况,并按一定的方法将其分配到各种产品成本中去。

(2)制造费用归集的账务处理

制造费用发生时,根据有关的付款凭证、转账凭证以及材料费用分配表、动力费用分配表等借记"制造费用",根据具体情况贷记"银行存款"、"原材料"、"应付职工薪酬"、"累计折旧"等科目。期末,按一定标准分配时,从该科目的贷方转出,记入"基本生产成本"等科目的借方。一般情况下,"制造费用"科目期末无余额,归集后的制造费用可据以登记"制造费用"明细账,见表4-12。

表 4-12　　　　　　　　　**制造费用明细账**

车间:　　　　　　　　　　　20××年7月　　　　　　　　单位:元

摘要	职工薪酬费	外购动力	折旧费	修理费	机物料消耗	水电费	保险费	低值易耗品	其他	合计
付款凭证				21 400					2 800	24 200
材料费用分配表					3 200					3 200
低值易耗品摊销								5 400		5 400
动力费用分配表		13 700								13 700
职工薪酬分配表	9 800									9 800
待摊费用分配表							1 800			1 800
折旧费用分配表			100 200							100 200
辅助生产费用分配表						27 100				27 100
合计	9 800	13 700	100 200	21 400	3 200	27 100	1 800	5 400	2 800	185 400

2. 制造费用的分配

(1)制造费用的分配程序

由于各车间制造费用耗用的水平不同,制造费用的分配应该按车间、部门进行,而不是将企业中的制造费用汇总起来,在整个企业中分配。

基本生产车间的制造费用是产品成本的组成部分,在只生产一种产品的车间,制造费用可以直接计入该种产品的生产成本;在生产多种产品的车间中,制造费用应采用一定的方法,分配计入各种产品的成本。在各生产小组按产品品种分工生产的情况下,各小组本身的制造费用属于直接计入费用,应该直接计入各种产品成本;各小组共同发生的制造费用是间接计入费用,也应采用适当的方法分配计入各种产品成本。在车间各小组按生产工艺分工的情况下,所发生的制造费用全部属于间接计入费用,应该采用适当的方法在该车间各产品之间进行分配。

辅助生产车间的制造费用,在通过"制造费用"科目核算的企业中,应该先将制造费用进行分配,计入辅助生产成本;然后分配辅助生产成本,将其中应由基本生产车间的制造费用负担的费用计入基本生产车间的"制造费用"科目;最后按基本生产车间制造费用的分配程序进行分配。

由于各企业的生产组织结构不同,在设有车间、分厂和总厂层次的企业中,分厂发生的制造费用也应按照车间发生的费用分配程序进行分配。

企业的制造费用一般发生在进行产品生产的车间、部门,应按照上述方法进行分配。但也有一部分制造费用发生在企业的行政管理部门,如设计制图费和试验检验费等,这部分费用应该由企业的总厂进行归集,并在全厂或总厂的产品之间进行分配,计入各产品成本。

(2)制造费用的分配方法

企业分配制造费用的方法有很多种,大致可以分为三类:实际分配率法、预定分配率法(又称计划分配率法或正常分配率法)和累计分配率法。分配方法一经确定,不得任意变更。

①实际分配率法(Actual Allocation Method)

实际分配率法是根据归集的制造费用的实际发生额和选择的分配标准计算出制造费用分配率,然后根据归集的分配率和各产品耗用的分配标准量计算出各产品应负担的制造费用。其计算公式如下:

制造费用分配率＝某生产车间本期实际制造费用总额÷分配标准总数
某产品应负担的制造费用＝该种产品的分配标准量×制造费用分配率

公式中的分配标准量通常有生产工时、机器工时、生产工人工资等。

【例13】 某基本生产车间本月生产工时为32 000小时,其中甲产品生产工时为12 000小时,乙产品生产工时为20 000小时,本月共发生制造费用640 000元。要求在甲、乙产品之间分配制造费用,并编制会计分录。

制造费用分配率＝640 000÷32 000＝20(元/小时)

甲产品应分配的制造费用＝12 000×20＝240 000(元)

乙产品应分配的制造费用＝20 000×20＝400 000(元)

会计分录如下:

借:生产成本——基本生产成本——甲产品　　　　　240 000

　　　　　　　　　　　　　——乙产品　　　　　400 000

　贷:制造费用　　　　　　　　　　　　　　　　　　640 000

如果企业产品的定额工时或机器工时比较准确,也可以按照生产工人的定额工时或者机器工时比例进行分配。

②预定分配率法(Budgeted Allocation Method)

预定分配率法是指根据企业正常生产经营条件下的各生产车间或分厂的制造费用年度预算和年度计划产量的定额分配标准量,事先计算出各生产车间或分厂的制造费用预定分配率,然后根据预定分配率和各月实际产量计算的定额分配标准量分配制造费用的分配方法。如果以定额工时作为分配标准,则计算公式如下:

年度预定分配率＝年度制造费用预算总额÷年度各种产品计划产量的定额工时总数

某月某种产品应分配的制造费用＝该月该种产品实际产量定额工时数×年度预定分配率

这种分配方法以定额工时为分配标准,因为不同产品的产量不能直接相加。另外,预定分配率不一定在全厂范围统一制定,各车间、分厂也可以分别制定预定分配率,以提高制造费用分配的准确性。

采用预定分配率法分配制造费用,不管生产车间或分厂各月实际发生多少制造费用,计入本月各种产品成本中的制造费用均按年度预算确定的预定分配率进行分配。按预定分配率计算分配的制造费用与实际发生的制造费用之间会有一定的差额,但这种差额在各月末并不追加调整分配,而是留在"制造费用"科目中,待年末予以调整。

【例14】 某企业一基本生产车间全年制造费用预算数为655 000元。该车间生产甲、乙两种产品,全年两种产品的计划产量分别为甲产品3 400件,乙产品2 100件。单件产品的工时定额分别为甲产品4小时,乙产品6小时。若7月份该车间实际发生的制造费用为61 000元,7月份的实际产量为甲产品280件,乙产品

190件。则费用分配计算如下：

甲产品年度计划产量的定额工时＝3 400×4＝13 600（小时）

乙产品年度计划产量的定额工时＝2 100×6＝12 600（小时）

制造费用年度预定分配率＝655 000÷（13 600＋12 600）＝25（元/小时）

7月份甲产品实际产量的定额工时＝280×4＝1 120（小时）

7月份乙产品实际产量的定额工时＝190×6＝1 140（小时）

7月份甲产品应负担的制造费用＝1 120×25＝28 000（元）

7月份乙产品应负担的制造费用＝1 140×25＝28 500（元）

该车间7月份应分配转出的制造费用＝28 000＋28 500＝56 500（元）

例14中，7月份实际发生的制造费用为61 000元，大于按年度预定分配率转出的制造费用56 500元，因此，"制造费用"有借方余额4 500元（61 000－56 500），但本月不予调整。因此采用这种分配方法时，"制造费用"账户月末会有余额，而且既可能有贷方余额也可能有借方余额。借方余额表示本年内发生实际费用大于按计划分配转出的费用，属于已发生支付但尚未分配转出的费用，相当于待摊费用；贷方余额表示本年内发生实际费用小于按计划分配转出的费用，属于按计划应付但未付的费用，相当于预提费用。

年终，"制造费用"账户的余额为全年制造费用发生额与计划分配额的差额，一般应在年末调整时计入12月份的产品成本，借记"基本生产成本"科目，贷记"制造费用"科目，如果实际发生额大于计划分配额，即余额在借方，用蓝字补加；如果余额在贷方，则用红字冲减，年末调整后"制造费用"账户无余额。

如例14，如果该车间年末核算时，全年实际发生制造费用832 470元，计划累计分配数为820 000元，其中甲产品分配369 000元，乙产品分配451 000元，再按甲、乙产品已分配数额的比例，将实际发生额与计划分配额之间的差额12 470元做如下调整：

甲产品应补加：12 470×（369 000÷820 000）＝5 611.5（元）

乙产品应补加：12 470×（451 000÷820 000）＝6 858.5（元）

应编制会计分录如下：

借：生产成本——基本生产成本——甲产品　　　　　　5 611.5

　　　　　　　　　　　　　　　——乙产品　　　　　　6 858.5

　　贷：制造费用　　　　　　　　　　　　　　　　　　　　12 470

如果在年度内发现制造费用实际数和产量实际数与计划数存在较大差额时，应及时调整预定分配率。

预定分配率法核算工作简便,特别适用于季节性生产的企业。因为在这种生产企业中,各月制造费用相差不多,但生产旺季和淡季的产量高低却相差很大,如果按实际数分配会使产品成本中的制造费用忽高忽低,而这并非由车间工作本身引起的,因而不合理。另外,采用这种分配方法便于及时计算产品制造成本,加强对产品成本的日常控制。但采用这种方法要求企业具有较高的计划工作水平,如果制造费用的预算数和分配标准总量的预计数与实际相差太大,会影响制造费用分配的准确性,进而影响到产品成本计算的正确性。

③累计分配率法(Cumulative Allocation Method)

累计分配率法是指将本月产品应负担的制造费用在其完工时进行分配,而将月末完工产品应负担的制造费用继续保留在"制造费用"账户中暂不分配,待其完工后连同新发生的费用一起按完工产品的标准进行分配的方法。如果以产品工时作为分配标准,其计算公式如下:

某车间制造费用累计分配率＝(期初该车间制造费用结存额＋本期该车间制造费用发生额)÷(期初结存在产品耗用工时数＋本期发生的全部工时数)

本期完工产品应负担的制造费用＝该完工产品累计耗用的工时数×制造费用分配率

【例15】 某企业某基本生产车间生产甲、乙、丙三种产品,该车间制造费用采用累计分配率法进行分配。期初结存制造费用金额为 174 500 元,本月发生 111 100 元,期初各种在产品累计工时分别为甲产品 34 000 小时,乙产品 16 000 小时,丙产品本月投产。本月实际发生的生产工时为甲产品 40 000 小时,乙产品 18 000 小时,丙产品 28 000 小时。本月甲、乙产品全部完工,丙产品全未完工。则应计算如下:

甲产品累计工时＝34 000＋40 000＝74 000(小时)

乙产品累计工时＝16 000＋18 000＝34 000(小时)

丙产品累计工时＝28 000(小时)

制造费用累计分配率＝(174 500＋111 100)÷(74 000＋34 000＋28 000)
＝2.1(元/小时)

本月完工甲产品应分配的制造费用＝74 000×2.1＝155 400(元)

本月完工乙产品应分配的制造费用＝34 000×2.1＝71 400(元)

期末累计结存制造费用＝28 000×2.1＝58 800(元)

期末结存在产品累计生产工时为 28 000 小时。

制造费用分配结果见表 4-13。

表 4-13 　　　　　　　　　制造费用分配表

20××年 7 月

摘要	生产工时（小时）	分配率（元/小时）	制造费用余额（元）
期初累计结存数	50 000		174 500
本期发生数	86 000		111 100
合计	136 000	2.1	285 600
本月完工甲产品工时及应分配费用	74 000	2.1	155 400
本月完工乙产品工时及应分配费用	34 000	2.1	71 400
月末累计结存数	28 000	2.1	58 800

采用这种分配方法，不需要每月将制造费用在各批产品之间分配，而是将制造费用及产品的生产工时先累计起来，在产品完工时再按照完工产品的累计生产工时分配应负担的制造费用。这种方法简化了制造费用的分配和登记工作，对生产周期较长、产品批次较多。每月完工产品的批次只占全部产品的一部分的企业使用这种方法更为简便。

这种分配方法适用于各月的制造费用相差不大的情况。如果各月制造费用水平相差悬殊，按累计分配计算的各月投产完工产品成本分配的制造费用会与实际不符。相同产品之间成本会相差很大，影响成本计算的正确性。在记录方面，在产品完工之前，各产品成本明细账中只归集了直接生产费用和累计生产工时，因而不能全面反映在产品成本中。

（3）制造费用分配的账务处理

将制造费用采用一定的分配方法分配完毕后，应根据分配的计算结果，编制制造费用分配表，然后根据分配表进行制造费用分配的核算。

在辅助生产车间的制造费用通过"制造费用"科目核算的情况下，将制造费用分配，借记"辅助生产成本"科目，贷记"制造费用——辅助生产车间制造费用"，在辅助生产车间归集全部生产费用后，分配辅助生产费用。在基本生产车间的"制造费用——基本生产车间制造费用"的借方归集基本生产车间的制造费用后，再分配结转基本生产的制造费用，借记"基本生产成本"及有关明细科目，贷记"制造费用——基本生产车间制造费用"科目。

在上述制造费用分配方法中，除了预定分配率法以外，"制造费用"总账科目及所属明细科目期末都没有余额。

【例16】 某企业某基本生产车间制造费用明细表见表4-14。

表4-14   制造费用明细表

产品名称	分配标准(实际工时)(小时)	分配率(元/小时)	金额(元)
甲产品	21 000	0.9	18 900
乙产品	16 500	0.9	14 850
丙产品	2 800	0.9	2 520
合计	40 300		36 270

应做会计分录如下:

借:生产成本——基本生产成本——甲产品　　　　　　18 900

　　　　　　　　　　　　——乙产品　　　　　　14 850

　　　　　　　　　　　　——丙产品　　　　　　 2 520

　　贷:制造费用　　　　　　　　　　　　　　　36 270

3. 固定资产修理费用的核算

企业的固定资产由于参加企业的生产而不断发生磨损,从而丧失其原有的机能。为保证企业的正常生产,保持固定资产的生产能力,企业需要有计划地对固定资产进行修理。固定资产的修理可以按照修理规模的大小和间隔时间的长短分为小修理和大修理两种,其划分标准取决于修理费占固定资产原值的大小和修理的性质。

(1)固定资产的小修理

固定资产的小修理由于发生的修理费用较小,可直接计入当期的成本费用。在修理费用发生时,借记有关成本费用科目,贷记"银行存款"等科目。

【例17】 某企业本月份基本生产车间发生修理费用60 000元,用银行存款支付。应做会计分录如下:

借:制造费用　　　　　　　　　　　　　　　　60 000

　　贷:银行存款　　　　　　　　　　　　　　　60 000

(2)固定资产的大修理

固定资产的大修理间隔期较长,而且每次修理费金额较大,受益期也较长。因此,大修理费用不满足资本化条件的,应采用摊销方法核算。

采用摊销方法处理固定资产修理费用时,应通过"长期待摊费用"科目进行核算。固定资产的修理费用没有专设成本项目的,应按照被修固定资产所在的车间、部门记入"制造费用"或"管理费用"等科目。

【例18】 某企业基本生产车间本月份对固定资产进行大修理,共发生支出1 800 000元,用银行存款支付,要求分5年摊销。应做会计分录如下:

发生修理费用时

借:长期待摊费用 1 800 000

　　贷:银行存款 1 800 000

分期摊销时

借:制造费用 360 000

　　贷:长期待摊费用 360 000

4.5　损失性费用的核算

4.5.1　生产损失的核算

　　企业在生产经营的过程中,会由于生产工艺、原材料质量、机器故障、生产不协调以及管理不善等原因而发生各种损失。企业发生的各种损失按其是否计入产品制造成本分为生产损失和非生产损失两种。生产损失是指在产品生产过程中由于生产原因而发生的各种损失,包括废品损失(Spoilage)、停工损失(Loss on Idle Time)以及由于管理不善造成的在产品盘亏、毁损、变质损失等。生产损失都是由于生产原因发生的损失,与产品生产有直接的关系,应由产品的制造成本负担。非生产损失是由于企业经营管理或其他原因造成的损失,如坏账损失,材料、产成品的盘亏、毁损、变质损失以及汇兑损失等。非生产损失与产品的生产没有直接关系,不能计入产品制造成本,应根据损失的原因或性质按规定列入期间费用、营业外支出或冲减投资收益等。

　　企业中如果不经常发生生产损失或发生损失金额较小,对产品的制造成本影响不大时,可以不单独核算。反之,如果企业生产损失发生比较频繁且数额较大,对产品的制造成本影响也较大,则需单独核算生产损失。

　　【例19】　某企业本月投产甲产品200件,完工后经检查196件为合格产品,4件报废,本月直接材料成本为98 000元。则

　　不单独核算废品损失时

　　196件产品直接材料总成本98 000元

　　单位成本＝98 000÷196＝500(元)

　　单独核算废品损失时:

　　产品单位成本＝98 000÷200＝490(元)

　　直接材料总成本＝490×196＝96 040(元)

　　废品损失＝490×4＝1 960(元)

由例 19 可以看出,在不单独核算生产损失的情况下,发生的生产损失包含在正常的成本项目中,增加正常成本项目的单位成本,无法反映由于产生废品给企业造成的损失。如果单独核算企业的生产损失,虽然会增加核算的工作量,但如果生产损失金额较大,便于企业进行成本分析和考核。企业单独核算生产损失时,可设置"废品损失"、"停工损失"等总分类账户及明细分类账户进行归集和分配生产损失,并在"生产成本明细账"中设置"废品损失"、"停工损失"等成本项目,列示各产品应负担的损失数额,并计算出单位产品应负担的生产损失。

4.5.2 废品损失的核算

1.废品及其分类

废品(Scrap)是指在生产过程中发生的质量不符合规定技术标准,不能按其原定用途使用的,需要加工修复才能使用的产成品、半成品、在产品等,包括生产过程中发现以及入库或销售后发生的所有废品。主要由生产原因造成的损失,都应视为废品。

从废品产生的原因角度,可将废品分为料废品和工废品两类。料废品是指由于材料质量、性能不符合要求而产生的废品;工废品是指在生产过程中由于加工原因如操作方法不当、看错图纸等造成的废品。正确区分废品是属于料废品还是工废品,有利于查明废品产生的责任,贯彻企业经济责任制的原则。

从技术和经济角度,废品可分为可修复废品和不可修复废品两类。可修复废品是指在技术上可以修复,而且所需修复费用在经济上是合算的废品;不可修复废品是指技术上已不可修复,或者虽然技术上可以修复,但所需修复费用在经济上是不合算的废品。区分可修复废品和不可修复废品是进行废品损失核算的前提。企业中,废品是指质量不符合规定的技术标准,不能按照原定用途使用,或者需要加工修理后才能使用的在产品、半成品或产成品等。不论是在产品生产过程中发现的废品还是在入库后发现的废品,都应包括在废品范围内。

2.废品损失的计算

由于可修复废品损失和不可修复废品损失的含义不同,其归集计算方法也不相同。

(1)可修复废品损失的计算

可修复废品损失是修复费用,修复费用的归集与合格品所耗费用的归集一样,可以根据材料、人工、制造费用分配表或直接根据有关凭证计算而得。在由责任人赔偿一部分的情况下,赔款应冲减废品损失。值得注意的是,可修复废品损失是指生产过程中由于产生废品而发生的废品报废损失和修复费用。可修复废品损失的计算是指当月实际发生的修复费用,它与废品发现时间无关。如果当月发生废品,下月修复,那么修复费用应作为下月的废品损失。

【例20】 某单位一车间7月份在生产甲产品过程中发现可修复废品2件,当即进行修复,其耗用直接材料200元,直接人工50元,制造费用50元,向过失人索赔100元。

可修复废品的修复费用＝200＋50＋50＝300(元)

可修复废品净损失＝300－100＝200(元)

【例21】 某企业某车间本月生产丙产品,经检验发现可修复废品25件,废品修复费用9 600元,其中耗用原材料5 100元,人工费4 500元,应由过失人赔偿2 000元,则应做会计分录如下:

(1)发生修复费用

借:废品损失——丙产品   9 600

    贷:原材料   5 100

        应付职工薪酬   4 500

(2)应收过失人赔款

借:其他应收款   2 000

    贷:废品损失——丙产品   2 000

(3)将废品净损失计入成本

借:生产成本——基本生产成本——丙产品   7 600

    贷:废品损失——丙产品   7 600

(2)不可修复废品损失的计算

对于不可修复废品损失,由于其成本在报废之前是与合格品的成本混在一起的,因此要采用一定的方法,将产品的成本在合格品与不可修复废品之间进行分配,计算出不可修复废品的已耗成本,并将其成本从生产成本中转出。确定了不可修复废品的成本后,再减去不可修复废品的残值和责任人赔款,从而计算出不可修复废品的报废损失。

不可修复废品成本的计算,可按实际成本计算,也可按定额成本计算。

①按实际成本计算

废品损失按实际成本计算时,应采用适当的分配方法,将不可修复废品与合格品共同耗用的费用在二者之间进行分配,计算出实际成本。如果废品发生于产品完工入库时,废品应负担的费用与合格品相同,因而可按合格产品与不可修复废品的数量比例计算。如果废品发生于生产过程中,直接材料系一次投入,其分配也可以以产量为标准,其他费用以生产工时或约当产量为分配标准,其计算公式如下:

不可修复废品应负担的工资费用＝某产品直接人工费用÷(合格品数量＋废品约
　　　　　　　　　　　　当产量)×废品约当产量

　　　　　　　　　　　　＝某产品直接人工费用÷(合格品工时＋废品工
　　　　　　　　　　　　时)×废品工时

不可修复废品应负担的制造费用＝某产品制造费用÷(合格品数量＋废品约当产
　　　　　　　　　　　　量)×废品约当产量

　　　　　　　　　　　　＝某产品制造费用÷(合格品工时＋废品工时)×
　　　　　　　　　　　　废品工时

【例22】　某企业某车间生产甲产品3 000件,生产过程中发现不可修复废品
20件。3 000件产品的总成本为458 400元,其中原材料费用162 000元,工资及
福利费109 200元,制造费用187 200元。原材料是在生产开始时一次投入的,其
他费用按生产工时比例分配,生产工时为合格品2 000小时,废品100小时,共计
2 100小时,废品回收的残料计价180元。废品的实际成本计算如下:

　　不可修复废品应负担的材料成本费用＝162 000÷3 000×20＝1 080(元)

　　不可修复废品应负担的工资费用＝109 200÷(2 000＋100)×100＝5 200(元)

　　不可修复废品应负担的制造费用＝187 200÷(2 000＋100)×100＝8 914.29(元)

　　根据资料,应编制不可修复废品损失计算表见表4-15。

表4-15　　　　　　　　不可修复废品损失计算表(按实际成本计算)

车间:×车间　　产品:甲产品　　　　　　2012年7月　　　　　　　　废品数量:20件

项目	数量(件)	直接材料	生产工时	直接人工	制造费用	合计
产品全部生产费用	3 000	162 000	2 100	109 200	187 200	458 400
费用分配率		54		52	89.142 9	
废品生产成本	20	1 080	1 00	5 200	8 914.29	15 194.29
减:残料价值		180				180
废品损失		900		5 200	8 914.29	15 014.29

根据表4-15,应编制会计分录如下:

(1)将废品生产成本从其所计的"基本生产成本"科目及所属明细科目中转出

借:废品损失——甲产品　　　　　　　　　　　　　　　15 194.29

　　贷:基本生产成本——甲产品——直接材料　　　　　　1 080

　　　　　　　　　　　　　　——直接人工　　　　　　5 200

　　　　　　　　　　　　　　——制造费用　　　　　　8 914.29

(2)回收残料入库

借:原材料　　　　　　　　　　　　　　　　　　　　　180

　　贷:废品损失——甲产品　　　　　　　　　　　　　　　　　180

(3)已收过失人赔偿 350 元

借:其他应收款   350

    贷:废品损失——甲产品   350

(4)将废品净损失 14 664.29(15 014.29—350)元,转入合格品成本

借:基本生产成本——甲产品——废品损失   14 664.29

    贷:废品损失——甲产品   14 664.29

按照废品的实际成本计算和分配废品损失,符合实际情况,但核算手续较复杂,核算工作量大。为简化核算工作,可采用定额成本法计算废品成本。

②按定额成本计算

按废品所耗定额费用计算不可修复废品成本,是将废品生产成本按废品的数量、工时定额及各项费用定额标准作为计算废品成本的依据,而不考虑废品实际发生的费用。

【例23】 某企业某车间在生产乙产品的过程中,产生不可修复废品40件,按其所耗定额费用计算废品的生产成本。其中原材料定额费用 3 000 元,已完成定额工时共计 390 小时,每小时的费用定额为工资及福利费 24 元,制造费用 21 元,回收废品残料计价 11 500 元。根据以上资料,编制不可修复废品损失计算表,见表 4-16。

表 4-16   不可修复废品损失计算表(按定额成本计算)

车间:×车间   产品:乙产品   20××年7月   废品数量:40件

项目	直接材料	定额工时	直接人工	制造费用	合计
费用定额	3 000		24	21	
废品定额成本	120 000	390	9 360	8 190	137 550
减:残料价值	11 500				11 500
废品损失	108 500		9 360	8 190	126 050

在表 4-16 中,废品的定额直接材料费用应根据原材料费用定额乘以废品数量计算,定额直接人工费用和定额制造费用,应根据各该费用定额乘以定额工时计算。按定额成本法计算的废品损失以及根据此法列示的不可修复废品损失计算表所做的会计分录与按实际费用计算的会计分录相同,此处不再列示。

按废品的定额费用计算废品的定额成本,由于费用的定额事先已规定,因此计算简便,而且不受实际费用水平高低的影响。企业应该具备比较准确的消耗定额和费用定额资料,因此它适用于定额成本资料比较准确的企业。

4.5.3 停工损失的核算

1.停工损失的含义

停工损失指企业生产车间由于计划减产或因停电、待料、机器设备故障而停工期间所发生的一切费用。停工损失主要包括停工期间需支付的生产工人工资和计提的职工福利费以及应负担的制造费用,对于因季节性生产或固定资产大修理停工而发生的停工期内的一切费用,列入制造费用,可采用预提、待摊的方法计入开工期内的生产成本,不列为停工损失。

企业的停工可分为计划内停工和计划外停工两种。计划内停工指按计划规定发生的停工;计划外停工是指因各种事故造成的停工。另外,企业停工在时间上有长有短,在范围上有大有小,为了简化核算手续,只在超过一定时间和范围时,才计算停工损失。具体时间和范围界限一般应根据企业具体情况而定。企业发生停工时,应由车间填制停工单,注明停工地点、时间、原因及过失人姓名,并在考勤记录上予以登记。

2.停工损失的归集和分配

为了核算企业停工损失,可设置"停工损失"总分类账户。该账户借方归集本月发生的停工损失,贷方分配结转停工损失,月末一般无余额。该账户应按车间分别设置明细分类账户,账户设专栏按有关成本项目分别记录并按计划内停工、计划外停工及停工原因分别反映,以便明确责任,正确计算产品成本。

发生的计划内停工损失,一般应通过预提、待摊的方式计入开工期所生产的产品成本中。其账务处理如下:

预提时:

借:生产成本——基本生产成本——××产品

　　贷:其他应付款

发生计划内停工损失时:

借:停工损失

　　贷:应付职工薪酬

　　　　制造费用

结转计划内停工损失时:

借:其他应付款

　　贷:停工损失

如果企业生产几种产品,停工损失的分配通常按制造费用的分配方法,在各种产品间进行分配。各产品应负担的停工损失,一般由当月完工产品承担,当月在产品和自制半成品不负担停工损失。

发生的计划外停工损失全部由当月产成品负担,其账务处理如下:

借:停工损失

　　贷:应付职工薪酬

　　　　制造费用

如果停工损失应向责任人索赔的,则索赔款应在停工损失中扣除,其账务处理如下:

借:其他应收款

　　贷:停工损失

结转计划外停工损失时:

借:生产成本——基本生产成本

　　贷:停工损失

4.6　生产费用在完工产品和在产品之间的归集与分配

在企业的辅助生产成本、制造费用、停工损失及废品损失等各种费用分配后,企业生产经营过程中发生的费用已经在各产品之间分配完毕。为了计算企业产品成本,还需要加上期初在产品成本,然后将生产费用在本期完工产品(Finished Goods)和期末在产品(Work in Process)之间进行分配,计算本月完工产品成本。

4.6.1　在产品数量的核算

月末,生产费用经过汇总已经归集在"基本生产成本"账户及按产品品种设置的明细账的借方。如果某种产品在月末全部完工,成本明细账中归集的生产费用之和(加上月初在产品成本)即为本月完工产品成本;如果某产品月末没有完工产品,那么计入该种产品的全部生产费用即为期末在产品成本;如果既有完工产品又有在产品,那么该种产品本月发生的生产费用加上月初在产品费用,应当采用适当的方法在本月完工产品和期末在产品之间分配,分别计算完工产品和在产品成本。

本月生产费用、月初在产品费用、本期完工产品费用和月末在产品费用之间的关系,可用下列公式表示:

月初在产品费用＋本期生产费用＝本月完工产品费用＋月末在产品费用

一般情况下,公式的前两项是已知数,后两项是未知数,前两项费用之和在期末完工产品和在产品之间分配,有两种方法:一是先确定月末在产品费用,然后计算完工产品费用;二是先将月初在产品费用与本月生产费用之和采用一定的标准进行分配,同时计算出完工产品费用和月末在产品费用。但无论采用哪一种方法,都必须组织在产品的数量核算,取得在产品收发和结存的数量资料。

1. 在产品收发结存的日常核算

在产品是指没有完成全部生产过程,不能作为商品出售的产品。在产品有广义的在产品和狭义的在产品之分。广义的在产品是就整个企业而言的,指从材料投入生产开始到交付使用或产品验收入库前的一切未完工产品,包括正在车间中加工的在产品、需要继续加工的半成品、等待验收入库的产成品以及正在返修和等待返修的废品等,但对外销售的半成品和不可修复废品不包括在内。狭义的在产品是就某一生产车间或生产步骤而言的,仅指某一车间或某一步骤正在加工的那部分产品,不包括该车间或该步骤已完工的半成品。

在产品的数量核算,应该同其他材料物资的核算一样,同时具备账面核算资料和实地盘点资料。企业做好在产品的日常核算和盘点清查工作,既能够掌握在产品的收发动态又可以查清在产品的实存数量,有利于企业计算产品成本,保护企业财产,对企业加强核算、完善生产管理有重要意义。

企业为了进行在产品收发结存的日常核算,应在车间内按产品品种和在产品名称设置"在产品收发结存账"(也称在产品台账),提供车间内各种在产品收发结存动态的核算资料。在产品收发结存账根据领料凭证、在产品内部转移凭证、产品检验凭证及产品交库凭证等由车间核算人员或企业生产调度人员及时登记,在产品收发结存账的格式见表4-17。

表 4-17　　　　　　　　　　在产品收发结存账

车间:××车间　　　　　　产品名称:×产品　　　　编号:×××

日期		摘要	收入		转出			结存	
月	日		凭证号	数量	凭证号	合格品	废品	完工	未完工
5	1	结存						5	2
5	2			8		11			4
		合计		256		241	15	10	2

月末在产品数量的计算公式如下:

$$月初在产品数量+本月投产数量=月末在产品数量+完工产品数量$$

2. 在产品的清查

企业为保证在产品账实相符,保护在产品的安全完整,必须定期或不定期对在产品进行清查。对于清查结果,根据实地盘点数和账面资料编制"在产品盘存表",列明在产品的账面数、实有数、盘亏盘盈数以及发生盘亏盘盈的原因等。对于报废和毁损的在产品,可回收利用的应登记其回收残值。同时,会计人员应对在产品盘存表认真审核,并报有关部门批准,予以转账,做出相应的会计分录。

【例24】 某企业基本生产车间在产品清查结果如下:甲产品的在产品盘盈150件,单位定额成本140元;乙产品的在产品盘亏60件,单位定额成本32元,过失人赔款400元;丙产品的在产品毁损180件,单位定额成本25元,残料入库价值1 300元,自然灾害损失1 500元,应由保险公司赔款1 450元,其余损失计入产品成本。以上结果都已批准转账。

应作会计分录如下:

(1)在产品盘盈时

借:生产成本——基本生产成本——甲产品　　21 000(150×140)

　　贷:待处理财产损益　　　　　　　　　　　　　　21 000

批准转账后:

借:待处理财产损益　　　　　　　　　　　　　　21 000

　　贷:制造费用　　　　　　　　　　　　　　　　21 000

(2)在产品盘亏时

借:待处理财产损益　　　　　　　　　　　　1 920(60×32)

　　贷:生产成本——基本生产成本——乙产品　　　1 920

批准转账后:

借:其他应收款　　　　　　　　　　　　　　　　400

　　制造费用　　　　　　　　　　　　　　　　15 20

　　贷:待处理财产损益　　　　　　　　　　　　　1 920

(3)在产品毁损时

借:待处理财产损益　　　　　　　　　　　　4 500(180×25)

　　贷:生产成本——基本生产成本　　　　　　　　4 500

残料入库:

借:原材料　　　　　　　　　　　　　　　　　1 300

　　贷:待处理财产损益　　　　　　　　　　　　　1 300

批准转账后:

借:其他应收款　　　　　　　　　　　　　　　1 450

　　营业外支出　　　　　　　　　　　　　　　1 500

　　制造费用　　　　　　　　　　　　　　　　250

　　贷:待处理财产损益　　　　　　　　　　　　　3 200

对库存半成品和辅助生产在产品的数量的清查与核算和基本生产基本相同。不同的是,其清查结果分别在"自制半成品"和"辅助生产成本"科目中核算。

4.6.2　生产费用在完工产品和在产品之间的分配

生产费用在完工产品和期末在产品之间进行分配是成本计算工作中复杂而又重要的问题。企业应根据自身生产经营的特点,选择合适的方法,既合理又简便地将生产费用分配到完工产品和期末在产品中去,常用的分配方法主要有以下几种:

1. 不计算在产品成本法

采用这种分配方法时,月末虽然有在产品,但是不计算在产品的成本。这种方法适用于各月月末在产品数量很少,并且在产品数量在各月份之间变化很小的企业。在这种情况下,可以不计算期末在产品成本,本月发生的生产费用全部计入产成品成本,即某产品本月归集的全部生产费用就是该种产品的完工产品成本。这种方法简化了计算程序,同时对成本计算结果的准确性影响很小。如自来水生产企业、采掘企业可采用此法。

2. 在产品按固定成本计价法

这种方法适用于各月月末在产品数量较小,或者在产品数量虽大,但各月之间数量变化不大,月初和月末在产品成本变化不大的产品。采用这种方法时,每月的在产品成本都按一个固定数计算,即某种产品本月发生的生产费用就是本月完工产品的成本。年末,应根据实际盘点的在产品数量,重新调整计算确定在产品成本,以免在产品成本与实际成本相差很大,影响成本计算的正确性。如利用高炉反应装置和管道生产的冶炼、化工企业可采用此法。

3. 在产品按所耗原材料计价法

这种方法是指月末在产品只计算其耗用的原材料费用,不计算诸如工资费用、福利费等其他加工费用。这种方法适用于各月月末产品数量较大,各月月末在产品数量变化也较大,同时原材料费用在产品成本中所占比重较大的产品。采用这种方法时,产品的其他费用全部计入完工产品成本,即某种产品的全部生产费用减去月末在产品原材料费用就是完工产品的成本。

4. 约当产量法

约当产量(Equivalent Unit)是指将在产品数量按照一定的比例折合成产成品的数量。约当产量法是直接计算出约当产量,然后按照产成品的产量和在产品的约当产量的比例分配计算本月完工产品和在产品的费用。

这种方法适用于月末在产品数量较大,各月月末在产品数量变化也较大,产品成本中原材料费用、工资及福利费和制造费用等各种费用比重相差不多的产品。

采用这种方法时,如果原材料是在生产开始时一次投入的,原材料费用仍按完工产品和在产品的数量比例分配的方法进行分配;其他各项费用,应按约当产量比例分配计算,其计算公式如下:

$$月末在产品约当产量＝在产品数量×完工百分比$$

$$单位成本＝(月初在产品成本＋本月发生生产成本)÷(产成品产量＋月末在产品约当产量)$$

$$产成品成本＝单位成本×产成品产量$$

$$月末在产品成本＝单位成本×月末在产品约当产量$$

【例25】 某产品本月完工300件,月初无在产品,月末在产品50件,平均完工率为40%,本月共发生生产费用45 000元。分配结果如下:

单位成本＝45 000÷(300＋50×40%)＝140.625(元)

产成品成本＝140.625×300＝42 187.5(元)

月末在产品成本＝140.625×50×40%＝2 812.5(元)

采用这种方法的关键在于完工程度的确定比较复杂。一般根据月末在产品的数量,用技术方法来测定产品完工程度。由于存在于各工序内部的在产品加工程度不同,所以为了简化核算,在计算各工序内在产品完工程度时,按平均完工50%来计算。

应当指出的是,原材料往往是在生产开始时一次性投入的。这时,每件在产品无论完工程度如何,都应该和每件完工产品负担一样的材料费用。如果原材料是陆续投入的,则应该按照各工序投入的材料费用在全部材料费用中所占的比例计算在产品约当产量。

【例26】 某产品本月完工500件,在产品100件,原材料在生产开始时一次性投入。产品单位工时定额50小时,经两道工序制成。各工序单位工时定额为:第一道工序20小时,第二道工序30小时,月末在产品都处在第二道工序中。本月共消耗直接材料费用60 000元,直接人工费用40 000元。

该产品各项费用的分配计算如下:

(1)直接材料费用的计算

完工产品负担的直接材料费＝60 000÷(500＋100)×500＝50 000(元)

在产品负担的直接材料费＝60 000÷(500＋100)×100＝10 000(元)

(2)直接人工费用的计算

在产品约当产量＝(20＋30×50%)÷50×100＝70(件)

完工产品负担的直接人工费用＝40 000÷(500＋70)×500＝35 087.72(元)

在产品负担的直接人工费用＝40 000÷(500＋70)×70＝4 912.28(元)

5. 在产品按定额成本计价法

这种分配方法是按照预先制定的定额成本计算月末在产品成本,即月末在产品成本按其数量和单位定额成本计算。某种产品全部生产费用减去按定额成本计算的月末在产品成本余额作为完工产品成本。也就是说,每月实际生产费用与定额费用的差额全部计入完工产品成本。这种方法适用于企业定额制度比较健全,各项消耗定额或费用定额比较准确、稳定,而且各月末在产品数量变动不大的产品。因为对于这种产品,月初在产品费用与月末在产品费用之间脱离定额的差异不会太大,月末在产品按定额成本计价法不计算成本差异,对成本计算的准确性影响不会太大。这种方法的计算公式如下:

$$月末在产品成本 = 月末在产品数量 \times 在产品单位定额成本$$
$$产成品总成本 = (月初在产品成本 + 本月发生费用) - 月末在产品成本$$

6. 定额比例法

定额比例法是指以企业生产中的定额资料为标准,将产品生产费用按照完工产品和月末在产品的定额消耗量或定额费用的比例在二者之间进行分配的方法。一般情况下,原材料费用按原材料的定额消耗量或定额费用的比例进行分配,工资和福利费及制造费用按工时定额的比例进行分配。这种方法适用于企业定额制度比较健全,各项消耗定额或费用定额比较准确稳定,且各月月末在产品数量变动较大的产品。因为月初和月末在产品之间脱离定额的差异,要在完工产品与月末在产品之间按比例分配,从而提高了产品成本计算的正确性。

这种方法的计算公式如下:

$$材料费用分配率 = (月初在产品实际材料成本 + 本月实际材料成本) \div (完工产品定额材料成本 + 月末在产品定额材料成本)$$
$$完工产品应分配的材料成本 = 完工产品定额材料成本 \times 材料费用分配率$$
$$月末在产品应分配的材料成本 = 月末在产品定额材料成本 \times 材料消耗量分配率$$
$$工资(费用)分配率 = [月初在产品实际工资(费用) + 本月实际工资(费用)] \div (完工产品定额工时 + 月末在产品定额工时)$$
$$完工产品应分配的工资(费用) = 完工产品定额工时 \times 工资(费用)分配率$$
$$月末在产品应分配的工资(费用) = 月末在产品定额工时 \times 工资(费用)分配率$$

【例 27】 某企业生产 C 产品,本月完工 800 件,每件完工产品定额材料成本为 5 元,定额工时为 3.5 小时,月末在产品 200 件,每件在产品定额材料成本为 2 元,定额工时为 3 小时。月初在产品成本及本月发生生产费用见表 4-18。完工产品与在产品之间采用定额比例法分配,原材料费用按原材料定额费用比例分配,其他费用按定额工时比例分配。有关定额消耗量计算如下：

完工产品定额原材料费用＝800×5＝4 000(元)

月末在产品原材料费用＝200×2＝400(元)

完工产品定额工时＝800×3.5＝2 800(小时)

月末在产品定额工时＝200×3＝600(小时)

表 4-18 产品成本计算表

产品名称：C 产品 单位：元

成本项目	月初在产品成本	本月生产费用	生产费用合计	费用分配率	完工产品成本		月末在产品成本	
					定额	实际	定额	实际
①	②	③	④＝②＋③	⑤＝④÷(⑥＋⑧)	⑥	⑦＝⑥×⑤	⑧	⑨＝⑧×⑤
直接材料	3 580	19 420	23 000	5.2	4 000	20 800	400	2 080
直接人工	1 300	5 840	7 140	2.1	2 800	5 880	600	1 260
制造费用	1 640	6 520	8 160	2.4	2 800	6 720	600	1 440
合计	6 520	31 780	38 300	—	—	31 000	—	4 780

采用上列公式分配费用,需要取得完工产品和月末在产品的定额消耗量或定额费用资料。原材料和工时定额消耗量应根据各自的实际数量乘以单件原材料工时消耗定额计算求得;定额费用应根据各自的原材料工时定额消耗量乘以原材料计划单价或单位小时计划工资费用计算求得。采用这种方法,当在产品的种类和生产工序繁多时,核算工作量很大,因此月末在产品的定额消耗量及其分配率可采用倒挤的方法计算。计算公式如下:

月末在产品定额消耗量＝月初在产品定额消耗量＋本月投入产品定额消耗量－
本月完工产品定额消耗量

公式中月初在产品定额消耗量是根据上月成本计算资料取得的;本月投入的定额消耗量中,原材料定额消耗量根据领料凭证所列原材料定额消耗量数据取得;本月投入的定额工时,根据有关工时定额的原始记录求得。按上述公式倒挤计算月末在产品定额消耗量的方法,虽然可以简化工作,但如果在产品发生盘亏和盘盈,其计算结果会不符合实际,因此也不能如实反映成本水平。为了提高成本计算的正确性,在采用这种方法时,应定期盘点在产品,确定在产品的实存数,然后根据在产品的实存数计算定额消耗量。

当企业具备了月初在产品的定额消耗量(费用)和定额工时,本月投入的定额消耗量和定额工时以及本月完工产品的定额消耗量和定额工时等资料时,可按下列公式分配费用:

费用分配率＝(月初在产品实际费用或工时＋本月实际费用或工时)÷(月初在产品定额费用或工时＋本月投入定额费用或工时)

【例28】 沿用例27的资料,某产品月初在产品定额原材料费用3 600元,定额工时520小时,本月投入生产定额原材料费用15 820元,定额工时3 050小时。本月实际发生的费用和完工产品定额资料同例27,各项费用分配见表4-19。

表4-19 产品成本计算表

产品名称:C产品 金额单位:元

项目	月初在产品成本		本期投入		合计		费用分配率	完工产品		月末在产品	
	定额	实际	定额	实际	定额	实际		定额	实际	定额	实际
①	②	③	④	⑤	⑥＝①＋④	⑦＝③＋⑤	⑧＝⑦÷⑥	⑨	⑩＝⑨×⑧	⑪＝⑥－⑨	⑫＝⑪×⑧
直接材料	3 600	3 580	15 820	19 420	19 420	23 000	1.18	4 000	4 720	15 420	18 196
直接人工	520	1 300	3 050	5 840	3 570	7 140	2	2 800	5 600	770	1 540
制造费用	520	1 640	3 050	6 520	3 570	8 160	2.29	2 800	6 412	770	1 763
合计		6 520		31 780		38 300			16 732		21 499

采用定额比例法在完工产品与月末在产品之间分配费用,结果比较准确,同时有利于将实际费用与定额费用相比较,考核和分析定额的执行情况。

7. 在产品按完工产品成本计算法

这种方法是将在产品视同完工产品进行费用分配。它适用于期末在产品已接近完工或已加工完毕但尚未验收入库的产品。为了减少计算工作,将月末在产品视同完工产品,然后按二者的数量比例分配费用。

以上七种方法企业根据自身情况选用。企业生产产品发生的各项生产费用在各种产品之间分配以后,在此基础上又在同种产品的完工产品和期末在产品之间进行分配,计算出完工产品的成本。

完工产品包括产成品、自制材料、自制工具和模具等。企业产品成本计算完毕时,应从"基本生产成本"账户的贷方转出,完工入库的产成品记入"产成品"账户的借方,自制材料记入"原材料"账户的借方,自制工具和模具等转入"低值易耗品"的借方。对已经发交订货单位而未通过仓库进行核算的产品,应按实际成本从基本生产账户的贷方转入"发出商品"或"销售成本"的账户的借方。

4.7 联产品和副产品的核算

4.7.1 联产品和副产品

在某些制造业企业里,使用同一种原材料,经过同一生产过程,同时生产出几种具有同等地位的主要产品,称为联产品(Joint Products)。联产品是企业生产活动的主要目标。例如,炼油厂把原油经过催化后,可以生产出汽油、轻柴油、重柴油和气体四种联产品;煤气厂在生产过程中,会同时生产出煤气、焦炭和煤焦油等;乳制品加工厂可以同时生产出牛奶、奶油等。这些联产品都是企业的主要产品,具有较高的经济价值,其销售价格较高,对企业贡献也较大。

联产品在经过同一生产过程后,在某一个"点"被分别确认,通常称这个点为分离点。分离后的联产品,有的直接对外销售,有的进一步加工后再出售。我们把分离前发生的成本称为联合成本,把分离后发生的进一步加工成本称为可归属成本,又称可分成本。

副产品(Byproducts)是指在主要产品生产过程中,附带生产出来的非主要产品。副产品不是企业生产活动的主要目的,如提炼原油过程中产生的渣油和石油焦,生产肥皂过程中产生的甘油等。副产品的价值比较低,对企业的收入影响较小。为减少计算工作,通常只要将副产品按一定标准作价,从分离点前的联合成本中扣除,所以副产品成本计算的关键是副产品的计价。

4.7.2 联产品成本的核算

联产品在分离前,不可能按产品类别归集生产费用并计算成本,只能将它们归为一类产品,综合归集生产费用,然后采用适当的分配标准,将综合成本在联产品各产品品种之间进行分配。常用的联产品成本核算法有实物量分配法、系数分配法、销售价值分配法等,企业可根据实际情况选用。

1. 实物量分配法

实物量分配法是以产品在分离点处相应产出份额为基础来分配联合成本的方法。其实物量可采用产品总产量的重量或体积等。

单位数量(或重量)成本=联合成本÷[各联产品的总数量(或总重量)]

【例29】 某公司生产联产品甲和乙。6月份发生成本300万元。在分离点上的甲产品数量为400件,乙产品数量为600件。甲产品和乙产品的销售总额为

2 400 万元,其中甲产品的销售总额为 900 万元,乙产品销售总额为 1 500 万元。

采用实物量分配法分配联合成本:

甲产品成本＝300÷(400＋600)×400＝120(万元)

乙产品成本＝300÷(400＋600)×600＝180(万元)

2. 系数分配法

系数分配法是将各种联产品的实际产量按规定系数折算为标准产量,然后将联合成本按各联产品的标准产量比例进行分配。

3. 销售价值分配法

销售价值分配法是按各联产品的销售价值比例分配联合成本的方法。这种方法把联合成本的分配与联产品的最终销售价值联系起来,目的是使这些联产品能取得相同的毛利率。其理论依据是售价高的联产品应该成比例地负担较高的联合成本。在一般情况下,高销售价值与高成本是相配合的,但不是所有成本都是与售价有关的。这种方法一般适用于分离后不再加工的联产品。

【**例30**】 沿用例 29 资料,使用销售价值分配法分配联合成本。

采用销售价值分配法分配联合成本:

甲产品成本＝300÷2 400×900＝112.5(万元)

乙产品成本＝300÷2 400×1 500＝187.5(万元)

4.7.3 副产品成本的核算

副产品在分离后,有的作为产成品直接对外销售,有的需进一步加工后再出售,副产品的成本计算应视不同情况而定。

1. 直接对外销售副产品的成本计算

(1)副产品不负担联合成本

如果副产品的价值较低,副产品可以不负担分离前的联合成本,联合成本全部由主产品负担,副产品的销售收入直接作为其他业务利润处理。采用这种方法,计算简便,但由于副产品不负担分离前的联合成本,在一定程度上会影响主产品成本的正确性。

(2)副产品作价扣除

如果副产品的价值较高,可采用与分类法相似的方法计算成本,即将副产品与主要产品合为一类,开设成本明细账归集费用,然后将销售价格扣除税金和销售费用后的余额作为副产品应负担的成本从联合成本中扣除。副产品的成本既可以从直接材料成本项目中一次扣除,也可以按比例从联合成本各成本项目中减除。

2.需进一步加工的副产品的成本计算

如果副产品与主产品分离以后并不直接出售,而是经过进一步加工后再出售,对于这一类副产品,应根据其加工生产的特点和管理要求,采用适当的方法单独计算副产品的成本。

(1)副产品只负担可分成本

采用这种方法时,副产品不负担分离前的联合成本,联合成本全部由主产品负担,副产品只负担分离后进一步加工的成本。显而易见,这种方法简便、易行,但是它少计了副产品的成本,多计了主产品的成本。

(2)副产品成本按计划单位成本计算

如果副产品进一步加工所需时间不长,费用不大,为简化成本计算工作,可以只设主产品成本明细账,不设副产品成本明细账。副产品按计划单位成本计价,并将其计划成本从主产品成本计算单中转出,余额即为主产品的成本。

(3)副产品成本按实际成本计算

采用这种方法,需分别为主、副产品开设产品成本明细账,副产品成本明细账用来归集从主产品成本明细账中转出的费用和进一步加工所发生的费用,并计算产品的实际成本。

【例31】 某工业企业在生产主要产品甲产品的过程中,附带生产出副产品乙和丙,其中乙产品直接对外销售,丙产品还需进一步加工后才能销售。乙产品的计划单价为 50 元,全部从联合成本的原材料项目中扣除;丙产品按产品售价扣除有关项目后的余额计价,并按比例从联合成本中扣除各成本项目,丙产品的单位售价为 60 元,单位销售税金为 4 元,单位销售费用为 2 元。20××年有关的产量与成本资料见表 4-20、表 4-21。

表 4-20　　　　　　　　　　　产量资料

产品名称	甲	乙	丙
产量(千克)	2 000	1 000	800

表 4-21　　　　　　　　　　　成本资料　　　　　　　　单位:元

项目	原材料	工资及福利费	制造费用	合计
本年发生的联合成本合计	156 000	108 000	36 000	300 000
丙产品分离后的加工费用		8 400	4 200	12 600

根据上述资料,编制完工产品成本计算表,见表 4-22。

项目	联合成本		乙产品		丙产品				甲产品	
	金额	比重	总成本	计划单位成本	总成本			计划单位成本	总成本	计划单位成本
					分离前	分离后	合计			
	①	②	③	④	⑤	⑥	⑦	⑧	⑨=①-③-⑤	⑩
原材料	156 000	52%	50 000	50	15 912		15 912	18.89	90 088	45.044
职工薪酬费	108 000	36%			11 016	8 400	19 416	24.27	96 984	48.492
制造费用	36 000	12%			3 672	4 200	7 872	9.84	32 328	16.164
合计	300 000	100%	50 000	50	30 600	12 600	43 200	53	219 400	109.7

表 4-22　　　　　　　　　产品成本计算表　　　　　　　　　单位:元

丙产品分离前成本=(60-4-2)×800-12 600=30 600(元)

4.8　等级产品成本的核算

等级产品(Graded Products)是指使用同一种原材料,经过同一生产过程生产出来的品种相同而质量不同的产品。等级产品与联产品、副产品以及副次产品是不同的概念,其区别在于等级产品是同一品种不同质量的产品,联产品、副产品则是指不同品种的产品。等级产品是合格品,而副次产品是指等级以下的产品,是非合格品。

由于等级产品产生的原因不同,因此其成本计算应根据不同情况采用不同的方法。

1. 按实物数量分配

如果不同质量等级的产品是由于违规操作,或者技术不熟练等主观原因所造成的,那么它们应负担相同的成本。也就是说,等级低的产品应该和等级高的产品单位成本相同。因此,可以将总成本按实物数量的比例分配到每一等级产品中。由于各种等级产品的单位成本相同,而等级低的产品因售价低于等级高的产品而减少利润,企业则可以从低利或亏损中发现生产管理中存在的问题。

2. 按系数分配

如果不同质量等级的产品是由于目前生产技术水平、工艺技术条件和原材料质量等客观原因所造成的,那么不同等级的产品应负担不同的成本,一般是按单位售价制定系数,按系数的比例来分配各等级产品的总成本。

对于副次产品,原则上应作为废品处理,应与合格品一样计算成本。实际工作中,也有将副次产品按等级产品处理的。

复习思考题

1. 直接材料费用的分配方法有哪些？如何应用这些方法分配原材料费用？

2. 直接人工费用如何在各种产品之间进行分配？

3. 外购动力费用怎样计算和分配？

4. 简要说明辅助生产费用分配的特点。

5. 辅助生产费用有哪些分配方法？说明各种分配方法的特点、优缺点及适用性。

6. 辅助生产费用交互分配法与计划成本分配法在确定各辅助生产车间实际费用时有何不同？为什么？

7. 制造费用包括哪些内容？

8. 哪些损失不能列为废品损失的核算范围？

9. 可修复废品损失与不可修复废品损失在核算上有何不同？

10. 联产品成本核算方法有哪些？

11. 副产品成本如何进行核算？

第5章

产品成本核算的一般方法
——制造成本法

5.1　成本核算方法概述

5.1.1　成本核算方法的概念和内容

产品成本核算方法,是指根据成本核算的要求,按照一定的对象和一定程序,归集构成产品成本的生产费用,按期核算产品总成本和单位成本的方法。进行产品成本核算时,一般包括下列内容:

(1)成本核算对象的确定;

(2)成本明细账及其成本项目的设置;

(3)生产费用的归集及其计入产品成本的程序;

(4)间接费用的分配标准;

(5)成本计算期的确定;

(6)完工产品成本与在产品成本的划分;

(7)产品总成本和单位成本核算。

成本核算对象是在成本核算过程中,为归集和分配生产费用而确定的承受对象,即成本的承担者。确定成本核算对象是设置成本明细账、归集生产费用、核算产品成本的前提。

生产费用计入产品成本的程序,是指生产过程中所耗用的原材料、燃料、动力、工资、福利费、固定资产折旧等要素费用,通过一系列归集和分配手续,最后汇总计入产品成本的方法和步骤。

成本计算期是指每次计算完工产品(产成品)成本的期间,即归集生产费用,计算产成品成本的起讫日期,一般分定期和不定期两种。

完工产品成本与在产品成本的划分是指构成产品成本的生产费用(包括月初在产品成本和本月生产费用)在当期完工产品与在产品之间进行分配,以计算完工产品成本和在产品成本。

不同的成本核算对象,不同的生产费用归集及其计入产品成本的程序,不同的成本计算期,不同的完工产品成本与在产品成本的划分相结合,就构成了各种不同的产品成本计算方法。

5.1.2　产品成本核算的基本方法

上述成本核算方法的几个构成因素的不同结合,可以构成不同的成本计算方法,其中起决定作用的因素是成本核算对象。成本核算对象不仅是设置明细账的依据,而且能够影响其他几个因素。成本核算的基本方法有以产品成本核算对象为标志划分的三种不同方法。

1. 品种法(Species-costing System)

品种法是以产品的品种为成本核算对象,归集生产费用,核算产品成本的产品成本核算方法。

2. 分批法(Job-costing System)

分批法是以产品的批别为成本核算对象,归集生产费用,核算产品成本的产品成本核算方法。

3. 分步法(Process-costing System)

分步法是以产品的生产步骤为成本核算对象,归集生产费用,核算产品成本的产品成本核算方法。

品种法、分批法、分步法称为产品成本核算的基本方法。此外,在产品品种、规格繁多的工业企业中,为了简化成本核算工作,可以先将产品的品种规格进行分类,然后再按产品品种或生产批别、生产步骤核算产品成本,这种成本核算方法称为分类法。在定额管理基础工作较好的工业企业中,为了配合加强定额管理和成本控制,更有效地发挥成本核算的分析性和监督性作用,还可以将符合定额的费用和脱离定额的差异分别核算,然后按以上基本方法核算产品成本,这种方法称为定额法。以上两种成本核算方法都不是单独使用的方法,需要与在各种类型生产中采用的基本方法结合起来使用,因此属于成本核算的辅助方法。

5.1.3 生产特点与成本管理的要求对产品成本核算其他要素的影响

生产特点及成本管理的要求还对产品的成本计算期以及完工产品与在产品之间的费用分配等产生影响。

1.对产品成本计算期的影响

成本计算期是指生产费用计入产品成本所规定的起止日期,在不同的生产类型企业中,产品成本计算的日期也不同。如何确定成本计算期,取决于生产组织的特点。在大量大批生产中,由于生产活动是连续不断地重复进行,每月都有部分产品完工以供销售,这就要求产品成本要定期在每月月末进行核算。在这种情况下,成本计算期与会计报告期一致,而与生产周期不一致。在单件小批生产中,各批产品的生产周期往往不同,且生产往往不重复进行,产品的成本只能在某件或某批产品完工以后计算,因而成本核算是不定期的。在这种情况下,成本计算期与生产周期相一致,而与会计报告期不一致。

2.对生产费用在完工产品与在产品之间分配的影响

生产特点还影响到月末进行成本核算时,生产费用是否需要在完工产品和在产品之间分配的问题。

在单步骤生产中,由于生产周期短,生产过程也不能间断,月末一般没有在产品或者在产品数量很少,所占金额也很小,而且各月月末在产品数量变动不大。因而在核算产品成本时,为简化计算手续,不核算在产品成本,将当期归集的生产费用全部作为完工产品成本。

在多步骤生产中,是否需要在完工产品和在产品之间分配费用,取决于生产组织的特点。在单件小批生产条件下,如果成本计算期与生产周期一致,在每批产品完工之前,所归集的生产费用都是在产品成本,如果该批或该件产品已经完工,则所归集的生产费用都是完工产品成本,因而不存在生产费用在完工产品和期末在产品之间分配的问题。在大量大批生产中,产品生产周期较长,而且生产连续不断进行,因而经常存在在产品,且数量往往变动较大,因此需要采用适当的方法,将生产费用在完工产品与期末在产品之间进行分配。

品种法、分批法、分步法的适用范围及特点见表5-1。

表 5-1   品种法、分批法、分步法比较

产品成本核算方法	核算对象	计算期	期末在产品核算	生产特点	管理要求
品种法	产品品种	月	单步骤不计算,多步骤计算	大批大量单步骤或多步骤生产	不分批、不分步
分批法	每件或每批	生产周期	不计算	小批单件、单步骤或多步骤生产	分批不分步
分步法	产品品种及其所经生产步骤	月	计算	大量大批多步骤生产	分步不分批

5.2 品种法

5.2.1 品种法的适用范围和特点

产品成本核算的品种法又称简单法,是按照产品品种核算产品成本的一种方法。品种法主要适用于大量大批的单步骤生产,如发电、采掘、供水等企业的生产;也可以用于管理上不要求按生产步骤核算产品成本的大量大批多步骤生产,如糖果、饼干、水泥、造纸等企业的生产。品种法的特点如下:

1. 成本核算对象

品种法既不要求按产品批别核算产品成本,也不要求按照生产步骤核算产品成本,而是要求按照产品品种核算产品成本。

2. 成本计算期

在大量大批的单步骤生产中,一般定期(按月)计算它的成本。

3. 费用在完工产品与在产品之间的分配

在采用品种法计算产品成本的企业或车间中,如果只生产一种产品,成本核算对象就是这种产品的成本。核算产品成本时,需要为该产品设立产品成本明细账,账内按成本项目设立专行或专栏,在这种情况下,生产过程中发生的各项费用全部属于直接计入费用,可以直接登记记入该产品的产品成本明细账,不存在费用在各产品之间分配的问题。

如果生产两种或两种以上的产品,要按照产品品种分别设立产品成本明细账。生产过程中发生的直接费用应直接记入各产品成本明细账中;发生的间接费用应该采用适当的分配方法在各成本计算对象之间进行分配,然后登记记入各有关产品的成本明细账中。

如果月末没有在产品,或在产品数量很少,在核算产品成本时,各种产品成本明细账中按成本项目归集的全部生产费用,就是本月各种产品的产成品总成本。总成本除以总产量就是各种产品的单位成本。

如果月末有在产品且数量较大,还需要采用适当的方法将产品成本明细账中归集的生产费用在完工产品和月末在产品之间进行分配,分别计算出各种产品的完工产品成本和在产品成本。

在管理上不要求单独核算的企业中,月末一般有在产品,需要选择适当的方法将生产费用在完工产品和月末在产品之间进行分配,以便计算完工产品成本和月末在产品成本。

5.2.2 品种法的核算程序

在采用品种法核算产品成本时,一般按照下列程序进行:

(1)按照产品品种开设"生产成本——基本生产成本"明细账,同时按辅助生产车间开设"生产成本——辅助生产成本"明细账,按基本生产车间和辅助生产车间开设"制造费用"明细账。

(2)根据各项生产费用发生的原始凭证和其他有关资料,分配各种费用要素,编制要素费用分配表,并登记有关账簿。

(3)根据"生产成本——辅助生产成本"明细账所归集的全月费用,编制辅助生产费用分配表,并登记有关明细账。

(4)根据"制造费用"明细账所归集的全月费用,编制制造费用分配表,并登记各种"生产成本——基本生产成本"明细账。

(5)将"生产成本——基本生产成本"明细账所归集的全部费用(包括月初在产品成本和本月生产费用),在完工产品与在产品之间进行分配,计算出完工产品成本和月末在产品成本。

(6)结转完工产品成本。结转时,借记"库存商品"科目,贷记"生产成本——基本生产成本"科目。

5.2.3 品种法举例

【例1】 某工业企业设有一个基本生产车间,大量生产甲、乙两种产品,其生产工艺过程均属简单生产。根据生产特点和成本管理要求,采用品种法核算产品成本。该企业设有一个辅助生产车间,为基本生产车间和管理部门提供修理服务。辅助生产车间的制造费用不通过"制造费用"科目核算。该企业不单独核算废品损失和停工损失。下面以企业20××年7月份各项费用资料为例,说明品种法的核算程序和相应的账务处理。

(1)20××年7月发生的各项生产费用已根据有关凭证编制各种分配表如下：

①材料费用分配表,见表5-2;

②职工薪酬分配表,见表5-3;

③固定资产折旧计算表,见表5-4;

④外购动力费分配表,见表5-5;

⑤根据付款凭证汇总表编制的其他费用分配表,见表5-6。

表5-2

材料费用分配表

20××年7月

单位:元

应借账户		原料及主要材料	燃料	辅助材料	合计
基本生产	甲产品	33 170			33 170
	乙产品	38 686			38 686
	小计	71 856			71 856
辅助生产			4 400		4 400
制造费用				5 600	5 600
管理费用				200	200
合计		71 856	4 400	5 800	82 056

表5-3

职工薪酬分配表

20××年7月

应借账户		生产工时(小时)	分配率(元/小时)	分配额(元)	职工薪酬(元)
基本生产	甲产品	3 250	3.5	11 375	11 375
	乙产品	1 750	3.5	6 125	6 125
	小计	5 000		17 500	17 500
辅助生产					2 508
制造费用					1 368
管理费用					3 420
合计					24 796

注:甲、乙两种产品应负担的职工薪酬按照两种产品的生产工时比例分配。

根据表5-2编制会计分录并登记总分类账和有关明细分类账。

借:生产成本——基本生产成本——甲产品　　　　　　33 170

　　　　　　　　　　　　　　——乙产品　　　　　　38 686

　　　　——辅助生产成本——机修车间　　　　　　　4 400

　　制造费用——基本生产车间　　　　　　　　　　　5 600

　　管理费用　　　　　　　　　　　　　　　　　　　200

　　贷:原材料　　　　　　　　　　　　　　　　　　　82 056

根据表5-3编制会计分录并登记总分类账和有关明细分类账。

借:生产成本——基本生产成本——甲产品　　　　　　　11 375

　　　　　　　　　　　　　——乙产品　　　　　　　　6 125

　　　　　　——辅助生产成本——机修车间　　　　　　2 508

　　制造费用——基本生产车间　　　　　　　　　　　　1 368

　　管理费用　　　　　　　　　　　　　　　　　　　　3 420

　　贷:应付职工薪酬　　　　　　　　　　　　　　　　　　　24 796

表5-4　　　　　　　　　**固定资产折旧计算表**

20××年7月　　　　　　　　　　单位:元

应借科目	折旧金额
基本生产	580
辅助生产	220
管理费用	100
合计	900

根据表5-4编制会计分录并登记总分类账和有关明细分类账。

借:制造费用——基本生产车间　　　　　　　　　　　　580

　　生产成本——辅助生产成本　　　　　　　　　　　　220

　　管理费用　　　　　　　　　　　　　　　　　　　　100

　　贷:累计折旧　　　　　　　　　　　　　　　　　　　　900

表5-5　　　　　　　　　**外购动力费分配表**

20××年7月

数量单位:度

金额单位:元

应借科目		动力用		照明用		合计
		数量	分配额	数量	金额	
基本生产	甲产品		1 300			
	乙产品		700			
	小计	10 000	2 000			2 000
辅助生产	机修车间			3 000	750	750
	小计			3 000	750	750
制造费用	基本生产车间			5 000	1 250	1 250
	小计			5 000	1 250	1 250
合计			2 000		2 000	4 000

注:动力用电每度计费0.2元,照明用电每度计费0.25元,基本生产按生产工时比例在甲、乙产品中进行分配:2 000÷5 000＝0.4(元/小时)。

　　甲:0.4×3 250＝1 300(元)

　　乙:0.4×1 750＝700(元)

根据表5-5编制会计分录并登记总分类账和有关明细分类账。

借:生产成本——基本生产成本——甲产品　　　　　　　1 300

　　　　　　　　　　　　　　——乙产品　　　　　　　　700

　　　　　　——辅助生产车间——机修车间　　　　　　750

　　制造费用——基本生产车间　　　　　　　　　　　1 250

　　贷:银行存款　　　　　　　　　　　　　　　　　　　　4 000

表5-6　　　　　　　　　　　　　　其他费用分配表

20××年7月　　　　　　　　　　　　　　　　单位:元

应借科目			金额
总账科目	明细科目	费用项目	
辅助生产	机修车间	办公费	320
		其他	180
制造费用	基本生产车间	办公费	216
		差旅费	300
管理费用	企业管理部门	办公费	350
		差旅费	532
合计			1 898

根据表5-6编制会计分录并登记总分类账和有关明细分类账。

借:生产成本——辅助生产成本　　　　　　　　　　　500

　　制造费用——基本生产车间　　　　　　　　　　　516

　　管理费用　　　　　　　　　　　　　　　　　　　882

　　贷:银行存款　　　　　　　　　　　　　　　　　　　1 898

(2)根据以上各种费用分配表,登记"生产成本——辅助生产成本"明细账(表5-7)、制造费用明细账(表5-9)和"生产成本——基本生产成本"明细账(表5-11)。

表5-7　　　　　　　　　生产成本——辅助生产成本明细账

机修车间:20××年7月　　　　　　　　　　　　　　　单位:元

20××年		摘要	机物料消耗	职工薪酬	折旧费	外购电费	其他费用	合计
月	日							
7	31	材料费用分配表	4 400					4 400
		职工薪酬分配表		2 508				2 508
		固定资产折旧计算表			220			220
		外购动力费分配表				750		750
		其他费用分配表					500	500
		合计	4 400	2 508	220	750	500	8 378

辅助生产费用分配表见表 5-8。

表 5-8　　　　　　　　　　　辅助生产费用分配表

20××年 7 月

应借科目	分配标准(机修工时)(小时)	分配率(元/小时)	分配金额(元)
制造费用	3 959	2	7 918
管理费用	230	2	460
合计	4 189		8 378

注:分配率=8 378÷4 189=2(元/小时)

根据以上各表编制会计分录并登记总分类账和明细分类账。

借:制造费用——基本生产车间　　　　　　　　　　7 918
　　管理费用　　　　　　　　　　　　　　　　　　　460
　　贷:生产成本——辅助生产成本——机修车间　　　　　　8 378

表 5-9　　　　　　　　　　　制造费用明细账

20××年 7 月　　　　　　　　　　　　　　　　单位:元

20××年		摘要	机物料消耗	职工薪酬	折旧费	水电费	其他费用	修理费	合计
月	日								
7	31	材料费用分配表	5 600						5 600
		职工薪酬分配表		1 368					1 368
		固定资产折旧计算表			580				580
		外购动力费分配表				1 250			1 250
		其他费用分配表					516		516
		辅助生产费用分配表						7 918	7 918
		合计							17 232

制造费用分配表见表 5-10。

表 5-10　　　　　　　　　　　制造费用分配表

20××年 7 月

应借科目	分配标准(生产工时)(小时)	分配率(元/小时)	分配金额(元)
甲产品	3 250	3.446 4	11 200.8
乙产品	1 750	3.446 4	6 031.2
合计	5 000		17 232

注:分配率=17 232÷5 000=3.446 4(元/小时)

根据表 5-10 编制会计分录并登记总分类账和明细分类账。

借:生产成本——基本生产成本——甲产品   11 200.8

            ——乙产品   6 031.2

  贷:制造费用——基本生产车间   17 232

表 5-11   **生产成本——基本生产成本明细账**

甲产品 完工产量:250件 月末在产品:50件 完工程度:60%   单位:元

20××年		摘要	直接材料	燃料及动力	直接人工	制造费用	合计
月	日						
7	1	月初在产品成本	3 130	660	1 225	2 799.2	7 814.2
	31	分配材料费用	33 170				33 170
	31	分配外购动力费		1 300			1 300
	31	分配职工薪酬			11 375		11 375
	31	分配制造费用				11 200.8	11 200.8
		生产费用合计	36 300	1 960	12 600	14 000	64 860
		本月完工产品成本	30 250	1 750	11 250	12 500	55 750
		月末在产品成本	6 050	210	1 350	1 500	9 110

注:材料为一次性投入。

直接材料费用分配率＝36 300÷(250＋50)＝121(元/件)

燃料及动力分配率＝1 960÷(250＋50×60%)＝7(元/件)

人工费用分配率＝12 600÷(250＋50×60%)＝45(元/件)

制造费用分配率＝14 000÷(250＋50×60%)＝50(元/件)

表 5-12   **生产成本——基本生产成本明细账**

乙产品 完工产量:450件 月末在产品:50件 完工程度:40%   单位:元

20××年		摘要	直接材料	燃料及动力	直接人工	制造费用	合计
月	日						
7	1	月初在产品成本	6 314	·710	2 335	1 488.8	10 847.8
	31	分配材料费用	38 686				38 686
	31	分配外购动力费		700			700
	31	分配职工薪酬			6 125		6 125
	31	分配制造费用				6 031.2	6 031.2
		生产费用合计	45 000	1 410	8 460	7 520	62 390
		本月完工产品成本	40 500	1 350	8 100	7 200	57 150
		月末在产品成本	4 500	60	360	320	5 240

注:材料为一次性投入。

直接材料费用分配率＝45 000÷(450＋50)＝90(元/件)

燃料及动力费分配率＝1 410÷(450＋50×40%)＝3(元/件)

直接人工费分配率＝8 460÷(450＋50×40％)＝18(元/件)

制造费用分配率＝7 520÷(450＋50×40％)＝16(元/件)

根据表 5-11、表 5-12 编制会计分录并登记总分类账和明细分类账。

借:库存商品——甲产品　　　　　　　　　　　　55 750

　　　　　　——乙产品　　　　　　　　　　　　57 150

　　贷:生产成本——基本生产成本——甲产品　　　　55 750

　　　　　　　　　　　　　　　　　——乙产品　　　　57 150

5.3 分批法

5.3.1 分批法的适用范围和特点

分批法是按照产品批别来核算产品成本的一种方法。分批法适用于单件小批生产产品成本的计算。例如,精密仪器、重型机械、船舶和专用设备的制造,工具、模具的生产以及主要产品生产以外的新产品试制和机器设备的修理作业等,都可以采用分批法。

分批法主要有以下特点:

(1)成本核算对象

分批法通常以全厂生产的某一批产品为成本核算对象,汇集该批产品的生产费用,计算其总成本和单位成本。

单件小批生产的产品品种数量通常根据用户订单来确定,因此有时也将产品成本核算的分批法称为订单法。如果一张订单中规定的产品为两种或两种以上,为了便于生产管理,可以按产品品种划分批别分别组织生产;如果一张订单中只规定一种产品但数量较大,用户要求分批交货或不便于一次投产时,可以分为若干批进行组织生产;如果订单中只规定一件产品,但该产品生产工艺过程复杂,价值大,生产周期长,可以按产品的组成部分分批组织生产;如果同一时期不同订单有相同的产品,可以将其合为一批组织生产。

(2)成本计算期

在单件小批生产条件下,批内各产品的完工日期相近,一般以产品的生产周期为产品的成本计算期,而与会计周期不一致。

(3)生产费用在完工产品和月末在产品之间的分配

分批法一般不存在将费用在完工产品和月末在产品之间分配的问题。如果是单件生产,在产品完工之前产品成本明细账中所记的生产费用全部为在产品成本;产品完工时,产品成本明细账中所记的生产费用全部为产成品成本。如果是小批生产,在月末计算产品成本时,批内各产品或全部完工,或全部未完工,因而也不存在生产费用在完工产品和期末在产品之间分配的问题。但是如果产品批量较大,跨月陆续完工,需要分别计算完工产品和月末在产品的成本,分为两种情况:

①如果产品批量较小,完工产品数量不大,可以先采用定额单位成本、计划单位成本或最近一期相同产品的实际单位成本作为完工产品的单位成本,来计算产成品成本;产成品成本从产品成本明细账中转出,剩余的就是该产品的月末在产品成本。为了正确分析和考核该产品的成本计划执行情况,可以在该批产品全部完工时,计算该批产品的实际总成本和单位成本,但对原来已转出的产品成本不再作账面调整。

②如果批内产品跨月完工的情况较多,应采用适当的分配方法,在完工产品和月末在产品之间分配生产费用,分别计算完工产品和月末在产品成本。

5.3.2 分批法的核算程序

(1)按产品的批别或订单设置"生产成本——基本生产成本"明细账,账内按成本项目开设专栏。如果企业按产品批别组织生产,在产品投产时,生产计划部门应当发出"生产通知单",将生产任务下达生产车间,并且通知会计部门。会计部门应根据每一份订单或每一批产品"生产通知单",设置"生产成本——基本生产成本"明细账,账内按成本项目归集生产费用,计算本批产品成本。

(2)根据各种费用分配表,将各项费用分别按产品批别或订单记入"生产成本——基本生产成本"明细账中的有关项目。在分批法中,需要特别强调按批别或订单归集费用。因此,各批或各订单产品直接耗用的材料、人工等费用,都要在有关原始凭证上填明生产批号(生产通知单号)和订单号,以便将费用整理、归集记入相应的"生产成本——基本生产成本"明细账的有关成本项目内。间接费用则按照发生地点和用途归集,然后采用适当的分配方法分配记入相应的"生产成本——基本生产成本"明细账的"制造费用"成本项目。

(3)按产品完工月份,计算该批产品的总成本和单位成本,并且结转产品成本。根据批别或订单产品完工通知单,将记入已完工的该批(订单)产品"生产成本——基本生产成本"明细账中的各项费用,按成本项目加以汇总,计算该批(订单)产品总成本,以总成本除以总产量计算出产品的单位成本。

5.3.3 分批法举例

【例2】 某企业按照订单要求,小批生产甲产品,采用分批法计算该产品的成本。该企业7月份投产甲产品25件,月末完工15件,在产品10件。该企业完工产品和月末在产品之间的原材料费用按产品比例法进行分配,其他费用按约当产量比例法(在产品按半数折算)进行分配。

甲产品的产品成本明细账见表 5-13。

表 5-13　　　　　　　　　　　产品成本明细账

批号：　　　　　　　　　　产品名称：甲产品　　　　　　　　投产日期：7/4

购货单位：　　　　　　　　批量：25 件　　　　　　　　　　完工日期：7 月

　　　　　　　　　　　　　(本月完工 15 件)　　　　　　　　单位：元

月	日	摘要		原材料	燃料和动力	工资及福利费	制造费用	合计
7	31	原材料费用分配表		52 200	3 600			55 800
7	31	动力费用分配表			5 400			5 400
7	31	工资及福利费用分配表				12 600		12 600
7	31	制造费用分配表					4 110	4 110
7	31	合计		52 200	9 000	12 600	4 110	77 910
7	31	产成品	总成本	31 320	6 750	9 450	3 082.5	50 602.5
			单位成本	2 088	450	630	205.5	3 373.5
7	31	在产品成本		20 880	2 250	3 150	1 027.5	27 307.5

甲产品成本明细账中：

原材料费用分配率 = 52 200 ÷ (15 + 10) = 2 088(元/件)

燃料及动力费用分配率 = 9 000 ÷ (15 + 10 × 50%) = 450(元/件)

工资及福利费用分配率 = 12 600 ÷ (15 + 10 × 50%) = 630(元/件)

制造费用分配率 = 4 110 ÷ (15 + 10 × 50%) = 205.5(元/件)

以上只列出各产品的成本明细账,其余诸如费用分配表等均省略,其基本格式和品种法大致相同,此处不再详述。

由以上分配表和明细账可以看出分配法的计算程序为：

(1)产品投产时,按生产批号设立产品成本明细账(成本计算单)；

(2)各月份按产品批别汇集和分配生产费用,编制各种费用分配表,并据以登记产品成本明细账；

(3)产品完工时,计算该批产品所发生的总成本和单位成本,结转产品成本。

5.3.4　简化的分批法

在某些单件小批生产企业或车间中,在一个月中往往有几十甚至几百批产品投产,如机器修理业。在这种情况下,将各种间接费用按分批法在各批产品之间的分配工作就极为繁重,有必要将其简化。下面介绍一种简化的分批法,即月末不计算在产品成本法。

采用简化的分批法时,仍然按照产品的批别设立成本明细账,但在产品完工之前,只登记该产品的直接费用和生产工时,每月发生的间接费用不再分配给各产品,而是先将其在生产成本明细账中累计起来,待产品完工时,再将生产费用按照一定的标准,分配到完工产品成本中去,其余在产品的间接费用仍保留在生产成本明细账中不予分配。

对于各批产品的间接费用,一般按生产工时进行分配,其计算公式如下:

全部产品某月间接费用分配率=(月初该间接费用总额+本月发生该间接费用额)÷
(月初在产品工时数+本月发生工时数)

某批产品应负担的间接费用=该批产品生产工时累计数×间接费用分配率

【例3】 某工业企业小批生产多种产品,由于产品批数较多,为简化成本计算工作,采用简化的分批法来计算产品成本,即采用不计算在产品成本法来计算成本(表5-14～表5-18)。该企业7月份的产品有:

0301号:甲产品6件,5月份投产,本月末全部完工;

0302号:乙产品8件,6月投产,本月全部未完工;

0303号:丙产品12件,6月投产,本月完工2件(第0303号产品的原材料是在生产开始时一次性投入,其完工2件产品的工时为10 460小时,在产品10件的工时为32 310小时);

0304号:丁产品4件,本月投产,本月全未完工。

在表5-14的生产成本明细账中,本月初在产品的生产工时和各项费用是根据上月的工时和费用资料登记的,本月发生的生产工时和生产费用资料应根据本月各费用分配表和生产工时记录资料等登记。本月发生的各项间接费用,应根据各费用分配表汇总登记。各种间接费用的分配率计算如下:

工资及福利费用分配率=654 000÷163 500=4(元/小时)

制造费用分配率=817 500÷163 500=5(元/小时)

表5-14　　　　　　　　　　　生产成本明细账　　　　　　　　　　单位:元

月	日	摘要	原材料	生产工时	直接人工	制造费用	合计
		〜〜〜〜〜	〜〜〜	〜〜〜	〜〜〜	〜〜〜	〜〜〜
6	30	月末在产品	301 200	62 000	238 500	360 600	900 300
7	31	本月发生	241 000	101 500	415 500	456 900	1 113 400
7	31	累计	542 200	163 500	654 000	817 500	2 013 700
7	31	全部产品间接费用分配率	—	—	4	5	
7	31	本月完工产品转出	103 650	41 460	165 840	207 300	476 790
7	31	在产品	438 550	122 040	488 160	610 200	1 536 910

表 5-15

产品成本明细账

产品批号：　　　　　　　　产品名称：甲产品　　　　　　　投产日期：5/12

购货单位：　　　　批量：6件　　　　完工日期：7/27　　　　　单位：元

月	日	摘要	直接材料	生产工时（小时）	直接人工	制造费用	合计
5	31	本月发生	58 000	5 430			
6	30	本月发生	11 300	8 870			
7	31	本月发生	12 100	16 700			
7	31	累计数及间接费用分配率	81 400	31 000	4	5	
7	31	本月完工产品转出	81 400	31 000	124 000	155 000	360 400
7	31	完工产品单位成本	13 566.7		20 666.7	25 833.3	60 066.7

表 5-16

产品成本明细账

产品批号：　　　　　　　　产品名称：乙产品　　　　　　　投产日期：6月

购货单位：　　　　批量：8件　　　　完工日期　　　　　　　单位：元

月	日	摘要	直接材料	生产工时（小时）	直接人工	制造费用	合计
6	30	本月发生	98 400	19 070			
7	31	本月发生	29 800	42 080			

表 5-17

产品成本明细账

产品批号：　　　　　　　　产品名称：丙产品　　　　　　　投产日期：6/19

购货单位：　　　　批量：12件　　　完工日期：7月完工2件　　单位：元

月	日	摘要	直接材料	生产工时（小时）	直接人工	制造费用	合计
6	30	本月发生	133 500	28 630			
7	31	本月发生		14 140			
7	31	累计数及间接费用分配率	133 500	42 770	4	5	
7	31	本月完工产品（2件）转出	22 250	10 460	41 840	52 300	116 390
7	31	完工产品单位成本	11 125		20 920	26 150	58 195
7	31	在产品	111 250	32 310			

表 5-18

产品成本明细账

产品批号：　　　　　　　　产品名称：丁产品　　　　　　　投产日期：7/18

购货单位：　　　　批量：4件　　　　完工日期　　　　　　　单位：元

月	日	摘要	直接材料	生产工时（小时）	直接人工	制造费用	合计
7	31	本月发生	199 100	285 800			

5.4 分步法

5.4.1 分步法的特点和适用范围

产品成本计算的分步法是按照产品的生产步骤归集生产费用计算产品成本的方法。分步法适用于大量大批的多步骤生产,且在管理上要求按步骤计算成本的企业或车间,如冶金、纺织、造纸以及大量大批生产的机器制造业等。在这些生产企业中,产品的生产过程由若干个在技术上可以间断的生产步骤组成,如钢铁厂可以将生产步骤分为炼铁、炼钢、轧钢等步骤;纺织厂可以将生产步骤分为纺纱、织布、印染等步骤;造纸厂可以将生产步骤分为制浆、制纸、包装等步骤;机械厂可以将生产步骤分为铸造、加工、装配等步骤。

分步法有以下特点:

1. 成本核算对象

在分步法下,成本核算对象是处于各个生产步骤的各种在产品以及完工产品。产品成本明细账(成本计算单)是按每个生产步骤的各个产品的品种来设置的。这里的生产步骤指成本计算的步骤,它可能与实际生产步骤一致,也可能不一致,如为了简化成本计算工作,对于管理上不要求分步计算成本的生产步骤,可以与其他生产步骤合并计算成本。在按生产步骤设立车间的企业中,按步骤计算成本也就是按车间计算产品成本。但如果企业生产规模较小,管理上不要求按车间计算成本,也可以将几个车间合并成一个生产步骤来计算成本;反之,如果企业生产规模很大,车间内还可以分为若干生产步骤,管理上又要求分步计算成本的,为了适应成本管理的需要,可以在车间内分步计算成本。对于生产过程中发生的原材料等直接费用,应直接记入各成本明细账(成本计算单);对于间接费用,应先按整个生产步骤归集,然后按照一定的标准在该步骤的各种产品之间进行分配。

2. 成本计算期

分步成本计算工作是定期进行的。因为在大量大批生产的企业里,生产活动在连续不断地进行着,总有一部分产品完工,一部分产品未完工。因而,成本计算只能在每月月底进行,即成本计算期是定期的,成本计算期与生产周期不一致,而与会计核算期一致。

3. 生产费用在完工产品和在产品之间的分配

由于大量大批多步骤生产的产品往往跨月陆续完工,因此,采用分步法计算产品成本时,记入各种产品、各生产步骤成本明细账(成本计算单)中的生产费用,大多要采用适当的分配方法在完工产品与月末在产品之间进行分配,计算各该产品、各该生产步骤的完工产品成本与月末在产品成本;然后按照产品品种结转各步骤的完工产品成本,计算每种产品的产成品成本。

5.4.2 逐步结转分步法

逐步结转分步法也称计算半成品的分步法,是按照产品的生产步骤逐步结转半成品成本,最后算出产成品成本的方法。

逐步结转法适用于大量大批、多步骤、连续式生产的企业。在这种类型的企业中,成本管理需要提供各个生产步骤的半成品成本资料,生产的半成品除了自己用来进行加工以外,还有其他用途。例如,作为商品对外出售,钢铁企业生产的生铁、纺织企业生产的棉纱等就是如此,因此需要计算出售半成品的成本。有时为了同行业成本评比的需要,也要计算半成品成本;有时一些半成品同时为几种产品所耗用,为了分别计算各种产品的成本,也需要计算半成品成本;企业为了明确经济责任或考核评价生产各步骤或车间的生产耗用和资金占有水平,也需要逐步计算各步骤的半成品的成本。

在逐步结转分步法下,计算各步骤产品成本时,各步骤所耗用的上一步骤半成品的成本要随着半成品实物的转移,从上一步骤的产品成本明细账(成本计算单)转入下一步骤的产品成本明细账中,以便逐步计算各个步骤的半成品成本和最后步骤的产成品成本。

在逐步结转分步法下,产品成本的计算程序为:先计算第一步骤的半成品成本;将第一步骤转出的半成品成本加上第二步骤的其他费用,求出第二步骤半成品的成本;依次进行下去,直到最后一个步骤计算出来的成本,就是完工产品的成本。

逐步结转分步法的计算程序如图 5-1 所示。

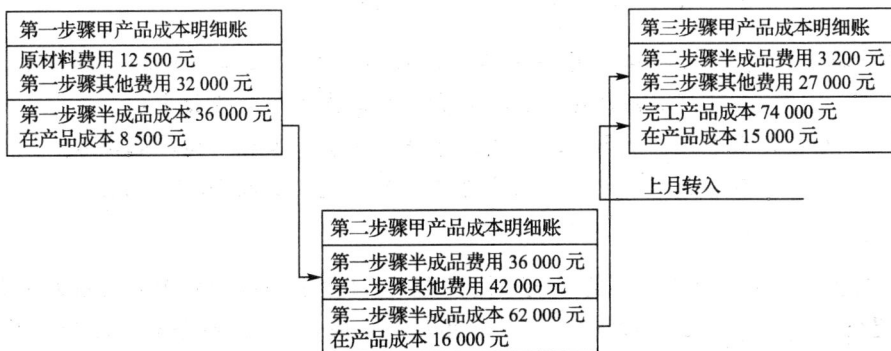

第一步骤甲产品成本明细账
原材料费用 12 500 元 第一步骤其他费用 32 000 元
第一步骤半成品成本 36 000 元 在产品成本 8 500 元

第二步骤甲产品成本明细账
第一步骤半成品费用 36 000 元 第二步骤其他费用 42 000 元
第二步骤半成品成本 62 000 元 在产品成本 16 000 元

第三步骤甲产品成本明细账
第二步骤半成品费用 3 200 元 第三步骤其他费用 27 000 元
完工产品成本 74 000 元 在产品成本 15 000 元

上月转入

图 5-1 逐步结转分步法成本计算程序

在逐步结转分步法下,各步骤完工转出的半成品如果直接被下一步骤领用而不经过半成品库收发时,半成品成本应该在各步骤的产品成本明细账之间结转。如果半成品完工后不直接被下一步骤领用,而是先交入半成品库,然后由下一步骤从半成品库中领用,在验收入库时,应借记"自制半成品"科目,贷记"生产成本——基本生产成本"科目;在下一步骤领用半成品时,再编制相反的会计分录。

采用逐步结转分步法,每月月末的各项生产费用在各步骤产品成本明细账中归集完毕后,如果既有完工半成品又有未完工半成品,应该采用适当的方法,将该步骤的生产费用在完工产品和期末在产品(这里指狭义的在产品)之间进行分配,以便正确计算完工半成品成本。具体的分配方法采用前述的生产费用在完工产品和期末在产品之间的分配方法。

逐步结转分步法要通过明细账反映半成品成本的转移,按照半成品成本在下一步骤成本明细账中的反映方法,可以将逐步结转分步法分为综合结转法和分项结转法两种。

1.综合结转法

(1)半成品按照实际成本综合结转

综合结转法是将各步骤所耗用的上一步骤半成品成本,综合记入各该步骤产品成本明细账的"原材料"或专设的"半成品"成本项目中。

采用这种方法结转产成品成本时,各步骤所耗用上一步骤半成品的费用,应按照所耗半成品的数量乘以半成品的实际单位成本计算。由于各月份所生产的半成品单位成本会有所不同,因而各步骤所耗用的上一步骤的半成品单位成本应根据企业的具体情况采用不同方法计算。大致有以下几种计算方法:

①加权平均法

加权平均法是将本期收入的半成品数量加上期初结存的半成品数量作为权数,计算该半成品平均成本的方法。其计算公式如下:

加权平均单位成本=(期初结存半成品实际成本+本期收入半成品实际成本)÷(期初结存半成品数量+本期收入半成品数量)

本期发出半成品成本=本期发出半成品数量×加权平均单位成本

期末结存半成品成本=期末结存半成品数量×加权平均单位成本

②先进先出法

先进先出法假定先入库的半成品先发出,再计算下一步骤领用半成品的成本。

【例4】 某工业企业生产甲产品分为两个步骤,并且在两个车间进行。原材料在生产开始时一次性投入,生产过程中的其他费用陆续发生。第一车间完工后的半成品交半成品库验收,第二车间按照生产所需的数量从半成品库中领用。第二车间所耗半成品费用按照月一次加权平均法计算。两个车间的月末在产品均按定额成本计价。

甲产品 7 月份的产量资料和成本资料见表 5-19、表 5-20。

表 5-19   **产量资料**   单位:件

项目	一车间	二车间
月初在产品	800	1 500
本月投产或由上一车间转入	4 200	4 700
本月完工	4 500	3 200
月末在产品	500	3 000

表 5-20   **成本资料**   单位:元

成本项目	一车间		二车间	
	月初在产品	本月发生	月初在产品	本月发生
直接材料	90 000	125 000	192 000	658 000
直接人工	145 000	225 000	276 000	972 000
制造费用	87 000	100 000	84 300	180 000
合计	322 000	450 000	552 300	1 810 000

其成本计算程序如下:

(1)根据各种费用分配表、半成品交库单以及第一车间的产品定额成本资料,登记第一车间甲半成品成本明细账,见表 5-21。

表 5-21   **产品成本明细账**

第一车间   甲半成品   单位:元

月	日	摘要	产量(件)	直接材料	直接人工	制造费用	成本合计
6	30	在产品成本	800	90 000	145 000	87 000	322 000
7	31	本月费用	4 200	125 000	225 000	100 000	450 000
7	31	累计	5 000	215 000	370 000	187 000	772 000
7	31	完工转出半成品成本	4 500	180 000	300 000	120 000	600 000
7	31	在产品成本	500	35 000	70 000	67 000	172 000

在上列成本明细账中,由于在产品按定额成本计价,因而完工半成品成本应根据生产费用累计数减去月末在产品的定额成本求得。

根据第一车间的半成品交库单编制会计分录如下:

借:自制半成品——甲半成品   600 000

    贷:生产成本——基本生产成本——甲产品   600 000

(2)根据计价后的半成品交库单和第二车间领用半成品的领用单,登记自制半成品明细账,见表5-22。

表5-22 　　　　　　　　　　　**自制半成品明细账**

甲半成品 　　　　　　　　　　　　　　　　　　　　　　　　　　　　　　　单位:元

月份	月初余额		本月增加		累计			本月减少	
	数量（件）	实际成本	数量（件）	实际成本	数量（件）	实际成本	单位成本	数量（件）	实际成本
6	800	142 000	4 500	600 000	5 300	742 000	140	4 700	658 000
7	600	84 000							

在自制半成品明细账中,本月增加的数量和成本是根据甲半成品交库单登记的,半成品的单位成本采用月内一次加权平均法计算。

甲产品单位成本＝(142 000＋600 000)÷(800＋4 500)＝140(元)

本月减少的数量应根据第二车间领用半成品的领用单登记,根据第二车间领用半成品的领用单,编制会计分录如下:

借:生产成本——基本生产成本——甲产品　　　　　　　658 000

　　贷:自制半成品——甲半成品　　　　　　　　　　　　　658 000

(3)根据各种费用分配表、半成品领用单、产成品交库单以及第二车间在产品定额成本资料,登记第二车间甲产品成本明细账,见表5-23。

表5-23 　　　　　　　　　　　**产品成本明细账**

第二车间　甲产成品 　　　　　　　　　　　　　　　　　　　　　　　　单位:元

月	日	摘要	产量(件)	半成品	直接人工	制造费用	成本合计
6	30	在产品成本(定额成本)	1 500	192 000	276 000	84 300	552 300
7	31	本月费用	4 700	658 000	972 000	180 000	1 810 000
7	31	累计	6 200	850 000	1 248 000	264 300	2 362 300
7	31	完工转出产成品成本	3 200	652 800	928 000	200 000	1 780 800
7	31	产成品单位成本		204	290	62.5	556.5
7	31	在产品成本(定额成本)	3 000	197 200	320 000	64 300	581 500

第二车间的本月投入原材料即为领用半成品的成本,是根据自制半成品明细账登记的。

根据产成品交库单,编制会计分录:

借:产成品——甲产品　　　　　　　　　　　　　　　1 780 800

　　贷:生产成本——基本生产成本　　　　　　　　　　　1 780 800

(2)半成品按照计划成本综合结转

采用这种结转方法,半成品明细账不仅要反映半成品增加、减少、结存的数量和实际成本,而且还要反映增加、减少、结存的计划成本,成本差异和成本差异率。成本计算单中"直接材料"或"原材料"或"自制半成品"成本项目也要分设计划成本、成本差异、实际成本栏目。计算公式如下:

半成品成本差异率＝(月初结存半成品成本差异＋本月增加半成品成本差异)÷
(月初结存半成品计划成本＋本月增加半成品计划成本)

发出半成品成本差异＝发出半成品计划成本×半成品成本差异率

发出半成品实际成本＝发出半成品计划成本＋发出半成品成本差异

在半成品成本差异率计算公式中,超支用正号表示,节约用负号表示。

(3)综合结转法的成本还原

采用综合结转法结转半成品成本,各生产步骤所耗用的上一步骤半成品的成本是以"半成品"或"直接材料"项目综合反映的,因此表现在产成品成本中的绝大部分费用是最后一个步骤所耗半成品的费用。其他加工费用仅仅是最后步骤的加工费用,在整个产品的成本中所占比重很小,这样计算出来的产成品成本,不能提供按原始成本项目反映的成本资料,不利于成本分析和考核。因此,必须对产成品所耗的半成品成本进行还原。还原的方法是采用倒序法,就是从最后一个步骤起,把各步骤所耗上一步骤半成品的综合成本,按本月所产这种半成品的成本结构(也就是各项成本之间的比例关系)进行还原,然后将各步骤相同的成本项目数额相加,即可求得按原始成本项目反映的产成品成本。

【例5】 沿用例4资料,企业第二车间甲产品明细账中算出的本月产成品所耗半成品费用为 652 800 元,按第一车间产品成本明细账中算出的本月所产半成品成本为 600 000 元的各成本项目的比例关系进行分解、还原,求出按原始成本项目反映的甲产品的成本。编制甲产品成本还原计算表,见表5-24。

表5-24 产成品成本还原计算表(甲产品)

20××年7月   单位:元

行次	项目	产量(件)	还原分配率(元/件)	半成品	原材料	工资及福利费	制造费用	成本合计
①	还原前产成品成本	3 200		652 800		928 000	200 000	1 780 800
②	本月所产半成品成本				180 000	300 000	120 000	600 000
③	产成品成本中半成品费用还原值		1.088	−652 800	195 840	326 400	130 560	0
④	还原后产成品总成本	3 200			195 840	1 254 400	330 560	1 780 800
⑤	还原后产成品单位成本				61.2	392	103.3	556.5

表 5-24 中还原前的产成品成本根据第二车间甲产品成本明细账中完工转出的产成品成本填列,其中半成品项目 652 800 是成本还原的对象。本月所产半成品成本根据第一车间成本明细账中完工转出的半成品成本项目填列,其各成本项目费用之间的比例是成本还原的依据。表中还原分配率＝652 800÷600 000＝1.088(元/件)。

还原分配率的意义可以理解为每一单位第一车间生产半成品成本相当于产成品所耗半成品费用多少单位。还原分配率分别乘以本月所产甲半成品各个成本项目的费用,即可将本月产成品所耗半成品的综合费用按照本月生产这种半成品的成本结构进行分解、还原,求出按原始成本项目反映的产成品成本。

如果产品的生产步骤不只是两步,而是三步或三步以上,按照上述的方法将最后一步的成本还原后,前面步骤还有未还原的成本,这时应该继续进行一次还原,直到产品成本明细账中的"半成品"项目被全部分解为原始成本内各项目为止。

综上所述,逐步结转分步法的成本还原步骤可以概括为:

①从最后一个步骤起,把所耗的上一步骤半成品的综合成本还原为原材料、工资及福利费、制造费用等按原始成本项目反映的产品成本资料;

②还原方法:按本月该种半成品的成本构成,把半成品的综合成本还原;

③计算还原分配率

还原分配率＝本月产品所耗上一步骤半成品成本合计÷本月所产该种半
　　　　　　成品成本合计

④进行成本还原,编制成本还原计算表,求得按成本项目反映的产品成本。

从表 5-24 可以看出,本月产成品所耗半成品费用为 652 800 元,而本月所产的半成品成本为 600 000 元,其中 52 800 元是以前月份所产的半成品成本。而以前月份所产半成品的成本与本月所产半成品的成本构成可能不一致,如果半成品的成本结构变化较大,按上述方法进行还原,会对产品的成本还原的正确性造成很大影响。在半成品的定额成本或计划成本比较准确的情况下,为了提高成本还原结果的正确性,产品所耗半成品费用可以按照产品的定额成本或计划成本的成本结构进行还原。这样,产品成本还原计算表中的项目应作调整,将成本项目中分列的"本月所产半成品的总成本"改为"半成品的定额成本"或"产品的单位计划成本"。

综合结转分步法可以在各生产步骤的产品成本明细账中反映各该步骤耗费半成品的费用水平和本步骤加工费用水平,有利于各步骤的生产管理。但是如果管理上要求提供按原始成本项目反映的产品成本资料,则必须进行成本还原,从而增加核算的工作量。因此,这种方法适用于在管理上要求计算各步骤耗用半成品的费用,但不要求进行成本还原的情况。

2. 分项结转法

分项结转法是将各步骤所耗用的上一步骤半成品成本,按成本项目分项转入各该步骤成本明细账中的各成本项目上,逐步计算,最终得出完工产品成本的方法。如果半成品通过半成品库收发,那么在自制半成品明细账中登记半成品成本时,也要按照成本项目分别登记。分项结转法是按原始成本项目反映的半成品成本资料,所以不需要进行成本还原,但平时记账工作比较复杂,工作量较大。

分项结转,可以按照半成品的实际成本结转,也可以按照半成品的计划成本结转,然后按成本项目分项调整成本差异。由于按计划成本结转的计算工作量较大,因此,一般采用按实际成本分项结转的方法。

【例6】 仍以例4的甲产品成本资料为例说明半成品按实际成本进行分项结转的程序。

(1)根据例4第一车间甲产品成本明细账、半成品的交库单和领用单,登记自制半成品明细账,见表5-25。

表5-25　　　　　　　　　　自制半成品明细账

甲半成品　　　　　　　　　　　　　　　　　　　　　　单位:元

月份	项目	数量(件)	原材料	工资及福利费	制造费用	成本合计
6	月初余额	800	39 000	69 000	34 000	142 000
6	本月增加	4 500	180 000	300 000	120 000	600 000
6	累计	5 300	219 000	369 000	154 000	742 000
6	单位成本		41.32	69.62	29.06	140
6	本月减少	4 700	194 204	327 214	136 582	658 000
7	月初余额	600	24 796	41 786	17 418	84 000

表5-25中单位成本的各成本项目都是按照全月一次加权平均法计算的。

(2)根据各种费用分配表、半成品领用单、自制半成品明细账、产成品交库单、第二车间在产品定额成本资料,登记第二车间甲产品成本明细账,见表5-26。

表5-26　　　　　　　　　　甲产品成本明细账

第二车间　　　　　　　　　　　　　　　　　　　　　　单位:元

月	日	摘要	产量(件)	原材料	工资及福利费	制造费用	成本合计
5	30	在产品成本(定额成本)	1 500	154 200	252 000	146 100	552 300
6	31	本月加工费用			972 000	180 000	1 152 000
6	31	本月耗用半成品费用	4 700	194 204	327 214	136 582	658 000
6	31	累计	6 200	348 404	1 551 214	462 682	2 362 300
6	31	完工转出产成品成本	3 200	176 404	1 246 214	358 182	1 780 800
6	31	产成品单位成本		55.13	389.44	111.93	556.5
6	31	在产品成本(定额成本)	3 000	172 000	305 000	104 500	581 500

第二车间产品成本明细账中计算求得的按成本项目反映的成本资料与按分项结转分步法求得的产品成本资料的总成本和单位成本完全一致,但两者的成本组成不同。因为成本还原计算表中产成品所耗半成品的各项费用是按照本月所产半成品的成本结构还原计算出来的,并没有考虑到月初结存的半成品对成本结构的影响;而按照分项结转分步法计算出来的第二车间产品成本明细账中所耗半成品的各项费用是由原始项目结转过来的,包括了以前月份半成品的成本费用。

采用分项结转分步法可以直接、正确地提供按原始成本项目计算的成本资料,便于从整个企业角度考核和分析产品成本计划的执行情况,不需要进行成本还原。但是,采用这种方法使成本核算工作比较复杂,而且从各步骤完工产品成本中看不出上一步骤半成品的费用和本步骤所耗加工费用水平,不便于进行成本分析。因此,这种方法适用于管理上不要求计算各步骤完工产品所耗半成品费用和本步骤加工费用,而要求按原始成本项目反映产品成本的企业。

3. 逐步结转分步法的优缺点

(1)逐步结转分步法的优点

①能提供各生产步骤的产品半成品成本资料,便于分析和考核企业的产品成本计划和各步骤生产计划的执行情况;

②逐步结转的半成品成本随着半成品的实物转移而结转,各步骤产品成本明细账中可以反映各该步骤的结存在产品数量和成本,因而为各生产步骤的实物管理和资金管理提供资料;

③各生产步骤的产品成本包括所耗上一步骤的半成品成本,能够全面反映各步骤完工产品耗用上一步骤半成品费用和本步骤加工生产费用水平,便于各步骤进行成本管理和控制。

(2)逐步结转分步法的缺点

①逐步结转分步法计算过程复杂,影响成本核算的及时性;

②如果企业需要产品的原始成本资料,在采用综合结转法时,需要进行成本还原,如果采用分项结转法,计算工作量会很大。

因此,逐步结转分步法一般应在半成品种类不多,逐步结转的工作量不大,并且管理上要求提供各生产步骤半成品成本资料的情况下采用。

5.4.3 平行结转分步法

平行结转分步法是不需要计算各个生产步骤半成品成本的计算方法。在这种方法下,半成品成本不随着半成品实物的转移而结转,这是平行结转分步法与逐步结转分步法的主要区别。

平行结转分步法适用于大量大批多步骤的装配式生产企业。在这种企业的生产过程中,首先将各种原材料加工成零部件,然后再装配成各种产成品。例如,机械制造业的车间一般按生产工艺过程设置,设有铸工、锻工、加工、装配工等车间,各车间各司其职,因此企业中各生产步骤的半成品种类很多;但半成品很少对外销售,因此在管理上不要求计算半成品成本。为了简化成本计算工作,在计算产品成本时,可以不计算各步骤所产半成品成本,也不计算各步骤所耗上一步骤的半成品成本,只计算本步骤各种产品发生的费用以及应该由产成品负担的费用的数量。

平行结转分步法以最终生产步骤的产品品种作为成本核算对象,并按生产步骤和产品品种设立产品成本明细账。在平行结转方式下,各步骤只计算本步骤的加工费用,不计算各步骤完工半成品成本,即半成品成本不随着加工步骤转移,各步骤的加工费用只需要计算出其应计入产成品成本的份额,平行地计入产成品成本中。各步骤发生的直接计入费用,可根据消耗原材料和工资及福利费的发生额直接记入各成本明细账;间接计入费用应先按发生地点归集,然后再按一定标准分配,记入有关的产品成本明细账。

采用平行结转分步法时,完工半成品不通过“自制半成品”账户进行总分类核算。在平行结转分步法下,各生产步骤不计算也不逐步结转半成品成本,只是在企业的产成品入库时,才将各步骤费用中应计入产成品成本的份额从各步骤产品成本明细账中转出,从“基本生产成本”账户的贷方转入“库存商品”账户的借方。因此,采用这一方法,不论半成品是在各生产步骤之间直接转移,还是通过半成品库收发,都不通过“自制半成品”账户进行总分类核算。

投入材料和加工费＝最终产成品成本份额＋期末广义在产品成本

各步骤生产费用总额需要在产成品和广义在产品之间进行分配。采用平行结转分步法,每一生产步骤的生产费用要在产成品与月末在产品之间进行分配。但必须指出,这里的在产品与逐步结转分步法的在产品不同,它不仅包括各步骤正在加工的在产品,还包括本步骤已经加工完成并转入下一步骤或半成品库,仍需继续加工的那些自制半成品,这是就整个企业而言的广义在产品。

平行结转分步法的计算程序如图5-2所示。

平行结转各生产步骤生产费用中应计入产成品成本的份额,然后汇总计算产成品成本的方法,也称不计半成品成本分步法。

【例7】 以例4甲产品为例,但完工产品与在产品之间分配费用的方法改用定额比例法,原材料费用按定额原材料费用比例分配,其他各项费用均按定额工时比例分配。其成本计算程序如下:

第一步骤甲产品成本明细账

原材料 123 000 元	
在产品成本 78 000 元	应计入产成品成本份额 45 000 元

第二步骤甲产品成本明细账

第二步骤生产费用 177 000 元	
在产品成本 56 000 元	应计入产成品成本份额 121 000 元

第三步骤甲产品成本明细账

第三步骤生产费用 102 000 元	
在产品成本 33 000 元	应计入产成品成本份额 69 000 元

第一步骤所占份额 45 000 元	甲产品成本合计 235 000 元	产成品成本明细账
第二步骤所占份额 121 000 元		
第三步骤所占份额 69 000 元		

图 5-2　平行结转分步法成本计算程序

(1)甲种产品的定额资料见表 5-27。

表 5-27　　　　　　　　　　　　　甲产品成本资料　　　　　　数量单位:小时、件

金额单位:元

车间份额	月初在产品		本月投入		本月产成品				
	定额原材料费用	定额工时	定额原材料费用	定额工时	单件定额		产量	定额原材料费用	定额工时
					原材料费用	工时			
第一车间份额	128 000	58 000	120 000	30 000	625	20	3 200	125 000	64 000
第二车间份额		46 000		100 000		25	3 200		80 000
合计	128 000	104 000	120 000	130 000	625	45	6 400	125 000	144 000

(2)根据定额资料、各种费用分配表和产成品交库单,登记第一、二车间的产成品明细账,见表 5-28 和表 5-29。

表 5-28　　　　　　　　　　　　　产品成本明细账

第一车间:甲产品　　　　　　　　　　　　　　　　　　　　　　　　　　单位:元

月	日	摘要	产量(件)	直接材料		定额工时(小时)	直接人工	制造费用	成本合计
				定额	实际				
6	30	在产品费用		128 000	135 400	58 000	171 000	76 000	382 400
7	31	本月生产费用		120 000	125 000	30 000	225 000	100 000	450 000
7	31	生产费用累计		248 000	260 400	88 000	396 000	176 000	832 400
7	31	费用分配率			1.05		4.5	2.0	
7	31	产成品成本中本步骤份额	3 200	125 000	131 250	64 000	288 000	128 000	547 250
7	31	在产品费用			129 150	24 000	108 000	48 000	285 150

表 5-28 甲产品成本明细账中,定额原材料和定额工时费用根据甲产品的定额资料计算登记,月末在产品的定额资料应采用倒挤的方法求得,计算公式如下:

月末在产品定额费用(或工时)＝月初在产品定额费用(或工时)＋本月投入在产品定额费用(或工时)－本月完工产品定额费用(或工时)

因此:

第一车间甲产品月末在产品原材料费＝128 000＋120 000－125 000＝123 000(元)

第一车间甲产品月末在产品定额工时＝58 000＋30 000－64 000＝24 000(小时)

原材料费用分配率＝260 400÷248 000＝1.05(元/件)

人工及福利费用分配率＝396 000÷88 000＝4.5(元/小时)

本步骤原材料费用在产成品中的份额＝125 000×1.05＝131 250(元)

本步骤人工费用在产成品中的份额＝64 000×4.5＝288 000(元)

在产品原材料费用＝123 000×1.05＝129 150(元)

在产品人工费用＝24 000×4.5＝108 000(元)

表 5-29 产品成本明细账

第二车间:产品 单位:元

月	日	摘要	产量(件)	直接材料 定额	直接材料 实际	定额工时(小时)	直接人工	制造费用	成本合计
6	30	在产品费用				46 000	166 800	82 800	249 600
7	31	本月生产费用				100 000	972 000	180 000	1 152 000
7	31	生产费用累计				146 000	1 138 800	262 800	1 401 600
7	31	费用分配率					7.8	1.8	
7	31	产成品成本中本步骤份额	3 200			80 000	624 000	144 000	768 000
7	31	在产品费用				66 000	514 800	118 800	633 600

(3)根据第一、二车间产品成本明细账中所记产成品成本份额,平行汇总产成品成本(表 5-30)。

表 5-30 甲产成品成本汇总表

20××年 7 月 单位:元

车间	产量(件)	直接材料	直接人工	制造费用	成本合计
第一车间	3 200	131 250	288 000	128 000	547 250
第二车间	3 200		624 000	144 000	768 000
合计	3 200	131 250	912 000	272 000	1 315 250
单位成本	3 200	41	285	85	411

综上所述,平行结转分步法和逐步结转分步法相比,具有以下优点:

(1)产品生产的各步骤可以同时计算产品成本,然后将其汇总计入产成品成本,而不必逐步结转半成品成本,加速成本计算工作;

(2)采用这一方法时,一般按成本项目汇总各步骤应计入产成品的份额,因而能够提供按原始成本项目反映的产成品成本资料,不必进行成本还原,因而简化了计算工作。

但是平行结转分步法同时存在着缺点:

(1)平行结转分步法不能提供各步骤的半成品成本资料以及各步骤耗用上一步骤的半成品费用资料,因而不能全面反映各该步骤的生产耗费水平;

(2)半成品的成本费用不随着实物的转移而转移,而是留在其发生地的成本明细账内,不便于半成品的实物管理和资金管理。

因此,平行结转分步法一般应在半成品种类较多,采用逐步结转分步法工作量较大,管理上不要求提供各步骤半成品资料的情况下采用。

▋ 复习思考题 ▋

1. 简述品种法的适用范围及其特点。

2. 简述分批法的特点及成本核算程序。

3. 如何计算制造费用的累计分配率?简化分批法下,为什么要设置"生产成本"二级账户?

4. 简述逐步结转分步法的核算程序、适用范围和优缺点。

5. 在逐步综合结转分步法下,为什么要进行成本还原?

6. 简述平行结转分步法的核算程序、适用范围和优缺点。

7. 试比较逐步结转分步法与平行结转分步法的区别。

第6章

其他产品成本核算方法

6.1 变动成本法

为适应管理的需要,成本可根据不同标准进行分类,其中按成本习性分类是采用变动成本法核算成本的基础。本书已在第一章对成本习性进行了介绍,这里不再赘述。

6.1.1 变动成本法概述

变动成本法(Variable Costing),是指在计算产品成本时,只包括成本生产过程中直接材料、直接人工和变动性制造费用,不包括固定性制造费用,把所有的固定成本和固定性制造费用作为期间费用直接从本期收入中扣除的成本计算方法。

与变动成本法对应的是制造成本法(Manufacture Costing),其计算产品成本时包括直接材料、直接人工和全部制造费用。相对于制造成本法,变动成本法在产品、存货成本的计算上有其特殊的意义:

(1)变动成本法能清晰地提供各种产品营利能力的资料。产品营利能力的资料是管理决策的重要依据,在变动成本法下其表示为贡献毛益(销售收入减变动成本)。用贡献毛益减去固定成本后得到企业的税前利润,所以产品的贡献毛益正是其营利能力的表现,也是其对企业最终利润贡献大小的标志。

(2)变动成本法可为正确进行经营决策以及成本计划和控制提供依据。以贡献毛益为基础的盈亏临界点分析和本量利分析可揭示产销量与成本变动的内在联系,有助于企业预测目标成本、利润,编制弹性预算等。

（3）变动成本法便于和弹性预算、标准成本、责任会计等直接结合,在成本计划和日常控制的各环节中发挥重要作用。例如,根据成本习性分析,通过制定标准成本和建立弹性预算对变动成本进行控制,分析各部门经济责任;对于固定成本,由于其大小的变化是一般基层生产单位无法控制的,所以通过制定费用预算,由管理部门负责。

6.1.2 制造成本法和变动成本法的比较

由于变动成本法与制造成本法对固定性制造费用的处理方式不同,因此两者在产品成本的组成与计算流程、在产品与产成品存货估算及盈亏计算等方面都存在差异。

1.制造成本法和变动成本法的区别

（1）产品成本的组成与计算流程的区别

制造成本法中的成本按经济职能分为制造成本和非制造成本,将制造成本计入产品成本,非制造成本列为间接成本,从当期销售毛利中扣除。其计算流程如图6-1所示。

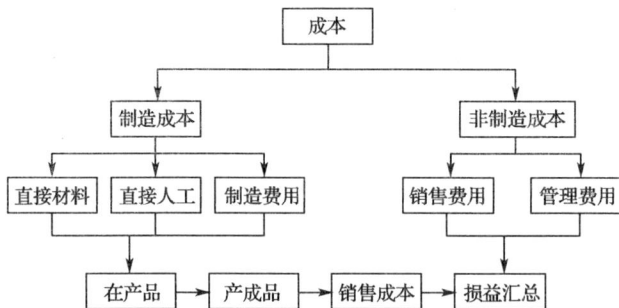

图 6-1 制造成本法计算流程

变动成本法中的成本按成本习性分为变动成本和固定成本,变动制造费用计入产品成本,而固定制造费用和非制造费用均作为期间费用,从当期贡献毛益中减除。其计算流程如图 6-2 所示。

可见,制造成本法与变动成本法在产品成本组成上的差别在于对固定成本处理的不同。前者把本期销售产品中的固定性制造费用转作本期销售成本,未销售产品应负担的固定性制造费用则延期到下期;后者把本期发生的固定性制造费用全额作为期间成本,列入损益表,在当期的销售收入中扣除。

现举例说明两种方法在计算产品单位成本上的不同。

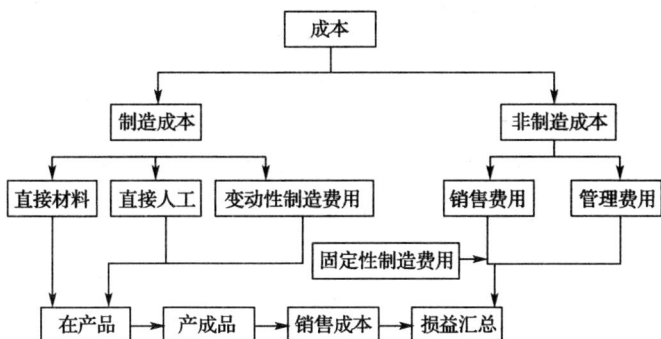

图 6-2　变动成本法计算流程

【例1】　A企业全年生产甲产品 5 000 件,每件直接材料成本 10 元,直接人工 5 元,变动制造费用 5 元,固定制造费用 15 000 元。期初存货为零,本年销售 4 000 件,每件 50 元。

计算单位成本如下:

制造成本法:(10+5+5)+15 000÷5 000=23(元)

变动成本法:10+5+5=20(元)

(2)在产品与产成品存货估算的区别

由于制造成本法将全部的生产成本在已销产品、库存产成品和在产品间分配,所以期末产成品和在产品存货中不仅包括变动性的生产成本,而且包括一部分固定成本。

由于变动成本法只将变动成本在已销产品、库存产成品和在产品间分配,固定成本没有结转到下期,所以期末产成品和在产品存货没有负担固定成本,其金额一般低于用制造成本法估计的金额。

【例2】　沿用例1的资料,假设该厂生产甲产品,当月生产 5 000 件,销售 4 000 件,期末产成品存货 1 000 件,无在产品。计算产成品期末存货成本,见表6-1。

表 6-1

项目	制造成本法	变动成本法
单位产品成本(元)	23	20
产成品期末存货数量(件)	1 000	1 000
产成品期末存货成本(元)	23 000	20 000

(3)在盈亏计算方面的区别

变动成本法和制造成本法在前两方面的不同必然对分期损益造成影响,两种方法在计算分期损益时就会产生差异,主要表现在当产销不平衡时。

①当期生产量＞销售量

按制造成本法计算的利润＞按变动成本法计算的利润

当生产量大于销售量,意味着期末存货增加,按制造成本法计算的期末存货比按变动成本法计算的期末存货多带走一部分本期发生的固定性制造费用,结转到下期。所以,在销售收入一样的情况下,按制造成本法计算的利润就会比较大。

【例3】 沿用例1资料,假设无期初产成品库存,单位产品售价30元;变动性销售与管理费用2 000元,固定性销售与管理费用1 000元。编制全年税前利润表,见表6-2。

表6-2　　　　　　　　　　　　　　利润表　　　　　　　　　　单位:元

	制造成本法	变动成本法
销售收入	120 000	120 000
减:销售产品的制造成本:		
期初存货	0	0
本期生产成本	92 000	80 000
期末存货	23 000	20 000
毛利	28 000	
贡献毛益(制造部分)		40 000
减:销售与管理费用:		
变动性销售与管理费用	2 000	2 000
固定性销售与管理费用	1 000	
合计	3 000	2 000
贡献毛益(最终)		38 000
减:固定成本:		
固定性制造费用		15 000
固定性销售与管理费用		1 000
税前利润	25 000	22 000

②当期生产量＜销售量

按制造成本法计算的利润＜按变动成本法计算的利润

当生产量小于销售量,意味着期末存货减少,本期销售的产品中不仅包括本期产成品,而且包括上期结转的产成品。本期销售成本中不仅包括本期发生的固定性制造费用,而且包括上期结转下来的固定性制造费用。所以,在销售收入一样的情况下,按制造成本法计算的利润就会比较小。

③两种不同情况下的连续利润计算

a.在连续各期生产量相等而销售量不等的情况下,两种计算方法对分期损益存在影响。

【例4】 根据表6-3资料计算各年利润。

表6-3 某公司三年的会计资料

项目	2009 年	2010 年	2011 年
期初存货(件)	—	—	1 000
生产量(件)	5 000	5 000	5 000
销售量(件)	5 000	4 000	6 000
期末存货(件)	—	1 000	—
单位产品售价(元)	200	200	200
单位产品变动成本(元)	110	110	110
固定性制造费用(元)	15 000	15 000	15 000
固定性销售与管理费用(元)	10 000	10 000	10 000

分别采用变动成本法和制造成本法计算各年净收益,详见表6-4。

表6-4 单位:元

项目	2009 年	2010 年	2011 年
按变动成本法计算			
销售收入	1 000 000	800 000	1 200 000
减:销售产品的制造成本(变动成本)	550 000	440 000	660 000
贡献毛益(制造部分)	450 000	360 000	540 000
减:固定成本:			
固定性制造费用	15 000	15 000	15 000
固定性销售与管理费用	10 000	10 000	10 000
税前利润	425 000	335 000	515 000
按制造成本法计算			
销售收入	1 000 000	800 000	1 200 000
减:销售产品的制造成本(变动成本＋ 固定性制造费用):			
期初存货	0	0	113 000
本期生产成本	565 000	565 000	565 000
可供销售的产品成本	565 000	565 000	678 000
期末存货	0	113 000	0
合计	565 000	452 000	678 000
毛利	435 000	348 000	522 000
减:固定性销售与管理费用	10 000	10 000	10 000
税前利润	425 000	338 000	512 000

由表6-4,2009年产销量相等,按两种方法计算的利润相同,为425 000元。第二年产量大于销量,按制造成本法计算的利润大于按变动成本法计算的利润(＋3 000元),这是因为在制造成本法下,期末库存1 000件,吸收了固定性制造费用3 000元(15 000×1/5),2010年销售成本减少3 000元。2011年,在制造成

本法下,由于 2010 年年末结转 1 000 件产品,成本为 3 000 元,增加了销售成本 3 000 元,所以利润比按变动成本法计算的多 3 000 元。可见,一定时期内产销量不等时,两种方法计算的结果不同,但从长期来看,差异会互相抵消。

b.连续各期销售量相等而产量不等,两种计算方法对各期损益存在影响。

【例5】 根据表 6-5 计算各年利润。

表 6-5　　　　　　　　某公司三年的会计资料表

项目	2010 年	2011 年	2012 年
期初存货(件)	—	—	1 000
生产量(件)	5 000	6 000	4 000
销售量(件)	5 000	5 000	5 000
期末存货(件)	—	1 000	—
单位产品售价(元)	200	200	200
单位产品变动成本(元)	110	110	110
固定性制造费用(元)	15 000	15 000	15 000
固定性销售与管理费用(元)	10 000	10 000	10 000

分别采用变动成本法和制造成本法计算各年净收益,见表 6-6。

表 6-6

项目	2010 年	2011 年	2012 年
按变动成本法计算			
销售收入	1 000 000	1 000 000	1 000 000
减:销售产品的制造成本(变动成本)	550 000	550 000	550 000
贡献毛益(制造部分)	450 000	450 000	450 000
减:固定成本:			
固定性制造费用	15 000	15 000	15 000
固定性销售与管理费用	10 000	10 000	10 000
税前利润	425 000	425 000	425 000
按制造成本法计算			
销售收入	1 000 000	1 000 000	1 000 000
减:销售产品的制造成本(变动成本＋固定制造费用):			
期初存货	0	0	112 500
本期生产成本	565 000	675 000	455 000
可供销售的产品成本	565 000	675 000	567 500
期末存货	0	112 500	0
合计	565 000	562 500	567 500
毛利	435 000	437 500	432 500
减:固定性销售与管理费用	10 000	10 000	10 000
税前利润	425 000	427 500	422 500

由表6-6,按变动成本法计算的各年利润相等,为425 000元。这是因为,在变动成本法下,各年的固定成本都作为当年的期间成本全额扣除,由于各年销量相等,销售收入相同,单位产品的变动成本和全年的固定成本没有变化,因而各年利润相同。按制造成本法计算的各年利润不等,因为2010年的产量6 000件大于销量5 000件,期末库存1 000件,吸收了固定性制造费用2 500元(15 000×1/6),2011年销售成本减少2 500元,利润增加2 500元;2010年年末结转1 000件产品的成本为2 500元,增加了销售成本2 500元,所以利润减少2 500元。

由此,两种方法对分期损益的影响可概括如下:

①当产销量相等时,两种方法计算的利润相等;

②当产量大于销量时,按制造成本法计算的利润大于按变动成本法计算的利润;

③当产量小于销量时,按制造成本法计算的利润小于按变动成本法计算的利润。

(4)两种成本计算方法服务对象不同

企业按制造成本法编制的对外财务报表,服务对象为企业外部的利害关系人;变动成本法用于企业内部的成本记录和内部报表编制,为企业规划、决策服务,服务对象为企业管理当局。

2. 变动成本法的优缺点

(1)变动成本法的优点

由于变动成本法的基础是成本按成本习性进行分类,从而相对制造成本法有如下四个优点:

①企业的短期决策关注成本、产量与利润之间的依存关系,变动成本法正好能够提供这些信息。因此变动成本法有助于企业本量利分析,为企业进行短期决策和加强经营控制提供各种有用的会计信息,便于建立弹性预算。

②使管理者更加重视销售,防止盲目生产。制造成本法下,在销售量下降时利润有时反而会增长,使企业只注重生产,忽视销售。而变动成本法可排除产量对利润的影响,利润与销售量同向变化,使企业努力扩大销售,提高利润。

③便于进行不同期间的业绩评价。制造成本法下,如果本期生产能力得不到充分利用,单位成本就会随产量的下降而上升,期末存货还会将这种损失转到下期,减少下期利润;反之,则会增加下期利润,使盈亏不能正确反映当期的工作业绩。变动成本法则会避免这种情况。

④简化计算,避免固定成本分摊中的主观随意性。按变动成本法计算的单位产品成本不包括固定成本,固定性制造费用作为期间成本从贡献毛益中被全部扣除,省略了间接费用的分摊手续,同时也避免了间接费用分摊的随意性。

(2)变动成本法的局限性

①不适应长期决策的需要。长期决策需要预测若干年后的数据,涉及经营规模、生产能力改变等问题,而单位变动成本和固定成本不可能长久保持不变,因此变动成本法在长期决策方面无法提供帮助。

②变动成本与固定成本的划分比较困难。

③变动成本法在新的技术经济条件下失去实际意义。生产自动化程度和生产技术密集程度的提高使企业产品生产中制造费用的比重提高,直接人工和直接材料的比重减少,变动成本法失去了实际意义。而且适时生产系统下的"零存货"能够消除制造成本法下利润和销售脱节的现象,由此,制造成本法也可应用于企业内部管理。

6.2　作业成本法

6.2.1　作业成本法概述

作业成本法(Activity-Based Costing,ABC),最早对其从理论和实践进行探讨的是 20 世纪杰出的会计大师,埃里克·科勒(E. Kohler)教授。1941 年,科勒在《会计论坛》(*Accounting Forum*)杂志上发表的一篇文章中第一次把作业的观念引入会计和管理之中。第二位研究作业成本法的学者是斯拖布斯(G. T. Staubus),他将作业与价值耗费联系起来,从而使作业概念初步具有了会计学涵义。

20 世纪 80 年代末企业环境发生了很大变化,生产自动化程度的提高,使直接人工成本大幅度下降,人们需求的多样化带来了生产的多样化,费用和成本不断上升。产品成本结构的变动,使主要为人工成本计量和报告而设计的成本管理系统已不能精确反映产品的消耗。企业内部来自成本计量和成本管理的压力,使作业成本法引起广泛关注。1987 年哈佛商学院的卡普兰(Robert Kaplan)和库帕(Robin Cooper)两位教授率先把这种成本计算方法简称为 ABC。他们认为,ABC 已经不仅仅是一种成本计算方法,更是一种成本控制和企业管理手段。这种观点引发了成本管理的新革命——作业管理法(Activity-based Management,ABM),在 ABC 基础上进行的企业成本控制和管理。ABM 的创立,标志着成本管理告别传统的成本管理向现代成本管理迈出了关键的一步。

自从 1988 年作业成本法开始在美国第一家企业中推行至今,它已在西方国家获得较多应用,其所应用的行业也从制造业推广到服务业、国防工业、金融业等行业。

1.作业成本法相关概念

作业成本法,是以作业为核心,确认和计量耗用企业资源的所有作业,将耗用的资源成本准确计入作业,然后选择成本动因,将所有作业成本分配给成本计算对象(产品或服务)的一种成本计算方法。

(1)与作业相关的概念

①作业(Activity),指企业为了达到其生产经营目标而进行的与产品相关或对产品有影响的各项具体活动,即企业为提供一定量的产品和劳务所消耗的人力、技术、原材料、方法和环境等的集合体。

按照作业对最终产品是否产生增值,可将作业分为增值作业(Value-Added Activity)和非增值作业(No Value-Added Activity);按照作业的受益对象,可将作业分为单位水平作业、产品水平作业、批量水平作业和维持性作业。

a.单位水平作业,是使每一单位产品都能受益的作业,此作业具有重复性,与产品产量成比例变动。

b.批次水平作业,是与产品批次相关,并能使一批产品都受益的作业。

c.产品水平作业,是为生产特定产品而进行的,并使该种产品每一单位都受益的作业。该作业与产量和批次无关,只与产品品种相关。

d.维持性作业,是保证工作正常进行而发生的作业。此类作业与产品产量、产品批量、产品品种都无关。

②作业中心(Activity Center),是相关作业的集合。多个作业归入作业中心,它提供有关每项作业的成本信息、每项作业所耗资源的信息以及作业执行情况的信息。

③作业链与价值链。根据作业成本法的思想,企业的各种作业之间存在着逻辑联系,某些后续作业或产品是先行作业的"顾客",形成"作业链"(Activity Chain)。现代企业实际上是一个为了最终满足顾客需要而设计的一系列作业活动实体的组合,所以企业就是作业链。同时,每一步作业都要消耗一定的资源,因而作业的产出要代表一定的价值并转移到下一步作业或最终产品上,作业链也就表现为"价值链"(Value Chain)。实际上,"作业链"和"价值链"是一个事物的两方面。不同的是,"作业链"从实物的角度考虑作业是否有存在的必要性,而"价值链"从增值或不增值的角度考虑作业是否有存在的必要性。

(2)与成本相关的概念

①成本库(Activity Cost Pool),相同性质的成本归为一类构成成本库,如维修车间、检验车间各自对应一个成本库。

②成本动因(Cost Driver),又译作成本驱动因素,是导致成本发生和增加,具

有相同性质的某一类重要的事项,是对作业的量化表现。要将制造费用分配到各产品中,必须恰当识别成本动因。根据成本动因在资源流动中所处不同位置可将其分为资源动因和作业动因。

a.资源动因(Resources Driver),是衡量资源消耗量与作业之间关系的计量标准,反映资源消耗的原因,是将资源成本分配到作业中去的依据。

b.作业动因(Activity Driver),是作业产生的原因,是将作业成本库中的成本分配到产出的依据,也是衡量资源消耗与最终产出的依据。

③成本库分配率(Predetermined Rate),即某一成本库耗用的可归集的总成本,除以该成本库对应的总作业量。其意义和作用类似于制造成本法中的制造费用分配率。

2.作业成本法相关原理

(1)成本动因理论

成本动因理论是作业成本法的理论基础。企业的成本和价值不是孤立存在的,它们以作业为中介联系在一起。成本的发生是由消耗各种资源的作业引起的,而产品的成本取决于它们各自对作业的需求量(表6-7)。这表明了作业成本法与传统的成本计算方法最大的不同在于它不是以成本论成本,而是把着眼点放在成本发生的前因后果上,从而全方位追本求源,实现了成本计算与控制的结合。

表6-7　　　　　　　　　　四种作业类型和相关成本动因

种类	代表性作业	成本动因
单位水平作业	产品检查、生产动力	产品数量、机器工时
批次水平作业	设备调整、订单处理	订单数量
产品水平作业	编制产品生产流程	产品种类
维持性作业	建筑的维护	建筑面积

(2)作业成本法的基本思想

传统的成本计算方法以产品作为成本分配的对象,把单位产品耗用某种资源(如工时)占当期该类资源(工时)消耗总额的比例当成对所有的间接费用进行分配的比例。作业成本法认为这是不合理的,它认为成本分配的对象应该是作业,分配的依据应该是作业的耗用数量,即对每种作业都单独计算其分配率,从而把该作业的成本分配给每一种产品。

因此,作业成本法的基本思路是:作业耗用资源,产品耗用作业,生产导致作业的发生,作业导致成本的发生,作业导致间接费用或间接成本的发生。可见,作业成本的实质就是在资源耗费与产品耗费之间借助作业这一"桥梁"来分离、归纳和组合,然后形成各种产品成本。

6.2.2 作业成本法与传统成本法的比较

1.作业成本法与传统成本法的主要区别

成本计算是把成本对象所耗费的资源按一定标准归集和分配到成本对象中，从成本的角度反映价值形成的过程。这一过程涉及成本对象、成本归集和分配的标准、分配的步骤以及业绩评价尺度四个主要方面。作业成本法在上述四个方面都不同于传统成本法。

(1)作业成本法的成本对象为作业或作业中心，而传统成本体系则是以成本中心作为成本对象。

(2)作业成本法使用作业动因、资源动因追溯成本，并作为成本归集和分配的标准，而传统成本计算方法主要以直接人工、机器工作小时或产出量为依据对费用进行分摊。

(3)作业成本法作为实施作业管理的基础，不仅可用于计算已发生的成本，还可以用于进行前瞻性的预算，传统的成本计算方法则无法做到。

(4)作业成本法从传统的由资源到产品的二维空间扩展到由资源到作业再到产品的三维空间。作业成本法认为企业产品的形成是由一系列作业引起的，将作业分为增值作业和不增值作业两部分，以增加顾客价值为业绩评价目标，企业尽可能消除"不增值作业"，同时改进"增值作业"，强调事前、事中作业成本控制，减少资源的浪费。

2.作业成本法的优点和局限性

(1)作业成本法的优点

①有利于企业进行成本预测

作业成本法通过缩小制造费用的分配范围，由全厂统一分配改为由若干个"成本库"分别进行分配，从而使成本的归属性大大提高。因此，作业成本法所提供的成本信息能够促使管理人员重新设计整个价值链上的作业活动，更加准确而精细地进行成本预测。

②有利于企业进行成本控制

作业成本法认为企业产品的形成是由一系列作业引起的，相对传统成本计算方法更加强调成本的事前、事中控制。

③有利于企业提高经营决策水平

作业成本法可以广泛应用于生产决策、定价决策、长期投资决策，提供更准确、及时、相关的信息，提高生产决策模式和方法的有效性，便于确定产品生产范围、产品结构和产品价格，制定正确的零部件自制或外购决策等，进而为产品的价格决策提供正确的依据,帮助企业优化决策从而全面提高企业生产经营的整体经济效益。

④有利于企业进行成本考核

作业成本法按作业划定责任中心,按作业核算和分析费用的发生情况,不仅便于分清低效和浪费的原因,也易于确定责任人,为企业的业绩评价提供依据。在评价指标上,作业成本法在使用过程中产生了大量有助于业绩计量和考核的数据和信息。

此外,作业成本法除了保留了那些有用的财务指标外,还提供了许多非财务指标,如劳动生产率、产品质量、市场占有率、管理能力等,使作业成本管理有效地和职工的业绩考核相结合。

(2)作业成本法的局限性

①成本动因的确认和选择问题

成本动因是作业成本管理的核心内容,其确认是否合理,直接关系到作业成本管理的应用效果。但由于企业作业的多样性,作业成本的确认和作业动因的选择并不总是客观和可验证的。因此,成本动因的确认在某种程度上具有很大的主观随意性,想要找到比较客观确切又便于计算的成本动因相对来说比较困难。

②作业成本法的实施成本较高

为了提高作业成本法的精度,增大了成本核算的运算量,由此在成本动因的确认和选择上就存在着成本效益和计算精度矛盾的地方。因此,若要有效地发挥作业成本法的优势作用,企业必须相应地建立起一套信息处理和信息管理制度,同时还需要大量应用计算机技术,如计算机网络技术、作业成本管理专用软件等。这些基础性的工作都需要很大的资金投入。

另外,还有时间成本问题。采用作业成本法的企业一般需要三年多的时间才能完成整个企业成本核算体系的更新。

③作业成本法的实效性问题

作业成本法产生的基础是现代制造中普遍实行的适时制生产(JIT)和弹性制造系统(FMS)。但是,对现阶段的企业来说,首先,按需生产意味着小批量生产,而小批量生产只在生产准备成本很低时才是经济合算的。将小批量的成本计算也划分为若干个作业成本中心进行归集分配,显然是没有必要,甚至是一种人力资源的浪费。其次,在现实中,JIT制对零存货的追求是很难达到的,它受到产供销时间和地域上的限制。因此,在现实情况中,即使实行JIT制的企业仍有一定数量的存货存在。

④剩余生产能力问题

生产能力可分为实际生产能力、预算生产能力和已使用生产能力。通常情况下,预算生产能力低于实际生产能力,而已使用生产能力往往不等于预算生产能力,如图6-3所示。实际生产能力与已使用生产能力的差额就是剩余生产能力。

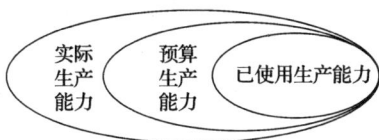

图 6-3　实际生产能力、预算生产能力和已使用生产能力的关系

　　尽管作业成本法将生产总成本分配于所有作业量中,但这样并没有消除传统成本计算法的致命弱点,即在生产能力固定的情况下,实际生产数量的不同会造成不同时间生产的产品负担不同的成本。因此,这两种做法都可能导致"市场需求下降—生产能力剩余—产品成本偏高—提高售价—市场需求不断下降"这样的恶性循环。

　　⑤作业成本法的适用性问题

　　作业成本法主要适用于制造费用比重较大,产品多样化且技术层次悬殊,生产经营的作业环节较多,各项生产运行数量相差很大并且生产准备成本昂贵,会计电算化程度较高的企业,这种情况下其能够很好地分离不同产品的成本。但是,如果在产品结构单一的企业,这种优势会大打折扣。在有些情况下,特别是在企业仅生产单一产品系列时,传统成本分配法更为适用。而且作业成本法需要不时地修改成本动因,特别是当企业目标的焦点转移时,或者引入新生产线或更新技术时,会加大成本计算的工作量和难度。

6.2.3　作业成本法的计算

1.作业成本法计算程序

　　作业成本法以作业消耗资源、产品消耗作业为基础,所以作业成本法计算的基本程序就是,先将各类资源分配到作业成本库,再把作业成本库所归集的成本分配给各类产品,具体如下:

　　(1)通过作业分析,确认作业、主要作业,划分作业中心

　　实施作业成本法,首先要对企业的生产经营全过程进行作业分析,确认作业、主要作业,然后依据主要作业合并同质的作业,建立作业中心。一个作业中心即生产程序的一部分,例如,检验中心就是一个作业中心。按照作业中心披露成本信息,便于管理当局控制作业、评估业绩。在确认作业和作业中心时要特别注意具有以下特征的作业:

　　①资源昂贵,占用大额资金的作业;

　　②产品之间的使用程度差异极大的作业;

　　③需求的形态与众不同的作业。

(2)将归集起来的投入成本或资源分配到每一个作业中心的成本库中

根据作业中心建立作业成本库,然后按作业中心归集费用,计算各个作业中心的作业成本。需要注意的是,建立作业成本库时,要保证库内所归集的成本是同质的,即可用共同的成本动因解释库内所归集成本的变动。成本库建立后,要将各类资源的价值耗费分配到各自的作业成本库中。这一步骤的分配工作反映了作业会计的基本规则是,资源的耗用量由作业量的多少决定,而与最终的产出量没有直接关系。这种资源耗用量与作业间的关系即资源动因(Resource Driver)。因此资源动因是第二步分配的基础与关键。例如,当检验部门作为一个作业中心,"检验小时"可作为一个资源动因,由此许多与检验有关的成本将会归集到消耗"检验小时"这项资源的作业中心中。

(3)将各个作业中心的成本分配给最终产出(产品、劳务等),计算产出的成本

这一步骤的分配工作反映的作业会计基本规则是,作业的耗用量由产出量的多少决定。这种作业消耗量与产出量之间的关系即作业动因(Activity Driver)。作业成本法计算过程如图6-4所示。

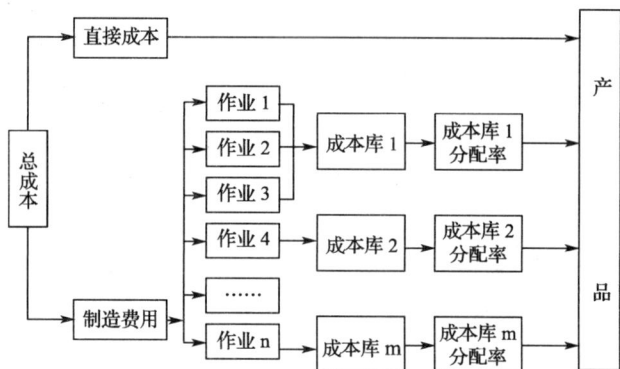

图 6-4　作业成本计算过程

2. 作业成本法应用举例

【例6】　某部门负责原材料及零配件的存货控制,该部门全年的总成本为5 000 000元,主要为人工成本。该部门共有员工120人,60人负责管理外购零配件,30人负责管理原材料,30人负责将原材料分配到车间。这三项作业的成本分配过程是:

(1)将该部门总成本(皆为间接人工费用)分配到各个作业中心。根据实际分析,资源动因是作业人数,以此为基础得出每个作业中心的成本如下:

人均成本＝5 000 000÷120＝41 666.67(元)

外购零配件的成本＝60×41 666.67＝2 500 000(元)

接收原材料作业的成本＝30×41 666.67＝1 250 000(元)

分配原材料作业的成本＝30×41 666.67＝1 250 000(元)

(2)将作业成本分配到产品中去。根据实际分析,这里的作业动因是发货和收货的次数,而不是货物的数量。已知,企业本年外购零配件250 000批,原材料100 000批,共生产了50 000批产品。计算单位作业成本如下:

外购零配件的单位作业成本＝2 500 000÷250 000＝10(元)

接收原材料的单位作业成本＝1 250 000÷100 000＝12.5(元)

分配原材料的单位作业成本＝1 250 000÷50 000＝25(元)

(3)已知企业今年生产A产品1 000件,全部A产品由10条生产线装配而成,耗用外购零配件200批,原材料50批。这样,A产品应分配的存货控制间接费用为

$$(10×200)+(50×12.5)+(25×10)＝2 875(元)$$

比较作业成本法与传统成本法两者计算的单件产品应负担的存货控制间接成本,看出两者之间的差别。

已知企业全年共耗工时4 000 000小时,其中A产品耗用10 000工时,则

A产品应分配的存货控制间接费用＝5 000 000÷4 000 000×10 000＝12 500(元)

单位A产品应负担的存货控制间接费用＝12 500÷1 000＝12.5(元)

以作业为基础的分配结果与以工时为基础的分配结果有较大的成本差异。这说明产量低、工艺复杂程度高的A产品所负担存货控制间接费用在传统成本制度下少计了很多。

【例7】 ACA公司生产两种产品A和B。每种产品由两种部件构成,其中A产品有部件1和部件2,B产品有部件3和部件4。两个生产车间(机器和装配)提供了5种服务功能:材料采购、材料处理、设备维修、质量控制和启动准备。产品A是一种标准化的产品,每年12个月都按大批量生产。产品B按客户订货的小批量单独生产。生产数据见表6-8。

表6-8   **生产数据表**   单位:件、小时

项目	产品A	产品B
零部件	零部件1和零部件2	零部件3和零部件4
生产量	1 500 000	1 000
直接人工小时:机器	2 500 000	3 000
直接人工小时:装配	750 000	1 000

(1)按作业成本法归集制造费用到作业中心的成本库(单位:千元)

材料处理　75

材料采购　100

启动准备　7 500

设备维修　12 500

质量控制　15 000

(假设:此分析代表了以相对同质作业为基础的成本归集组别)

(2)部件的年作业动因量见表6-9。

表6-9　　　　　　　　　　作业动因量表

作业	作业动因	部件1	部件2	部件3	部件4
材料处理	材料移动(次)	900	800	50	60
材料采购	订单数量	100	150	10	20
启动准备	准备次数	60	60	150	150
设备维修	维修小时	3 500	2 500	500	400
质量控制	质检数量	1 800	1 800	120	50

作业相对消耗量(作业动因量)见表6-10。

表6-10　　　　　　　　　　作业相对消耗量表

	产品 A	产品 B
材料处理	93.92%	6.08%
材料采购	89.29%	10.71%
启动准备	28.57%	71.43%
设备维修	86.96%	13.04%
质量控制	99.53%	0.47%

应用了作业成本法,制造费用将按上述成本动因的比例,在两产品间分配。在传统成本计算法下,每种产品在两个车间的作业成本按直接工时比例分配,其结果与作业动因加权的分配相差很大,见表6-11。

表6-11　　　　　　　　　　制造费用分配表

	分配依据	部件1	部件2	部件3	部件4
机器车间	直接工时	750 000	1 750 000	1 000	2 000
装配车间	直接工时	250 000	500 000	300	700

直接人工相对消耗量见表6-12。

表 6-12   **直接人工相对消耗量表**

	产品 A	产品 B
机器车间	99.88%	0.12%
装配车间	99.87%	0.13%

(3)结果对比

下列的汇总比较,显示了两种成本计算方法差异的全部内涵。

①传统的制造费用成本计算

按工时分配制造费用,机器车间分配率为

(2 500 000＋3 000 000)÷(2 500 000＋3 000 000＋750 000＋1 000 000)×
100%＝76%

按工时分配制造费用,装配部门分配率为

(750 000＋1 000 000)÷(2 500 000＋3 000 000＋750 000＋1 000 000)×
100%＝24%

制造费用在生产部门的分配见表 6-13。

表 6-13   **制造费用在生产部门分配表**   单位:千元

部门	材料处理	材料采购	启动准备	设备维修	质量控制	合计	机器车间	装配车间
金额	75	100	7 500	12 500	15 000	35 175	27 084.75	8 090.25

各部门制造费用分配率的计算见表 6-14。

表 6-14   **制造费用分配率计算表**

	单位	机器部门	装配部门
生产制造费用	千元	27 084.75	8 090.25
直接人工小时	千小时	2 503	751
制造费用分配率	元/小时	10.82	10.77

产品成本计算见表 6-15。

表 6-15   **产品成本计算表**

	产品 A	产品 B
机器部门(千元)	27 051.76	32.99
装配部门(千元)	8 079	11.25
生产制造费用总计(千元)	35 130.76	44.24
生产数量(千件)	1 500	1
每单位产品的制造费用(元)	23.42	44.24

注:由于计算时分数的存在,无法计算精确,所以计算后将余数在两部门按 77%,23%比例分摊找平。

②作业成本法的产品成本计算

成本库分配率的计算见表6-16。

表6-16   成本库分配率计算表   单位:千元

作业	年费用	年作业动因量	成本库分配率(‰)
材料处理	75	1 810	41
材料采购	100	280	357
启动准备	7 500	420	17 857
设备维修	12 500	6 900	1 811
质量控制	15 000	36 170	414.7

按成本库分配率分配成本见表6-17。

表6-17   成本分配表   单位:千元

	材料处理	材料采购	启动准备	设备维修	质量控制
部件1					
作业动因消耗	900	100	60	3 500	18 000
成本库分配率(‰)	41	357	17 857	1 812	414.7
总成本	36.9	35.7	1 071.41	6 342	7 464.6
部件2					
作业动因消耗	800	150	60	2 500	18 000
成本库分配率(‰)	41	357	17 857	1 812	414.7
总成本	32.8	53.55	1 071.42	4 530	7 464.6
部件3					
作业动因消耗	50	10	150	500	120
成本库分配率(‰)	41	357	17 857	1 812	414.7
总成本	2	3.57	2 678.55	906	49.764
部件4					
作业动因消耗	60	20	150	400	50
成本库分配率(‰)	41	357	17 857	1 812	414.7
总成本	2.46	7	2 678.55	724.8	20.74

产品成本计算见表6-18。

表6-18   产品成本计算表

	产品 A		产品 B	
	部件1	部件2	部件3	部件4
生产制造费用(千元)	14 950.01	13 151.76	3 639.77	3 433.46
合计	28 101.77		7 073.23	
生产数量(件)	1 500 000		1 000	
单位成本(元)	0.018 7		7.073	

作业成本法和传统成本法单位成本归集的对比见表 6-19。

表 6-19　　　　　　　　两种方法单位成本归集对比表　　　　　　单位:元

	产品 A	产品 B
传统成本法	23.42	44.24
作业成本法	0.018 7	7.073

可见,作业成本法和传统成本法在分配制造费用时,采用不同的分配率所计算出的结果差异非常大,由此不难看出作业成本法在成本计算上的优势。

▌复习思考题▐

1. 制造成本法与变动成本法的区别是什么?

2. 简述变动成本法的优缺点。

3. 作业成本法与传统成本法的主要区别是什么?

4. 简述作业成本法的计算程序。

第7章

各类型企业成本核算方法

7.1 商品流通企业成本核算

7.1.1 商品流通企业成本核算的特点

商品流通企业(Merchandise Business)是指从事商品流通的独立核算的经济单位,包括商业、粮食、物资供销、对外贸易、医药、石油、烟草商业、图书发行等企业。商品流通企业是商品生产与商品消费的中间环节,也是商品从生产领域向消费领域转化的纽带。

商品流通企业成本费用的核算是指对商品流通企业费用的归集和分配,与工业企业相比,其成本主要是指商品成本和其他业务成本。商品成本分为商品采购成本、商品存货成本、商品加工成本和商品销售成本。

商品流通企业不同于制造企业,最大区别在于其没有产品生产过程,因此也就不存在生产资金的耗费过程。商品流通企业的基本经济活动是商品的购进和销售,为此要发生商品的进价成本和销售成本。同时,商品流通企业在经营活动中,还会发生销售费用、管理费用和财务费用,这些费用统称为商品流通费用。

1.以商品的购、存、销为成本核算对象

商品流通企业的商品流转表现为购、存、销三个阶段。商品流通企业因其业务需要必须首先购进商品,按购进价格支付采购成本。为了取得销售收入,实现经营利润,必须支付销售成本。同时,在采购商品的过程中还要支付采购费用。为了保证商品销售活动能够持续不断地、正常地进行下去,商品流通企业还需要储存一定数量的商品,发生储存费用。在销售过程中,还要发生销售费用。这些在采购、储存、销售阶段所发生的各种费用,统称为销售费用。此外,商品流通企业的行政管理部门为了组织和管理经营活动,还会发生管理费用;为了筹集经营活动所需的资金,还要支付财务费用。上述商品流通企业发生的销售费用、管理费用、财务费用,统称为商品流通费用。基于以上几点,商品流通企业的成本核算通常包括商品采购成本、商品销售成本和商品流通费用的核算。

2. 以会计期间为成本计算期

为了便于按期计算损益,也为了便于分期编制计划和进行考核,商品流通企业一般以会计期间为时间界限,分期结算经营商品的成本。具体说就是商品流通企业一般按月、季、年计算商品经营成本。

3. 库存商品存在多种核算方法

商品流通企业库存商品的核算方法可以分为数量金额核算法和金额核算法两种。数量金额核算法要求同时以实物指标和价值指标核算库存商品的增减变动及结存情况;金额核算法只要求以价值指标核算库存商品的增减变动及结存情况。商品的价值指标可进一步分为进价和售价两种。因此,库存商品的核算方法具体分为以下四种:

(1)数量进价金额核算法

数量进价金额核算法按实物指标和商品进价成本核算库存商品。库存商品设置的总账和明细分类账按商品进价成本记录,而且库存商品明细分类账按商品名称、规格、编号分户,设置数量金额式明细账记录库存商品增减变动及结存的数量和金额。这种方法主要适用于批发企业。

(2)数量售价金额核算法

数量售价金额核算法按实物指标和商品售价成本核算库存商品。库存商品设置的总账和明细分类账按商品售价记录,其账户的设置同数量进价金额核算法基本相同。由于库存商品按商品售价记录,为了提供该商品的进价成本,应该将售价高于商品进价的差额单独设置"商品进销差价"账户进行核算。这种方法主要适用于基层批发企业和贵重商品的零售商。

(3)进价金额核算法

进价金额核算法按商品的进价核算库存商品。库存商品除设置总账核算外,还应按柜台班组进行明细核算,不记录商品的数量。商品销售以后不结转销售成本,期末通过实地盘点倒算销售成本。这种方法主要适用于零售企业的鲜活商品。

(4)售价金额核算法

售价金额核算法按商品售价核算库存商品。库存商品除设置总账核算外,还应按柜台班组进行明细核算。由于库存商品按商品售价核算,为了反映库存商品的进价成本,应该将售价高于进价的差额单独设置"商品进销差价"账户进行核算。这种方法主要适用于零售企业。

7.1.2 商品成本的核算

1.商品采购成本

(1)商品采购成本的构成

外购存货的采购成本,一般包括进货价格、相关税费、运输费用、装卸费、保险费以及其他可归属于采购成本的费用。其中,进货价格是指所购商品发票账单列明的价款,但不包括按规定可以抵扣的增值税税额;相关税费是指进口关税以及购买、自制或委托加工商品发生的消费税、资源税和不能从增值税销项税额中抵扣的进项税额;其他可归属于采购成本的费用是指商品采购过程中发生的除上述各项费用以外的仓储费、包装费、运输途中的合理损耗、大宗物资的市内运杂费、入库前的挑选整理费用等可直接归属于存货采购成本的费用。

存货在运输途中发生短缺,属于过失人造成的损失,应向过失人索取赔偿,不计入采购成本;属于自然灾害造成的非常损失,应将扣除保险赔款和可收回残值后的净损失,计入营业外支出;属于无法查明原因的途中损耗,应先作为待处理财产损益核算,待查明原因后再作处理。此外,市内零星货物运杂费、采购人员的差旅费、采购机构的经费等,一般都不应当包括在存货的采购成本中。

商品流通企业在采购商品过程中发生的运输费、装卸费、保险费以及其他可归属于采购成本的费用等进货费用有以下三种处理方法:①计入商品采购成本。②先进行归集,期末根据所购商品的存销情况进行分摊。对于已销售商品的进货费用,计入当期损益,对于未销售商品的进货费用,计入期末存货成本。③进货费用金额较小时,在发生时直接计入当期损益。

(2)商品采购成本核算的账户设置

①"在途物资"账户。"在途物资"账户是资产类账户,用来核算企业购入商品的采购成本。企业购进的各种商品不论是否进入本企业仓库,只要是通过本企业结算货款的,都应通过该账户进行核算。该账户借方登记按进价计算的商品采购成本;贷方登记按进价计算的已验收入库的商品采购成本,期末如有借方余额,反映企业已采购但尚未验收入库的在途商品的采购成本。在会计核算上,应以支付货款和收到商品的时间作为核算购进入账时间。

②"库存商品"账户。"库存商品"账户是资产类账户,用来核算企业全部自有库存商品的成本。包括存放在仓库、门市部和存放在外库的商品及委托其他单位代管、代销的商品,以及陈列展览的商品等。该账户借方登记商品的购进、调入、盘盈等;贷方登记商品的销售、调出、盘亏等,期末如有借方余额,反映企业库存商品

金额。由于库存商品既可以按进价核算也可以按售价核算,所以在具体应用该账户时应依照企业的计价方式核算。即如果企业实行进价核算法核算,则在该账户中应按商品的进价计价登记;如果企业按售价核算法核算,则在该账户中应按商品的售价计价登记。

③"商品进销差价"账户。"商品进销差价"账户是资产类账户,也是"库存商品"账户的抵减账户。该账户贷方登记售价大于进价的差额,以及商品因调价和商品溢价增值等因素增加的差额;借方登记售价小于进价的差额,销售商品已实现的差价以及商品短缺和调价减值等因素转销的差额,期末余额反映企业实际"库存商品"的进销差价。

④"销售费用"、"管理费用"、"财务费用"账户。"销售费用"、"管理费用"、"财务费用"账户都属于损益类账户(详细内容见"商品流通费")。

(3)商品采购成本的核算

①批发企业商品采购的核算。批发企业主要采用数量进价金额法核算采购成本。为反映企业购进商品的采购成本,应设置"在途物资"账户,企业为销售而购入的各种商品,都应通过该账户核算。在批发企业中,当采购商品支付货款或开出承兑汇票时,应根据发票等有关凭证,按照商品进价,借记"在途物资"账户,贷记"银行存款"或"应付票据"等账户;商品验收入库后,借记"库存商品"账户,贷记"在途物资"账户。

②零售企业商品采购的核算。零售是商品流通的最后环节,零售企业对库存商品主要采用售价金额法核算采购成本。即库存商品明细账的金额按售价进行记录,而且只记金额,不记数量,为了加强对商品的实物管理,应该建立相应的实物负责制。商品零售企业购进商品时,应由实物负责人根据供货单位提供的发货单据验收商品货物,并填制收货凭证"零售商品验收单",单中不仅要填列商品的品名、规格和进价,还应填明商品的售价和进销差价。

为反映企业购进商品的采购成本以及库存商品的收入、发出、结存情况,应设置"在途物资"、"库存商品"、"商品进销差价"等账户。企业为销售而购入的各种商品,都应通过"在途物资"账户核算,"库存商品"账户按售价登记,商品的进销差价在"商品进销差价"账户中登记。

2. 商品销售成本

(1)商品销售成本的内容

商品销售成本包括已销产品的进价成本和商品削价准备两部分内容。

对不同类型的商品流通企业,已销商品的进价成本,可根据实际情况选用适当的方法进行计算并确定。商品削价准备是按期末库存商品的一定比率计提的,它也是商品销售成本的组成部分。

(2)商品销售成本的核算

①批发企业销售成本的核算。批发企业库存商品的核算一般采用进价核算法。在这种方法下,库存商品需按商品品名、规格分户核算,分别反映商品增减变动及结存的数量和进价金额。

商品销售成本和期末存货成本是一个问题的两个方面。可以先确定商品销售成本再确定期末存货成本,这是销售成本顺算法;也可以先确定期末存货成本再确定商品销售成本,这是销售成本倒算法。

销售成本顺算法的计算公式如下:

$$商品销售成本=商品销售数量×单位进价成本$$
$$期末商品存货成本=期初商品存货成本+本期购进商品成本-本期销售成本$$
$$=期末库存数量×单位进价成本$$

销售成本倒算法的计算公式如下:

$$期末商品存货成本=期末库存商品数量×单位进价成本$$
$$商品销售成本=期初商品存货成本+本期购进商品成本-期末商品存货成本$$

由于进货渠道、交货方式的不同,各批商品进货单价不完全相同,因此在确定结存商品的进价成本和销售商品的销售成本时,关键在于进货单价的确认。确认进货单价的方法不同,便形成了不同的计算商品销售成本的方法。常用的有个别计价法、先进先出法、加权平均法、移动加权平均法、毛利率法等。批发企业应根据其自身经营特点和管理要求选择适当的计价方法计算商品销售成本。

期末结转销售成本时,借记"主营业务成本"账户,贷记"库存商品"账户。

②零售企业销售成本的核算。零售企业库存商品的核算,一般采用售价核算法。在这种方法下,库存商品账上反映的是商品的销售金额,商品销售后,将销售金额结转商品销售成本。按此处理方法,商品销售成本中包含了已实现的商品销售毛利,即商品进销差价,每月月末应将已实现的商品进销差价,从售价成本中转出,以便使"主营业务成本"账面反映已销商品的进价成本。所以,零售企业的成本核算,实际上就是对已销商品进销差价的计算。

a.已销商品进销差价的计算

零售企业确定已销商品进销差价的计算方法主要有两种:进销差价率法和实地盘存差价法。

进销差价率法,是一种按商品的存销比例分摊商品进销差价的方法。按计算进销差价率的范围不同,进销差价率法又可以分为综合进销差价率法和分类(分柜组)进销差价率法。综合进销差价率法是按企业全部商品计算,分类(分柜组)进销

差价率法是按各类(各柜组)商品分别计算。进销差价率的计算公式如下:

$$进销差价率=月末结账前"商品进销差价"账户余额÷(月末"库存商品"账户借方余额+本月"主营业务成本"账户借方发生额)$$

$$本月已销商品应分摊的进销差价=本月"主营业务成本"账户借方发生额×进销差价率$$

综合进销差价率法计算简便,但计算结果准确性较差,主要适用于经营商品进销差价大致相同的企业。分类(分柜组)进销差价率法由于计算范围较小,计算结果比综合进销差价率法准确,但计算分类(分柜组)进销差价率法工作量较大。主要适用于经营商品进销差价率差异较大的企业。

实地盘存差价法,是根据期末盘点结存商品的实际数计算出结存商品应保留的进销差价,再倒算出已售商品进销差价的一种方法。这种方法计算比较准确,但由于要查找各种商品原进价资料,并且要进行盘点,工作量较大。按现行会计制度规定,零售企业年终决算时,均应采用这种方法。

b.已销商品进销差价结转的核算

由于采用售价核算法,商品销售后是按售价结转商品销售成本的。为了将以售价记录的商品成本调整为进价成本,需将已销商品应分摊的进销差价冲减主营业务成本,编制如下会计分录:

借:商品进销差价

　贷:主营业务成本

3.商品流通费用

商品流通费用是商业企业在组织商品流通过程中所发生的各项费用支出,主要包括销售费用、管理费用和财务费用。商品流通费用是影响商业企业经营成果的重要因素。因此,降低流通费用对提高企业经济效益、增加积累,具有十分重要的意义。

(1)销售费用是指商品流通企业在组织购、销、存等经营活动过程中所发生的各种支出。主要包括由企业负担的运输费、装卸费、整理费、包装费、保险费、展览费、保管费、检验费、手续费、广告费、商品损耗、差旅费、经营人员的薪酬等。

(2)管理费用是指商品流通企业行政管理部门为管理和组织商业经营活动而发生的各项支出。包括商业企业行政管理人员的薪酬、劳动保险费、业务招待费、办公费、取暖费、董事会费、工会经费、职工教育经费、租赁费、咨询费、诉讼费、商标注册费、技术转让费、低值易耗品摊销、折旧费、无形资产摊销、长期待摊费用摊销、上交上级管理费、审计费、修理费、土地使用费、房产税、车船使用税、职工待业保险费、坏账准备金、差旅费、会议费等。

(3)财务费用是指商品流通企业为筹集和使用业务经营所需资金等所发生的各项支出。包括企业经营期间发生的各项借款利息支出和支付给金融机构的手续费等。

上述费用项目,都是因商业企业的经营活动和管理活动而发生的,不应计入企业的经营成本,而是作为期间费用在其发生的会计期间全部计入当期损益,直接从利润表的销售利润项目中减去,从而确定企业在一定会计期间所获得的利润。

7.2 运输企业成本核算

7.2.1 运输企业的特点

运输企业(Transportation Business)是从事旅客和货物运输的生产组织。按运输方式可将运输企业分为铁路、公路、航空运输、管道运输及与之配套的机场、港口、外轮代理、理货等各种运输企业。运输企业的生产经营活动是通过使用运输工具、机器设备等劳动工具,使旅客和货物等发生空间、位置的转移和变化。交通运输企业营运业务较多,概括起来可以分为以下几类:

(1)运输业务。包括经营铁路、公路、水路、航空等旅客和货物的运输,这是交通运输企业主要的经营内容。按运输对象的不同可以将运输业务分为旅客运输、货物运输和客货综合运输业务等。

(2)装卸业务。指运输企业所进行的货物装卸、联运货物换装、运输工具之间的货物倒载等业务。

(3)堆存业务。指运输企业利用仓库、场地等经营货物的堆放、存取业务。

(4)代理业务。指运输企业经营的各种代理业务,包括运输企业相互之间的代理业务承揽、售票业务,还包括外轮代理公司为外方代理的供应、服务、理货等业务。

(5)港务管理业务。指海河港口企业经营的港口管理、港务监督以及船舶检查等业务。

(6)通用航空业务。指航空企业从事的航空摄影、航空探矿、航空天气改良以及航空护林护农业务。

(7)机场服务业务。指航空企业为客户提供服务等业务。

(8)其他业务。指运输企业经营上述业务以外的所有业务,包括客运企业提供的旅客服务、固定资产(如车辆)出租、材料销售、车船修理、技术转让等业务。

交通运输企业具有物质生产的特征,这使得它成为一个独立的物质生产部门,但运输企业又有着与其他企业不同的一面,这又使得它与其他部门区分开来。运

输企业的营运过程与工业企业的经营过程相比,有以下特点:

(1)运输企业的营运过程具有流动性、分散性。运输企业的生产地点流动分散,往往出现跨地区、跨省甚至跨国的经营形态。

(2)运输企业在生产经营过程中不产生新的实物形态。它只是以改变劳动对象的位置为目的,并不改变劳动对象的属性和形态。

(3)运输企业的营运过程只消耗劳动工具(如运输工具和设备)和人工,不消耗劳动对象。运输企业的劳动对象是旅客和货物,运输生产过程中不允许对其发生消耗。

(4)运输企业的生产和销售同时进行。运输企业的营运过程同时也是销售过程,而且往往销售收入先收到,而营运过程发生于其后。

(5)各种运输方式之间替代性较强。铁路、公路、水路、航空等各种运输方式虽各有特点和优势,但存在着明显的替代性。

7.2.2　运输企业的成本构成

运输企业的成本费用按其用途和性质的不同,可以分为营运成本、管理费用和财务费用。其中管理费用和财务费用的构成与工业企业中这两项费用的构成大致相同。

运输企业的营运成本是运输企业营运过程中实际发生的与运输、装卸、堆存、代理、港口管理、航空、机物管理和其他业务支出等营运业务有关的各项费用支出。营运成本的构成包括:

(1)企业在营运生产过程中实际消耗的各种燃料、材料、备品配件、轮胎、专用工具、运输照明以及低值易耗品等物质性支出;

(2)企业直接从事营运工作人员的工资、福利费、奖金、津贴和补贴等工资及福利性支出;

(3)企业在营运生产过程中发生的固定资产折旧费、修理费、租赁费、取暖费、水电费、办公费、差旅费、保险费、劳动保护费以及事故净损失等支出。

另外,铁路运输企业营运成本还包括铁路灾害防治费、铁路线路绿化费、铁路护路护桥费、乘客紧急救援费等营运性支出。

公路运输企业营运成本还包括车辆牌照检验费、车辆清洗费、养路费、公路运输管理费、过路费、过桥费以及其他过路费用等营运性支出。

水路运输企业营运成本还包括引水费、港务费、拖轮费、停泊费、代理费、理货费、开关舱费、清洗舱费、翻舱费、转口费、倒载费等港口使用费、集装箱费用、破冰费、速遣费、航道养护费、水路运输管理费、船舶检验费、灯塔费、旅客接送费以及航行国外发生的吨税、过境税、运河税等营运性支出。

航空运输企业营运成本还包括飞行训练费、乘客紧急救护费等支出。

营运成本的构成,按其与成本核算对象的关系,分为营运直接费用和营运间接费用。营运直接费用是指经营个性业务直接发生的,能直接计入各成本核算对象的费用。营运间接费用是指营运过程发生的,不能直接计入各成本核算对象的各种间接费用,但不包括企业管理部门的管理费用。

7.2.3 运输企业的成本核算对象

运输企业的成本核算对象可以分为三类:

(1)以营运企业的各类营运业务作为成本核算对象。运输企业经营的运输业务、装卸业务、堆存业务、代理业务、港务管理业务、通用航空业务以及机场服务业务等主营业务,都可以作为成本核算对象。如果有必要,可以进一步将这些业务的构成项目作为成本核算对象。例如,运输业务的成本计算对象可以划分为客运业务、货运业务和综合运输业务等。

(2)以营运工具作为成本核算对象。运输企业可以根据管理的需要,将营运工具作为成本计算对象,包括运输工具的类型(如大型车组、集装箱车辆、煤船、油船等)和运输工具的单体(单车、单机、单船)等的营运情况。

(3)以营运工具的运营情况作为成本核算对象。包括将运输线路(如船线、航线)和运输航次等作为成本核算对象。

运输企业在营运过程中计算营运业务的单位通常为周转量,即按照业务量和相关指标计算的工作量。运输企业的工作量由于运输距离、运输种类的不同,无法简单相加,需要综合考虑运输数量、运输距离等因素。各运输业务的成本计算单位如下:

(1)运输业务成本计算单位。铁路、公路、内河运输、航空运输业务成本计算单位为人公里(客运)、吨公里(货运)和换算吨公里(客货综合运输)。计算公式为

$$人公里＝运输人数×运输路程(公里)$$
$$吨公里＝运输重量×运输路程(公里)$$

换算吨公里是在客货综合运输业务中将客运量折算成货运量后计算的运输周转量。计算公式为

$$换算吨公里＝[货运量(吨)＋客运量(人)×换算率]×运输路程(公里)$$
$$＝吨公里＋人公里×换算率$$

其中换算率是人公里与吨公里所消耗劳动量的比率,即人公里折算成吨公里的比率。换算率一般参照运输成本来确定。

　　海洋运输业务成本计算单位为人海里、吨海里和换算吨海里。其计算方法与上述铁路、公路、航空等运输单位大致相同,此处不再叙述。

　　在实际应用中,由于运输量一般较大,上述计算单位一般用"千"位表示,如千人公里、千吨公里、千人海里等。

　　(2)装卸业务成本计算单位。装卸业务成本计算单位为堆存工作量,用"吨天"表示,即

$$吨天＝堆存量(吨)×堆存天数$$

　　运输企业的成本计算期一般采用日历制,按月计算成本。远洋运输由于一次运输周期较长,如果以航次作为成本核算对象,应该按"航次时间"计算成本。航次时间一般按单程航次计算,单程空航时,按往复航次计算。

7.2.4　运输企业营运成本的构成及账户设置

　　按照规定,运输企业在营运生产过程中实际发生的与运输、装卸和其他业务有关的各项费用可计入营运成本,具体包括以下方面:

　　(1)企业在营运生产过程中实际发生的各种燃料、材料、油料、备品配件、航空高价周转件、轮胎、专用工器具、动力照明、低值易耗品等物质性支出。

　　(2)企业直接从事生产人员的工资、福利费、奖金、津贴、补贴等工资及福利性支出以及其他与为获得职工提供的服务相关的支出。

　　(3)企业在营运生产过程中实际发生的固定资产折旧费、修理费、租赁费(不包括融资租赁费)、取暖费、水电费、办公费、保险费、劳动保护费、季节性或修理期间的停工损失、事故净损失等支出。

　　为了全面反映和监督运输企业经营过程的资金耗费,应设置以下科目进行成本核算。

　　(1)"运输支出"科目。用于核算沿海、内河、远洋和汽车运输企业经营旅客、货物运输业务所发生的各项费用支出。

　　(2)"装卸支出"科目。用于核算海、河港口企业和汽车运输企业由于经营装卸业务所发生的费用。

　　(3)"堆存支出"科目。用于核算企业因经营仓库和堆场业务所发生的费用。

　　(4)"代理业务支出"科目。用于核算企业经营各种代理业务所发生的各种费用。

　　(5)"港务管理支出"科目。用于核算海、河港口企业所发生的各项港务管理支出。

　　(6)"其他业务支出"科目。用于核算企业除营运业务外的其他业务发生的各项支出。

(7)"辅助营运费用"科目。用于核算运输、港口企业辅助船舶费用,以及企业辅助生产部门为生产产品和提供劳务所发生的辅助生产费用。

(8)"营运间接费用"科目。用于核算企业营运过程中发生的不能直接计入成本核算对象的各种间接费用(不包括企业管理部门的管理费用)。

(9)"船舶固定费用"科目。用于核算计算航次成本的海洋运输企业为保持船舶适航状态所发生的费用(不包括海洋运输船舶的航次运行费用)。

(10)"船舶维护费用"科目。用于核算有封冰、枯水等非通行期的内河运输企业所发生的应由通行期负担的船舶维护费用。

(11)"集装箱固定费用"科目。用于核算运输企业所发生的集装箱固定费用,包括集装箱的保管费、折旧费、修理费、保险费、租费、底盘车费以及其他费用。

7.2.5　运输企业成本核算的程序

运输企业成本核算是对交通运输企业成本费用的归集和分配,其成本核算对象是旅客和货物的周转量,以及成本构成中没有形成产品实体的原材料和主要材料。

运输企业的核算程序与工业企业的成本核算程序基本相同,其程序为:

(1)确定成本计算对象;

(2)按运输业务的类别设置各类业务的支出账户,汇集各类业务的成本。各业务支出账户按业务的具体内容、运输工具等设置明细账户,汇总各具体业务的项目或运输工具的成本;

(3)审核汇总原始凭证;

(4)登记总账和明细账;

(5)计算总成本和单位成本。

7.3　房地产开发企业成本核算

7.3.1　房地产开发企业的特点

房地产即不动产,一般是指土地、土地上的永久性建筑物和由它们衍生的各种物权。房地产开发企业就是专门从事不动产开发经营的企业。

房地产开发是改革开放以来我国新兴的一种产业。房地产开发企业的主要业务包括土地开发、房屋开发以及相应的配套设施开发和代建工程开发等。房地产开发企业主要有以下特点:

1. 资金来源的多样性

房地产开发企业所需的资金不是由国家财政拨付或各级财政支出的,而是由企业自行筹集取得的。集资开发是我国房地产开发的一个显著特点,企业筹资的形式和渠道主要有预收购房订金和建设资金、预售代建工程款、土地开发与商品房贷款、发行债券或股票以及与其他单位联合开发收取其他单位投资等。

2. 开发经营的政策性强

由于建筑产品本身的特殊性以及与人们"住"的直接联系,房地产业已成为我国的支柱产业之一。国家为了有效控制其建设规模,房地产市场管理必须运用计划、行政、法律等手段来加强对房地产行业的监督,从而使房地产行业成为受我国经济政策影响极大的产业。因此,房地产开发企业的开发经营活动只能在国家现行政策允许的范围内进行,并注意充分研究经济政策的动向。

3. 开发建设的周期长

土地和房屋等开发产品与一般工业产品的生产不同,从规划设计、征地拆迁、组织施工到建成后销售或交付使用,规模小的要花一二年,中等的要花三四年,大型的则需要更长的时间。

4. 投资金额大

由于建筑产品本身造价较高,资金在开发过程中停留时间长,加上其他开发经营费用,从事房地产开发所需资金就特别多。因此,进行房地产开发有时风险是很大的,一定要做好技术、经济等方面的可行性研究。

5. 开发经营业务多元化

房地产开发企业按市场的需求开发各种产品,有的自行销售,有的转让、出租,有的自营等。一部分房地产开发企业同时也从事商品房售后的物业管理甚至涉及其他行业领域,从事多元化经营。

7.3.2　房地产开发企业的成本构成和账户设置

1. 房地产开发企业的成本构成

房地产开发企业的基本经济活动是开发、经营商品房等建筑产品,建筑产品的开发建设过程是房地产开发企业经营活动的中心环节。房地产开发企业成本、费用的核算,就是对这些产品成本和费用支出的核算。房地产开发企业的开发产品成本,按其开发项目种类可分为土地开发成本、房屋开发成本、配套设施开发成本和代建工程开发成本四类。对于这四类开发产品成本,在核算上将其分为如下六个成本项目:土地征用及拆迁补偿费、前期工程费、建筑安装工程费、基础设施费、公共配套设施费和开发间接费用。

2.房地产开发企业成本核算账户设置

(1)"开发成本"账户

"开发成本"账户核算房地产开发企业的开发成本,根据开发项目的类别可以设置"开发成本——土地开发"、"开发成本——房屋开发"、"开发成本——配套设施开发"和"开发成本——代建工程开发"等明细账。发生开发直接成本时,借记本账户,贷记"银行存款"、"原材料"、"应付职工薪酬"等相关账户;分配开发间接费用时,借记本账户,贷记"开发间接费用"账户;开发项目完工时,结转开发成本,借记"开发产品"账户,贷记本账户。期末余额在借方,表示正在开发尚未完工的开发项目的开发成本。

(2)"开发间接费用"账户

"开发间接费用"账户核算房地产开发企业进行项目开发时发生的间接费用。发生间接费用时,借记本账户,贷记"银行存款"等相关账户;分配间接费用时,借记"开发成本"账户,贷记本账户。该账户期末一般没有余额。

(3)"开发产品"账户

"开发产品"账户核算房地产开发企业开发项目的完工实际成本。当房地产开发企业项目开发完工时,借记本账户,贷记"开发成本"账户。该账户根据开发项目的类别分别设置"开发产品——土地"、"开发产品——房屋"、"开发产品——配套设施"和"开发产品——代建工程"等明细账。

7.3.3　房地产开发企业的成本核算

1.土地开发成本的核算

土地开发是房地产企业的主要业务之一,其开发的产品为建设场地。城市用于建设的土地由政府土地管理部门统一审批、统一征用和统一管理,由房地产开发企业进行土地开发。土地开发的目的与用途有两个:一是为销售或有偿转让而开发商品性建设场地;二是直接为本企业兴建商品房和其他经营性房屋而开发自用建设场地。土地开发的直接费用,如土地征用及拆迁补偿费、前期工程费、基础设施费等,在费用发生时,根据有关凭证直接记入"开发成本——土地开发"账户的借方,发生的开发间接费用先记入"开发间接费用"账户,期末再按一定标准分配结转应由土地开发成本负担的开发间接费用。

2.配套设施开发成本的核算

房地产开发企业开发的配套设施可以分为两类:一类是开发小区内不能有偿转让的公共配套设施,如居委会、派出所、幼儿园、消防设施、锅炉房、水塔、自行车棚、公厕等。另一类是开发能有偿转让的城市规划中规定的大型配套设施项目,包括小区内营利性公共配套设施,如商店、银行、邮局等;小区内非营利性配套设施,如中小学、文化站、医院等;为居民服务的给排水、供电、供气的增容增压设施以及交通道路等。属于配套设施开发成本核算的公共配套设施工程包括两部分:一是开发小区内不能有偿转让,应计入开发项目成本,但是由于不能与受益开发项目同步建设或虽可同步建设,但有两个或两个以上受益对象的公共配套设施工程;二是能有偿转让的公共配套设施工程。配套设施工程费发生时,借记"开发成本——配套设施开发"账户,贷记有关账户。工程项目完工后,第一部分配套设施完工的开发成本应按一定的标准进行分配结转,借记"开发成本——房屋开发"账户,贷记"开发成本——配套设施开发"账户;第二部分配套设施工程的开发成本应转入开发产品,借记"开发产品——配套设施"账户,贷记"开发成本——配套设施开发"账户。期末,"开发成本——配套设施开发"账户的余额表示正在开发的配套设施的成本。

3. 房屋开发成本的核算

房地产开发企业的主要经济业务是房屋开发和建设。房屋开发的目的与用途主要有以下几个方面:一是为对外销售而开发的商品房;二是为出租经营而开发的经营房;三是为安置拆迁居民周转使用而开发的周转房;四是受其他单位委托,代为开发建设的代建房。

尽管开发的这些房屋用途不同,但其开发建设的特点和费用支出的内容及费用性质都大致相同,其开发的成本均应在"开发成本——房屋开发"明细账中核算。企业在开发房屋过程中发生的土地征用及拆迁补偿费、前期工程费、基础设施费,凡能分清成本核算对象的,应直接计入该房屋成本核算对象的"土地征用及拆迁补偿费"、"前期工程费"、"基础设施费"成本项目。如果费用发生时分不清成本核算对象或由两个或两个以上成本核算对象负担的,应先通过"开发成本——土地开发"账户进行归集,待土地开发完成用于房屋建设时,再采用一定的分配方法结转记入"开发成本——房屋开发"账户。

企业在房屋建设过程中进行的建筑安装工程,有的采用出包方式,有的采用自营方式。采用出包方式的企业,其建筑安装工程费用应根据承包企业提出的"工程价款结算单"所列工程价款,结算出承包工程款,记入"开发成本——房屋开发"账户的"建筑安装工程费"成本项目。采用自营方式的企业,即房地产开发企业组织自有的工程队进行施工的工程,发生的建筑安装工程费,一般可直接记入"开发成本——房屋开发"账户,但应是实际发生数,不得按预算价格入账。如果企业自行施工的工程比较大,可以设置"工程施工"和"施工间接费用"两个账户,核算和归集发生的建筑安装工程费,定期结转到"开发成本——房屋开发"账户的"建筑安装工程费"成本项目。

房屋开发成本中的配套设施费用,是指建设不能有偿转让的小区内公共配套设施发生的支出。其会计处理方法如下:

(1)配套设施与商品房同步建设,发生的公共配套设施费用能分清受益对象的,应直接记入"开发成本——房屋开发"账户的"公共配套设施费"成本项目。如果发生的配套设施费用不能分清受益对象的,应先在"开发成本——配套设施开发"账户的借方进行归集,待公共配套设施竣工时,再从其贷方分配结转记入"开发成本——房屋开发"账户的借方。

(2)公共配套设施与商品房没有同步建设,即商品房已建成出售,而配套设施还在建设之中,未全部完成,为及时结转已完工商品房成本,其对应负担的配套设施费按规定报批后可采用预提方法,预先计入商品房成本,待公共配套设施完工后,按配套设施施工的实际支出数冲销已预提的配套设施费,并调整有关成本核算对象的成本。房屋开发项目应负担的开发间接费用,平时通过"开发间接费用"账户进行归集,期末分配结转记入"开发成本——房屋开发"账户的"开发间接费用"成本项目。结转开发完工商品房等开发产品成本时,贷记"开发成本——房屋开发"账户,借记"开发产品"账户。期末余额表示正在开发的房屋成本。

4.代建工程开发成本的核算

代建工程开发成本是指开发企业接受有关单位的委托,代为开发建设的工程(或参加委托单位招标,经过投标中标后承建的开发项目)所发生的费用支出。其具体内容包括土地开发、房屋开发、市政工程开发(城市道路、基础设施、园林绿化、旅游风景区开发)等开发项目的支出。

开发企业接受委托代为开发的建设场地和房屋,其建设内容和特点与企业的土地开发和房屋开发基本相同,所以可比照土地开发和房屋开发的核算方法进行核算。其开发费用分别在"开发成本——土地开发"和"开发成本——房屋开发"两个明细账户中核算,开发工程完工验收合格时转入"开发成本——代建工程开发"账户。其他代建工程开发项目应在"开发成本——代建工程开发"账户核算。发生各项开发直接费用时,记入该账户的借方、各相关账户的贷方;期末分配结转开发的间接费用时,直接记入该账户的借方、"开发间接费用"的贷方;代建开发工程竣工验收合格后,结转其开发成本,借记"开发成本——代建工程开发"账户,贷记"开发成本——代建工程开发"账户;期末"开发成本——代建工程开发"账户余额,表示正在开发的代建工程的成本。

7.4 农业企业成本核算

农业是国民经济的基础,是一个综合性的物质生产部门,它是通过生物的生长和繁殖来取得产品的,包括种植业和养殖业两大类。种植业包括农业和林业,养殖业包括畜牧业和渔业。农业生产的对象是有生命的动植物,其最显著的特点是经济再生产过程与自然再生产过程紧密结合、相互交织在一起,从而形成了与制造企业有明显区别的特点。

7.4.1　种植业产品的成本核算

种植业是农业企业的重要业别之一,有的企业以经营种植业为主,有的企业兼营种植业。种植业包括粮食作物、经济作物、饲料作物、蔬菜栽培等农业生产以及橡胶、果、桑、茶树等林业生产。

1. 农业产品的成本核算

(1)农业产品成本核算的对象

为了适应成本管理的要求和简化核算手续,在进行农业产品的成本核算时,企业的主要作物以每种作物作为成本核算对象,单独核算其产品成本,次要作物可以每类作物作为成本计算对象,先计算出各类作物的产品总成本,再按一定标准确定该类中各种作物的产品成本。对不同收获期的同一种作物必须分别核算。企业主要农产品一般确定为小麦、水稻、大豆、玉米、棉花、糖料、烟叶等,需要补充主要农产品目录的,由企业自己确定。

(2)农业生产费用的核算

农业生产费用是指企业在种植、生产农作物过程中发生的全部费用,包括当年生作物和多年生作物的生产费用。企业为了归集农业生产费用和计算产品成本,应设置"农业生产成本"科目,并按照成本核算对象(按作物或作物组)设置明细账。在明细账中,还应按规定的成本项目设置专栏,"农业生产成本"科目的借方归集为进行农业生产所发生的一切费用,贷方计算产出产品的实际成本,期末借方余额表示结转下年的在产品成本。在种植业中,由于农作物的生产周期较长,产品单一,收获期比较集中,在年度中间各项费用和用工数量不均匀,为适应这些特点,农产品的成本计算期一般规定为一年。农业生产费用按其经济用途可以划分为下列成本项目:①直接材料,指在生产中直接耗用的自产或外购的种子、种苗、肥料、农药等。②直接工资,指直接从事农业生产人员的工资及按规定计提的职工福利费。③其他直接费,指除直接材料、直接工资以外的其他直接支出,包括机械作业费、灌溉费、田间运输费等。④制造费用,指分配计入产品成本的制造费用,包括为组织和管理生产所发生的生产单位(如生产队)管理人员工资及福利费、折旧费、修理费、水电费、办公费等。⑤往年费用,指多年生作物投产前发生的按规定的摊销方法摊入本期产品成本的费用。由上年结转本年的农业在产品成本,如秋耕地、越冬作物等的成本,应按成本项目还原,计入本年各有关产品成本项目,不在本项目核算。

(3)农业产品的成本计算

企业通过生产费用的核算,在"农业生产成本"科目的各个明细账中归集了各该作物的全部生产费用,期末结合各种作物的面积、产量等有关资料,即可计算农产品的成本。

①当年生大田作物的成本计算。当年生大田作物是指作物生长期不超过一年的农作物,一般是当年播种、当年收获,也有少部分作物跨年度收获的。农作物成本计算的指标,主要是单位面积成本和单位产量成本。单位面积成本是指种植某种农作物平均每单位播种面积所支出的费用总额。其计算公式为

某作物单位面积(公顷)成本＝某作物生产费用总额÷某作物播种面积

单位产量成本是指种植某种农作物平均每单位产品所支出的费用金额。其计算公式为

某作物单位产量(千克)成本＝(某作物生产费用总额－副产品价值)÷某作物产品产量

②多年生作物的产品成本计算。多年生作物是指人参、甘蔗、剑麻、胡椒等经济作物,其特点是生长期长。因此,多年生作物培育年限和提供产品的年限比较长。多年生作物有两种情况:一种是连续培育几年,一次收获产品,如人参;另一种是连年培育,年年收获产品,如甘蔗、剑麻、胡椒等。由于收获次数不同,其成本计算方法也不同。一次性收获的多年生作物,应按各年累计的生产费用计算成本。其主产品单位成本的计算公式为

一次性收获的多年生作物主产品单位成本＝(往年费用＋收获年份截至收获月份的累计费用－副产品价值)÷本年主产品总产量

多次收获的多年生作物,将未提供产品以前的费用视同长期待摊费用处理。投产后按计划总产量的比例或提供产品年限的比例将往年费用分配计入投产后各年产出产品的成本。本年产出产品的成本包括往年费用本年摊销额和投产后本年发生的全部费用。多次收获的多年生作物的主产品单位成本的计算公式为

多次收获的多年生作物主产品单位成本＝(往年费用本年摊销额＋本年全部费用－副产品价值)÷本年主产品总产量

③作物组的产品成本计算。农业企业的某些次要产品,应按合并的作物类别或组设置明细账,核算生产费用。计算产品成本时,一般可以采用计划成本比率法计算各种产品的成本。所谓计划成本比率法,就是用该作物组内各种作物的实际成本与计划成本的比率,来确定各种成本的方法。

④蔬菜栽培成本计算。蔬菜栽培按其生产技术过程不同,一般分为露地蔬菜栽培和保护地蔬菜栽培两大类。露地蔬菜栽培就是在大地上栽种蔬菜,这是蔬菜栽培的主要方式。在大片面积栽培大宗、主要的蔬菜时,可分别计算各种蔬菜的产品成本。计算的方法是:按照蔬菜的品种和规定的成本项目归集生产费用,计算各种蔬菜的总成本;用各种蔬菜的总成本分别除以各种蔬菜的实际产量,即可求出各种蔬菜的单位成本。露地蔬菜栽培费用的归集和成本计算方法,与大田作物基本相同。

7.4.2　林业产品的成本核算

林业产品生产一般是指经济林木的生产,不包括用材林生产。经济林木是指橡胶、果、桑、茶树等。经济林木和农作物一样,都属于种植业,但经济林木是多年生植物,生长期较长,按其生长过程一般要经过苗圃育苗、幼树培育和成林管理三个阶段。苗圃育苗是培育树苗的阶段;幼树培育是从树苗起土、移植到成林投产为止的培育管理阶段;成林管理是正式投产后的培育管理阶段。

林业生产费用是指企业在林业产品生产过程中发生的全部费用,包括人工栽培的各种林业产品的生产费用,如苗圃育苗的费用、经济林木成林后生产产品的费用等。为了归集林业生产费用和计算林业产品成本,应在"农业生产成本"科目下设置"林业生产成本"二级科目,或单独设置"林业生产成本"科目,并按成本核算对象和成本项目进行明细核算。林业的成本项目与农业的成本项目相同,但应包括林木折旧费在内。下面分别说明苗圃产品的成本计算、幼树培育的成本计算和经济林木产品的成本计算。

(1)苗圃产品的成本计算。苗圃的产品是树苗。苗圃产品成本是指农业企业在苗圃中培植树苗的成本,一般应分别计算每亩苗圃成本和每株树苗成本。苗圃的生产费用在树苗未起用前作为在产品处理,起用后作为种苗成本处理。对于起苗前的生产费用,按起用部分所占面积或株数的比例分配。树苗成本在一般农业企业可分别按实生苗、移植苗计算;在专营苗圃的农业企业,应按树种及播种年份,如按阔叶类、针叶类、果树类,并在各类内分一年生苗、二年生苗、一年移植苗、二年移植苗等分别计算成本。

(2)幼树培育的成本计算。幼树培育成本是指农业企业在幼树培育过程中所支出的费用。幼树培育过程,是从树苗移植起,至成龄投产时止。幼树培育的特点是幼树的培育期长,一般需经过若干年的培育才能育成交付使用。不同用途的幼树,其培育费用的列支范围和成本计算方法有所不同。橡胶及果、桑、茶树,由树苗定植到成林交付生产管理的全部生产培育费用,按规定由基建资金开支。在此期间获得的产品收入,冲减培育费用。其成本计算项目基本与农业相同。四旁绿化、零星植树的费用,列作管理费用。开支较大的防风、固沙、护堤等防护林费用,作为基建投资处理。这些从不同资金渠道支出的幼树培育费,应计算每公顷营造成本。

(3)经济林木产品的成本计算。经济林木的产品成本是指企业在培育林业产品(如橡胶、果、桑、茶树等)过程中所支出的费用,通常按品种或类别计算。经济林木在幼树成林后,按规定转为固定资产管理。此后采摘果品、收割胶水等发生的生产费用,均为培育林业产品的成本。成本计算期一般是一年计算一次。经济林木的产品成本,包括当年的培育费用和停采、停割期间的费用。停采、停割期间的费用,本年度内产品产出以前发生的部分计入产品成本,产品产出以后发生的部分一般作为在产品结转下年。计入林业产品的生产费用,橡胶应计算至加工成干胶片,茶应计算至加工成商品茶。没有加工设备的,橡胶可计算至鲜胶乳,茶可计算至鲜叶。

7.4.3 畜牧业产品的成本核算

畜牧业产品的成本核算,可以实行分群核算,也可以实行混群核算。实行分群核算是按不同种类畜禽的不同畜龄划分为若干群,分群归集生产费用,分群计算成本,但其前提条件必须是分群饲养。混群核算是按畜禽种类划分,各类内部不再按畜禽的年龄分群,生产费用的归集和成本计算都按畜群种类进行。实行分群核算,是以各种畜禽的群别作为成本核算对象。

畜牧业生产费用是指企业饲养和放牧各种畜禽发生的全部费用,包括产畜禽、幼畜禽和育肥畜禽的生产费用。企业为了归集畜牧业生产费用,并计算产品成本,应在"农业生产成本"科目下设置"畜牧业生产成本"二级科目,规模较大的企业也可单独设置"畜牧业生产成本"科目。在这两个科目下,按照成本核算对象(分群核算按各种畜禽中的不同年龄组,混群核算按每种畜禽)设置明细账。在明细账中,还应按规定的成本项目设置专栏。"农业生产成本"或"畜牧业生产成本"科目的借方归集为进行畜牧业生产所发生的一切费用,贷方计算产出产品的实际成本。期末借方余额,表示结转下期的在产品成本。

畜牧业的生产费用按其经济用途可以划分为下列各成本项目:①直接材料,指饲养中耗用的精饲料、粗饲料、动物饲料和矿物饲料等饲料费用,以及粉碎和蒸煮饲料、孵化增温等耗用的燃料和动力费用。②直接工资,指直接从事畜牧业生产人员的工资及福利费。③其他直接费用,指专用设备折旧费、产畜折旧费、畜禽医疗费等。④制造费用,指分配计入产品成本的制造费用,包括生产单位管理人员工资及福利费、折旧费、修理费、水电费、办公费等。畜牧业生产费用归集与分配方法,以及畜牧业生产成本明细账的格式与农业类似。

7.4.4　渔业产品的成本核算

1. 渔业生产费用的核算

渔业生产费用是指企业在渔业产品生产过程中发生的全部费用,包括水生动物和植物的育苗、养殖和天然捕捞的生产费用。按其经济用途一般划分为下列成本项目:

(1)直接材料,指饲养中耗用的鱼种、鱼苗、饲料等费用;

(2)直接工资,指直接从事渔业生产人员的工资及福利费;

(3)其他直接费用;

(4)制造费用。

为了归集渔业生产费用和计算渔业产品成本,应在"农业生产成本"科目下设置"渔业生产成本"二级科目,或单独设置"渔业生产成本"科目,并按成本核算对象(如鱼苗、成鱼的品种或类别)和成本项目进行明细核算。

2. 渔业产品的成本计算

(1)鱼苗的成本计算

鱼苗又称鱼花,是孵化不久的幼鱼,可以人工繁殖,也可以从江河中捕捞。由于鱼苗的数量多、体形细小,一般采用估计或抽样清查方法;推算总数,但只能做到大致准确。鱼苗成本核算的对象就是鱼苗,通常以万尾为成本计算单位。其成本计算公式为

$$每万尾鱼苗成本＝育苗期全部生产费用÷育成鱼苗万尾数$$

(2)成鱼的成本计算

成鱼可以在天然湖泊生产,即放养鱼苗到天然湖泊,利用天然饲料养鱼;也可以在池塘生产,即放养鱼苗到池塘饲养,全部依靠人工采集和加工的饲料养鱼。成鱼生产有两种方式:一种是多年放养,一次捕捞;另一种是逐年放养,逐年捕捞。多年放养、一次捕捞的成鱼成本,包括捕捞前各年作为在产品结转的费用和当年发生的费用。其成本计算公式为

$$成鱼单位(千克)成本＝(捕捞前各年发生的生产费用＋当年捕捞的生产费用)÷$$
$$成鱼总产量$$

逐年放养、逐年捕捞的成鱼成本,由当年捕捞的成鱼负担,可不计算在产品价值。但对于专业渔场,有条件的可计算在产品成本。

(3)捕捞的成本计算

捕捞是指在天然湖泊、江河、海洋捕捞自然生长的渔业产品。当年发生的全部

捕捞费用,应当完全由当年捕捞的水生动物分摊,必要时再按计划成本或销售价格的比例,将总成本在不同产品之间进行分配。

7.5 施工企业成本核算

7.5.1 施工企业的特点

施工企业是指从事建筑、安装工程施工的生产经营性企业单位,其产品一般为不动产。施工企业的建筑、安装工程主要包括以下具体内容:①各种房屋(如厂房、住宅、仓库等)、构筑物(如铁路、矿井、水塔、桥梁等)的建筑工程,以及各种管道(如石油、蒸气、排水等管道)、输电线、电信导线的敷设工程;②设备的基础、支柱、工作台、梯子以及各种特殊炉具(如炼铁炉、炼焦炉等)的砌筑工程;③矿井开凿、石油、天然气的钻井工程,以及工程地质勘探,拆除建筑物,建筑工程完工后的清理、绿化等工程;④水库、堤坝等水利工程以及防空等特殊工程。施工企业的设备安装工程包括生产、动力、起重、运输、传动等各种需要安装的机械设备的装配、装置工程,为检验设备安装工程质量而进行的试车工作也应包括在安装工程内。

施工企业生产经营活动与其他行业的生产及经营活动有显著不同,具有自身独特的生产特点,主要表现在以下几个方面:

1. 施工生产的流动性大

建筑安装工程大多是在指定的地点进行施工,施工对象是固定的,这就决定了施工企业生产的流动性。施工生产的流动性一方面表现在不同工种的工人要在同一单位工程的不同岗位上,或者同一工地的不同单位工程之间进行轮流或流动施工;另一方面表现在建筑安装工人和施工机械等设备都必须在各个工地上流动作业。

2. 施工生产的单件性

施工企业生产的单件性是指施工企业在施工中的每一工程一般只有一件,而不像工业企业的生产那样,生产的每一种产品多是成批的。施工企业生产的每一件产品都具有特定的目的和专门的用途,加上建筑安装地点,所受自然条件和社会经济条件的影响,每个工程都有其独特的工程设计和施工组织设计,使得建筑安装工程极少完全相同,这就决定了施工企业只能单件生产。

3. 施工生产周期长、耗费大

施工企业生产周期长、耗费大的特点是相对于工业等其他企业的生产和经营而言的。一般工业企业所生产的产品大多耗费小、成本低,生产周期也相对较短;而施工企业生产的建筑安装工程等产品,除了少部分工程造价低、耗费小之外,大多体积庞大、造价高、耗费大,有的甚至高达几亿元、几十亿元、上百以至上千亿元(如我国的三峡工程)。施工生产周期较长,短则几个月,长则几年、十几年甚至几十年之久。施工生产的耗费大、周期长的特点是由建筑安装工程建筑产品的固有属性决定的。

4.施工生产露天作业

由于建筑安装工程大多体积庞大,加上建筑安装工程产品自身条件要求和自然条件的限制,施工生产只能在露天进行。这样就使施工生产受气候条件的影响较大,而且施工机械设备等经常需在露天存放,受自然力侵蚀的影响也很大。因此,对施工生产进行核算时,除了准确计算各项直接费用外,还应考虑由于天气变化等自然力作用而发生的费用以及在天气变化条件下费用的合理负担等问题。

7.5.2 施工企业成本核算的特点

施工企业生产经营活动的特点决定了施工企业的成本核算与其他企业的成本核算有很大的不同,其成本核算的特点主要有:

1.成本核算对象

施工企业成本核算对象,是指在成本计算过程中,为归集和分配费用所确定的工程项目。施工工程项目的流动性、单件性决定了施工企业的成本核算方法类似于工业企业成本核算的订单法(分批法)。因此,一般应根据施工企业组织的特点、所承包工程实际情况和工程价款结算办法,并与施工预算、计划、统计相适应,结合施工企业的具体条件和管理上的要求来确定成本核算对象。

(1)一般以每一个独立编制施工图的单位工程作为成本核算对象。施工企业一般按单位工程编制工程预算、制订工程成本计划和结算工程价款,按单位工程计算成本便于与工程预算成本相比较。

(2)如果单位工程规模较大,施工期较长,为了加强工程成本管理,可以按施工技术程序结合经济责任制的要求,将单位工程划分为若干分部(项)工程,以分部(项)工程作为工程的成本核算对象。

(3)如果一个单位工程是由几个施工单位分包施工的,各施工单位可以将同一工程作为成本核算对象,各自计算其在该单位工程上完成部分的成本。

(4)将几个工程合并为一个成本核算对象。如果一个建设项目中有若干个单位工程,这些单位工程的施工地点相同、结构类型基本相同,开、竣工的时期接近,为了简化核算手续,可将这个建设项目作为成本核算对象。

(5)工业设备安装工程一般将单位工程或专业工程(如设备安装、管道通风、管道排水等)作为成本核算对象。

(6)土石方工程、打桩工程可以根据实际情况和管理要求,将一个分部(项)工程作为成本核算对象,或将同一施工地点的若干个工程量较小的单位工程合并作为一个成本核算对象。

2.成本计算期

施工工程一般规模较大,生产周期较长,若待工程全部竣工后才计算成本,不利于企业工程成本的管理和及时反映利润的完成情况。所以,按照权责发生制原则和配比原则,施工企业通常根据工程进度预算要求,采用完工百分比法。当完成预算定额规定的百分比部分的工程时,应视为"产成品",作为"完工工程"进行成本计算,还要及时反映各年的合同收入、成本及利润,并按月与建设单位结算工程款。也就是说,施工企业工程成本的核算是按工程进度、分阶段、分期进行核算的。成本计算期为日历月份,与会计报告期一致。

3.工程成本项目

工程成本项目是构成工程成本的费用要素。成本项目是指对生产费用按照经济用途进行的分类,是归集各种耗费、计算工程成本的重要依据。施工企业成本项目一般有以下五项(前四项为直接成本,后一项为间接成本):

(1)直接材料费

直接材料费是指在施工过程中耗费的构成工程实体或有助于工程形成的各种原材料、辅助材料、预构件、零配件、半成品等的费用和周转材料的摊销及租赁费用等。

(2)直接人工费

直接人工费是指直接从事建筑安装工程施工的工人及在施工现场直接为工程制作构件和运料、配料等辅助工人的工资、工资性津贴和补贴、奖金、劳动保护费等。

(3)机械使用费

机械使用费是指施工过程中使用自有施工机械所发生的机械使用费和租用外单位施工机械的租赁费,以及施工机械安装、拆卸和进出场费用等。

(4)其他直接费用

其他直接费用是指在施工现场直接发生但不能计入人工费、材料费、机械使用费中的其他直接费用,主要包括施工现场直接耗用的水、电、气等费用,材料二次搬运费,特殊工程技术培训费,临时设施摊销费,生产工具和用具使用费,检验试验费,工程定位复测费以及工程点交费,场地清理费等。

(5)间接费用

间接费用是指施工企业内部的单位或部门,如分公司、工程处、施工队、工区、项目经理等,为组织和管理施工生产活动而发生的各种费用。主要包括施工单位管理人员薪酬、行政管理部门固定资产折旧及修理费、物料消耗、办公费、差旅费、水电费、取暖费、低值易耗品摊销、工程保修费、劳动保护费、检验试验费、排污费及其他费用。

7.5.3 工程成本的核算

1.工程成本核算应设置的账户

(1)"工程施工(或生产成本)"账户

"工程施工(或生产成本)"账户属于成本费用类账户,用于核算施工企业进行建筑安装工程施工所发生的各项费用。当发生各项施工费用时,记入借方;月末结转已完工程成本时,记入贷方。借方余额反映未完工程实际成本。该账户应按成本核算对象设置明细账,进行明细核算,并在明细账内按成本项目分设专栏进行核算。

(2)"机械作业"账户

"机械作业"账户属于成本费用账户,用于核算施工企业及其内部独立核算的施工单位、机械站和运输队使用自有施工机械和运输设备进行机械作业所发生的各项费用。发生的机械支出,记入本账户借方,月终分配并结转到"工程施工"和"其他业务成本"等账户的借方,同时记入本账户的贷方,期末本账户无余额。该账户应按不同机械、设备设置明细账。此外,企业还应设置"库存材料"、"周转材料"、"辅助生产"、"管理费用"、"财务费用"、"主营业务成本"等账户。

2.工程成本各项目核算

(1)材料费的核算

施工企业的材料,除了主要用于工程施工外,还用于临时设施、福利设施、固定资产等专项工程支出以及其他非生产性耗用。因此,应根据发生材料的用途,严格划分工程耗用和其他耗用的界限,只有直接用于生产工程的材料才能计入成本核算对象的"材料费"项目。工程施工耗用的材料品种多、数量大、用途不一、领用次数频繁,因此在核算工程的材料费时,应区别不同的情况,采用不同的方法进行归集和分配。

①领用时能区分受益对象的,可根据领料单直接计入受益对象成本计算单的"材料费"中。

②如果材料费是几个成本核算对象共同发生的,则需要在各受益单位之间进行分配。

(2)人工费的核算

施工企业的人工费应按其用途进行归集和分配。直接从事建筑、安装工程施工的工人及现场从事运料、配料等辅助工人的人工费应记入"工程施工"总账的借方及其所属明细账"人工费"成本项目内;机械设备的操作员、驾驶员,以及机械设备的管理人员的人工费记入"机械作业"账户;施工单位管理人员的人工费应记入"工程施工"总账的借方及其所属明细账"间接费用"的借方。

人工费计入成本的方法,应根据企业实行的具体工资制度来确定。采用计件工资制度的,人工费一般能直接计入其成本核算对象;采用计时工资制度的,人工费计入成本"人工费"项目,可采用"工时法"或"工日法"。

(3)机械使用费的核算

机械使用费的核算包括两部分:租入机械的租赁费和自有机械的使用费。其中租入机械的租赁费,一般可以根据"机械租赁费结算单"所列金额直接计入有关成本核算对象"机械使用费"项目。如果由几个成本核算对象共同负担机械使用费,则需在各受益对象之间按一定方法分配。自有机械使用费发生时先汇集在"机械作业"账户,期末时对只有一个成本核算对象的,将发生的机械使用费直接计入成本核算对象的"机械使用费"项目;对有多个成本核算对象受益的自有机械使用费,则需在各受益对象之间按一定的比例分配。

(4)其他直接费用的核算

施工企业耗用的其他直接费用,凡是能分清受益对象的,发生时根据有关原始凭证直接计入相应的成本核算对象的成本中;凡不能分清受益对象的,则应先汇总登记,然后按一定标准分配计入各有关成本核算对象的成本中。常见的分配方法有:①生产工时(日)法;②工、料、机费用比例法;③直接分配法。

(5)间接费用的核算

工程成本的间接费用是指施工企业所属的直接组织生产活动的施工管理机构发生的施工管理费用,这些费用往往是若干工程共同发生的费用,所以当发生间接费用时,可根据材料费、人工费、辅助生产费用分配表及有关单据先在"工程施工——间接费用"账户归集,期末再按一定的标准分配,计入各项工程成本。

(6)辅助生产费用的核算

辅助生产部门是指从事加工、修理等活动以提供产品或劳务的非独立核算的生产部门,如修理工厂、加工厂、供电站、供水站等。分配辅助生产费用时,转入相应的成本费用账户。

7.5.4　已完工程成本的核算

1.施工费用在已完工程与未完施工之间的分配

施工企业生产周期较长,为了分期确定损益,期末在有未完施工和已完工程并存的情况下,需要将成本核算对象归集的施工费用在已完工程和未完施工之间进行分配。已完工程是指尚未全部完工,但已完成预算定额规定的一定组成部分的分部或分项工程;未完施工是指已投料施工,但尚未达到预算定额规定的一定组成部分的分部或分项工程。

已完工程成本的计算公式为

已完工程成本＝月初未完施工成本＋本月发生的施工费用－月末未完施工成本

确定月末未完施工成本的方法,主要有以下几种:

(1)估量法

估量法也称"约当产量法",即根据期末盘点确定的未完施工实物量和估计其已完工的程度,把它折合成相当于已完工程实物量,然后乘以该分部或分项工程的预算单价,从而得出未完施工预算成本的方法。

(2)估价法

估价法是先确定分部或分项工程内各工序耗用的直接费用占整个预算单价的百分比,计算出每个工序的单价,然后乘以未完施工各工序的完成量来确定未完施工预算成本的方法。

(3)预算成本比例法

当施工企业各月月末未完施工成本相差较多时,为了加强工程成本计算的正确性,可以按已完工程预算成本和未完施工预算成本比例计算未完施工预算成本。

2.竣工工程决算

工程竣工后,施工企业应在规定的时间内,办理竣工工程成本决算,确定竣工工程的预算成本和实际成本,考核分析竣工工程成本超支与节约情况。对于已竣工的工程,应编制"竣工成本决算"表。

▐▌复习思考题▐▌

1.简述商品流通企业成本费用核算的特点。

2.简述库存商品的具体核算方法。

3.交通运输企业的营运特点是什么？

4.交通运输企业的成本构成包括哪些？

5.叙述房地产开发企业成本核算账户设置的情况。

6.简述渔业生产费用核算所包含的成本项目。

7.简述施工企业成本核算的特点。

第 **3** 篇

成本预测、计划与决策

第 8 章

成本预测

8.1　成本预测的概念及意义

　　成本预测(Forecasting of Cost)是在科学的理论指导下,根据成本特性和大量的经济信息资料,分析影响成本的各种因素,掌握成本的变化趋势,选择恰当的预测方法,对成本未来的发展趋势或状况进行估计,为企业的决策、计划服务,以提高生产经营综合经济效益的一种会计预测。

　　成本预测既是成本管理工作的起点,也是成本事前控制成败的关键。成本预测的意义可归纳如下:

1.成本预测是进行成本管理和编制成本计划的基础

　　成本预测是成本管理的首要环节。成本管理包括成本预测、成本决策、成本控制、成本核算、成本分析、成本考核等几个环节。成本预测和成本决策是不可分割的,预测为决策服务,是决策的前提,为其提供一定条件下生产经营各方面未来可能实现的数据;而决策则以预测的数据为基础,通过分析比较,权衡利害得失,从中选取最优方案。在一定意义上,成本预测可以为成本决策和成本计划提供科学的数据和资料,使其建立在客观实际的基础上,克服成本决策的片面性和局限性,从而使其具有更高的科学性,最终达到提高经济效益的目的。

2.成本预测是加强成本管理和降低产品成本的有效方法

　　成本预测的基本目标是:揭示生产耗费的发展趋势,挖掘降低成本的潜力,为确定目标成本提供科学的依据;指明缩减耗费、降低成本的方向,为达到目标成本选择最佳途径。因此,做好成本预测工作,可以帮助企业选择成本最低、经济效益最高的产品,充分发挥企业优势;可以在制造产品的各种技术经济的方案中选择最优方案,提高经济效益;可以在成本形成过程中,针对薄弱环节,加强成本管理,克服盲目性,提高预见性;可以把生产经营过程中可能发生的浪费消灭于发生之前,制止于过程之中,纠正于发生之后,形成一个良性循环。

8.2　成本预测的方法

产品成本预测的方法随预测对象和预测期限的不同而各有所异,但其基本方法一般可归纳为定性预测法和定量预测法两大类。

8.2.1　定性预测法

成本的定性预测,是成本管理人员根据实践经验和专业知识,通过调查研究,利用已有资料,对成本的发展趋势以及可能达到的水平,经过逻辑思维所作出的合理分析和判断。由于定性预测主要依靠管理人员的素质和判断能力,因而这种方法必须建立在对企业成本耗费历史资料、现状及影响因素的深刻了解的基础之上。常用的定性预测法有调查研究判断法和分析判断法两种。

1.调查研究判断法

调查研究判断法是依靠专家来预测成本的方法,所以也称专家预测法。采用这种方法,一般要事先向专家提供成本信息资料,由专家经过研究分析,根据自己的知识和经验,对未来成本作出个人判断;然后再综合分析各专家的意见,形成预测的结论。预测结果的准确性,取决于被调查专家知识和经验的广度和深度。这里所说的专家,一般是指会计师、工程师、经济师等,因为他们有较高的学识水平和丰富的实践经验。

2.分析判断法

分析判断法也称因素测算法,是通过成本变动有关的各项技术经济因素、发展前景和准备采取相应措施的影响,根据几个有关经济指标之间的内在联系,由一个或几个因素的变动来测算所要预测指标数值的方法。例如,利用有关的资料试算可比产品成本降低额,就是用此法进行预测。这种方法适用于编制成本计划以前的试算工作。

8.2.2　定量预测法

成本的定量预测,是利用历史成本会计统计资料以及成本与影响因素之间的

数量关系,通过建立一定的数学模型来计算未来成本可能值的方法。成本预测的数学模型,通常有以下三种类型:

1. 因果关系成本预测模型

因果关系成本预测模型即以成本为因变量(y),以影响成本的因素为自变量(x)而建立的形如 $y = f(x)$ 函数关系式,利用收集的统计资料对函数关系式 $y = f(x)$ 的参数进行估计并检验,从而得到与统计资料发展趋势大致相符的成本预测模型。

因果关系模型所采用的典型方法是回归分析法。回归分析法根据自变量或预测对象的不同,又可分为一元线性回归模型、多元线性回归模型及非线性回归模型。因果关系模型的优点是,在模型适当、数据准确的前提下,预测结果一般较为理想。但这种方法的模型建立比较复杂,而且数据稍有变动就需要对参数进行修改,这使其反映经济活动的变化较为迟钝,而且缺乏延续能力,以致在实际应用中受到一定的限制。

2. 时间关系成本预测模型

时间关系成本预测模型即以成本为因变量(y),以时间为自变量(t)而建立的函数关系式 $y = f(t)$,或直接利用收集的成本时间序列资料,借以描述成本依时间发展而变化的趋势,并通过趋势的外推预测成本。

按照对干扰预测对象各因素的处理方式不同,时间关系成本预测模型分为确定型和随机型两大类。常用的确定型时间关系预测模型有移动平均模型、趋势外推模型及自回归模型。

利用时间关系成本预测模型预测的结果虽然较为粗略,但这种模型只需使用预测对象自身的序时记录。这种模型建立的计算过程简便,模型本身不因数据的变更而改变,反映经济活动的变化较为敏感且有自行延续的特性,因而在实际应用中受到普遍重视。

3. 结构关系成本预测模型

结构关系成本预测模型即建立影响成本诸因素之间的某种比例关系,通过因素之间相互依存的结构比例变化,预测成本的数值。这种模型中常用的为投入产出分析模型。

由于经济活动的复杂性,上述各种成本预测方法并不是孤立存在的,它们往往需要结合使用,才有可能作出符合成本发展规律的预测。尤其应强调的是,定性预测法和定量预测法并不是相互排斥的,而是可以相互补充的,要注意把二者正确地结合起来使用。

8.3　成本定量预测法的应用

8.3.1　高低点法

高低点法(High and Low Points Method)是一种非常简单的成本预测方法。高低点法只选择相关范围内成本动因观察值的最高点与最低点,连接这两点的直线即为所要估计的成本函数。该成本函数反映成本与成本动因之间的关系,可用公式表示为

$$y = a + bx$$

式中,y 表示总成本,x 表示动因量,a 表示固定成本总额,b 表示单位变动成本。

高低点法就是通过历史资料,计算出 a 和 b,利用 $y = a + bx$ 推算出计划动因量下的总成本。

表 8-1 中的数据说明高低点法的应用。

表 8-1　　　　　　　某企业 2006～2011 年机器小时及间接人工成本

年度	成本动因:机器小时	间接人工成本(元)
2006	160	12 200
2007	110	9 500
2008	135	11 000
2009	100	8 600
2010	145	10 900
2011	120	11 500

利用高低点法可预测 2012 年的间接人工成本。

首先,确定间接人工成本中的单位变动成本:

$b =$ (最高点的成本－最低点的成本)÷(最高点产量－最低点产量)

　　$= (12\ 200 - 8\ 600) \div (160 - 100) = 60$(元)

然后,确定间接人工成本中的固定成本。将最低点或最高点的动因量代入 $a = y - bx$ 中,即得

$$a = 8\ 600 - 60 \times 100 = 2\ 600(元)$$

最后,预测 2012 年的间接人工成本。假如 2012 年的计划机器工时为 130 小时,则 2012 年间接人工成本预测为

$$y = 2\ 600 + 60 \times 130 = 10\ 400(元)$$

高低点法适用于成本随动因量变动较稳定的情况。在历史资料的选择上不宜过长,也不宜过短,一般以 3～8 年为宜。

8.3.2　一元线性回归分析法

一元线性回归分析法亦称最小二乘法,是根据过去若干时期的产量和成本资料,利用最小二乘法的"偏差平方和最小"的原理,确定回归直线方程,从而推算出 a 和 b,再通过 $y = a + bx$ 这个数学模型来预测计划产量下的产品总成本及单位成本的方法。这里,我们直接给出 a 和 b 的计算公式如下:

$$a = \left(\sum x^2 \sum y - \sum x \sum xy \right) \div \left[n \sum x^2 - \left(\sum x \right)^2 \right] \text{或} a = \left(\sum y - b \sum x \right) \div n$$

$$b = \left(n \sum xy - \sum x \sum y \right) \div \left[n \sum x^2 - \left(\sum x \right)^2 \right] \text{或} b = \left(\sum xy - a \sum x \right) \div \sum x^2$$

以表 8-2 与表 8-3 的数据为例来具体说明一元线性回归分析法的运用。

表 8-2　　　　　　　　　　　　　产量和成本表

时期(n)	1	2	3	4	5	6
产量(件)	100	110	120	140	130	150
成本(元)	190	220	220	250	230	240

表 8-3　　　　　　　　　　　　一元线性回归计算表

时期 n	产量 x	成本 y	xy	x^2	y^2
1	100	190	19 000	10 000	36 100
2	110	220	24 200	12 100	48 400
3	120	220	26 400	14 400	48 400
4	140	250	35 000	19 600	62 500
5	130	230	29 900	16 900	52 900
6	150	240	36 000	22 500	57 600
$\sum$	750	1 350	170 500	95 500	305 900

把表 8-3 的有关数据代入公式可计算得:

$$b = (6 \times 170\ 500 - 750 \times 1\ 350) \div \left[6 \times 95\ 500 - (750)^2 \right] = 1(元/件)$$
$$a = (1\ 350 - 1 \times 750) \div 6 = 100(元)$$

若计划期预计产量为 200 件,则:

$$预计产品总成本\ y = a + bx = 100 + 1 \times 200 = 300(元)$$
$$预计单位产品成本为\ y \div x = 300 \div 200 = 1.5(元/件)$$

8.3.3　本量利分析法

本量利分析法即 CVP 预测法,是依据成本(C)、预计产销量(V)和目标利润（P）之间关系，计算目标成本的方法。利用本量利分析法进行成本预测时，应先确定目标利润，然后据以计算目标销售量，再根据目标销售量确定目标成本。其计算公式如下：

$$目标销售量=（总固定成本＋目标利润）÷（单位售价－单位变动成本）$$
$$目标总成本=目标销售量×单位售价－目标利润$$

还可通过公式的变形，预测目标单位变动成本和目标固定成本总额。

$$目标单位变动成本=销售单价－（总固定成本＋目标利润）÷计划销售量$$
$$目标固定成本总额=（销售单价－单位变动成本）×计划销售量－目标利润$$

【例1】 某企业生产某产品总固定成本为 460 000 元，目标利润为 200 000 元，单位售价为 600 元，单位变动成本为 480 元，则

目标销售量＝（460 000＋200 000）÷（600－480）＝5 500（件）

目标总成本＝5 500×600－200 000＝3 100 000（元）

若售价不变，销售量为 5 500 件，而要求达到的目标利润为 220 000 元，则在固定成本不变的情况下，目标单位变动成本应为

目标单位变动成本＝600－（460 000＋220 000）÷5 500＝476.4（元）

与原来的单位变动成本相比，应降低 3.6 元（480－476.4），如果单位变动成本最多只能降低 2 元，则目标固定成本总额应为

目标固定成本总额＝（600－478）×5 500－220 000＝451 000（元）

这说明，目标固定成本总额必须比原来降低 9 000 元（460 000－451 000）。

8.3.4 时间序列法

时间序列法是将企业历年的成本资料，按时间的先后顺序予以排列，再采用数理统计的方法来预测未来成本变动趋势的一种成本预测法。由于预测期长短和成本变动的规律性特点，决定了时间序列法主要分为移动平均法和指数平滑法等。

1.移动平均法

移动平均法将计算的以往若干时期成本的移动平均数作为对未来成本的预测数。移动平均法是将统计资料按时间顺序划分为若干个数据点相等的组，并依次向前平行移动一个数据，计算各组的算术平均数，并组成新的时间序列进行预测。

移动平均法假定预测值与较近期的观察值关系较大，因此它在处理历史资料时不像简单平均法那样进行一次平均，而是顺序地重叠分组（一般按三期或五期），求出该组的平均值。通过逐步向后移动，用近期数据替换远期数据，用新的平均值修改原来的平均值，从而反映实际增减趋势。设 x_t 为 t 时刻的成本数据，M_t 为 t 时

刻的简单移动平均数，n 为每组数据的个数，则移动平均法公式为

$$M_t = (x_t + x_{t-1} + \cdots + x_{t-n+1}) \div n$$

【例2】 某企业 2012 年各月单位成本资料及按 $n=5$ 时计算的各期移动平均数，见表 8-4。

表 8-4　　　　　　　　　　　某产品单位成本移动平均值

月份 (1)	时间 (t) (2)	单位成本 (x_t) (3)	五期移动平均 (M_t) (4)	变动趋势 (5)	三期趋势移动平均 (6)
1 月	1	150			
2 月	2	175			
3 月	3	190			
4 月	4	230			
5 月	5	180	185		
6 月	6	255	206	+21	
7 月	7	310	233	+27	
8 月	8	285	252	+19	22.33
9 月	9	260	258	+6	17.33
10 月	10	272	276.4	+18.4	14.47
11 月	11	243	274	−2.4	+7.33
12 月	12	296	271.2	−2.8	+4.4

从表 8-4 可以看出，按五期移动平均计算的 11 月份数值 $M_{11} = 274$ 元，以此作为 12 月份的预测值，而 12 月份的实际值为 296 元，偏差为 22 元。这种偏差一方面是由于每组数据个数 n 的多少引起的，另一方面是由于数据变动趋势的影响造成的。

一般来说，n 的取值越大，移动平均数对远期干扰因素的反应越弱，对数据变化的敏感性也越差，预测值较平稳；反之，n 的取值越小，预测值对近期的敏感性越强，但修匀能力下降，估计值误差较大。另外数据序列存在非趋势变动时，也将影响最后预测值，这里，我们不做具体预测。

2. 指数平滑法

指数平滑法也称指数修匀法，它通过导入平滑系数对本期实际成本和本期预测成本进行加权平均，并将其作为下期的预测成本。其计算公式为

$$M_{t+1} = a x_{t-1} + (1-a) M_t \quad (0 \leqslant a \leqslant 1)$$

式中，M_{t+1} 为下期预测值，M_t 为本期预测值，x_{t-1} 为上期实际数，a 为平滑系数。a 越小，则下期的预测数就越接近于本期的预测数；反之，a 越大，则下期的预测数就越接近于本期的实际数。在实际运用时，一般采用试误法，选用不同的 a 值进行试算，最终选用预测误差最小的 a 值。

仍沿用例2的资料,假定 $a = 0.2$,则6月份以后各月的单位成本预测值见表8-5。

表 8-5　　　　　　　　成本预测值计算表

t	x_t	ax_{t-1}	$(1-a)M_t$	M_{t+1}
6	255			185
7	310	$0.2 \times 255 = 51$	$0.80 \times 185 = 148$	199
8	285	$0.2 \times 310 = 62$	$0.80 \times 199 = 159.2$	221.2
9	260	$0.2 \times 285 = 57$	$0.80 \times 221.2 = 176.96$	233.96
10	272	$0.2 \times 260 = 52$	$0.80 \times 233.96 = 187.17$	239.17
11	243	$0.2 \times 272 = 54.4$	$0.80 \times 239.17 = 191.34$	245.74
12	296	$0.2 \times 243 = 48.6$	$0.80 \times 245.74 = 196.59$	245.19
1		$0.2 \times 296 = 59.2$	$0.80 \times 245.19 = 196.15$	255.35

▌复习思考题▐

1. 什么是成本预测?进行成本预测有什么意义?

2. 什么是定量预测法?什么是定性预测法?

第**9**章

成本计划

9.1 成本计划概述

成本计划(Cost Planning)通常是指以货币形式预计企业一定期间的成本水平、成本变动情况以及降低成本所采取的主要措施等方面内容的书面方案。制订成本计划的目的在于挖掘企业内部潜力,降低生产耗费,促进企业改善经营管理,保证成本目标的完成,提高企业经济效益。成本计划是成本管理的一个重要环节,是在成本预测的基础上进行的。

9.1.1 成本计划的作用

成本计划是以货币形式预先规定的企业在计划期内的生产消耗水平、产品成本水平以及成本降低任务和期间费用水平的计划文件,其结果是计划成本及相应的措施方案。成本计划是以成本预测和成本决策为基础形成的,是在最优成本方案的基础上对方案具体成本费用项目进行测算后确定的,是围绕企业合理利用各项资源,降低成本,提高经济效益而形成的。

成本计划在企业成本管理乃至整个生产经营活动中,具有十分重要的作用。

1. 成本计划是企业成本控制的重要依据

成本控制是实现企业经营目标的重要方面。企业要想实现目标利润,可以通过增加销售收入和降低成本两条途径。增加销售收入可通过提高产品价格或扩大销售量来实现,但这两方面都受到市场竞争的严重制约,所以降低成本是增加利润最主要的途径。要降低成本,就必须制定先进的成本控制标准,进行严格的成本控制。企业的成本控制标准通常有定额成本(或标准成本)、计划成本和目标成本。计划成本是成本计划的产物,也是整个计划期内或整个项目总体的控制标准,而不像定额成本和标准成本,只规定某一方面或日常的生产耗费。在成本计划中,详细规定了降低成本的要求。企业的生产经营过程,也就是各项计划的执行过程,成本的发生过程本身也就伴随着成本的控制。

2. 成本计划是企业成本分析和考核的基本标准

进行成本分析与考核,是以计划成本为标准的。计划成本既包括各产品的计划成本,也包括各部门的目标成本,成本计划的逐级分解是将来进行成本考核分析的基本标准。无论分析全部产品还是个别产品;或是分析各部门的成本降低完成情况,还是考核各部门成本管理水平,都以成本计划为基本标准。

3. 成本计划是企业编制其他计划的重要依据

在企业生产经营全面预算中,成本计划(预算)是非常重要的部分,也是对其他计划提出的最优成本要求。在财务计划中,成本计划是核心,如企业的利润计划、营运资金计划必须建立在先进的成本计划基础上。离开成本计划,企业整个生产经营计划将无从优化。

9.1.2 成本计划的内容

企业的成本费用可以根据不同的标志进行分类,按照不同的管理要求,成本计划也因此而不同。企业全部成本费用可分为生产费用与期间费用两大部分,从广义上来说,成本计划也包括产品成本计划和期间费用计划两大部分。产品成本计划是对计划期产品生产费用所提出的成本目标,期间费用计划是对由本期损益直接承担的期间费用所提出的成本目标。

产品成本计划可以分为两大类:一是按生产费用经济用途来划分,通过成本项目来反映计划期各种产品预计成本水平;二是按生产费用经济性质划分,通过费用要素来反映计划期内企业物化劳动及活劳动耗费水平,即生产费用预算。产品成本计划,可以用于分析产品各成本项目升降的状况及原因,确定降低成本的目标,指明降低成本的努力方向。生产费用预算是控制各种费用支出的依据。产品成本计划的主要内容如下:

1. 主要产品单位成本计划

主要产品单位成本计划是将主要产品按不同品种分别编制,按成本项目反映各主要产品在计划期内规定的单位成本水平及单位成本降低任务的完成情况。根据要求,主要产品单位成本计划还应列出有关技术经济指标的计划水平。

2. 全部商品产品成本计划

全部商品产品成本计划反映企业在计划期内生产的全部商品产品总成本水

平,在编制过程中可以分为两种。

(1)按产品品种编制的全部商品产品成本计划,包括不同品种商品产品的成本计划指标。

①全部商品产品计划总成本;

②全部可比产品计划总成本及其计划成本降低率指标;

③全部不可比产品计划总成本;

④各主要可比产品计划单位成本、总成本及其计划成本降低率指标;

⑤各主要不可比产品单位成本及总成本。

(2)按成本项目编制的全部商品产品成本计划,包括按不同成本项目反映的成本计划指标。

①全部可比产品直接材料、直接人工、制造费用等项目的计划成本及计划降低额、降低率;

②全部不可比产品直接材料、直接人工、制造费用等计划成本指标;

③全部产品按不同成本项目表示的各项目成本计划指标及总成本计划指标。

两种方法反映的计划总成本都是以计划单位成本和计划产量来计算确定的,因此,两者反映的总成本、可比产品成本降低额和降低率是一致的。

3.生产费用预算

生产费用预算是按生产费用要素反映的计划期内全部生产费用的支出计划。它由两部分构成:一是基本部分,反映按费用要素计算的各项生产费用额以及占总费用的比重;二是调整计算部分,在生产费用总额的基础上加减有关调整项目,使生产费用总额与商品产品成本总额相等,便于与全部商品成本计划进行核对。生产费用预算可作为控制生产费用支出的依据。

4.制造费用预算

制造费用是综合性间接费用,既包括固定资产折旧费、管理人员工资等固定制造费用,又包括消耗材料、动力费等变动制造费用,及一些混合性制造费用,如修理费等。制造费用不可能像直接人工、直接材料那样简单确定,因此,应先编制制造费用预算,即按费用项目反映计划期内各项制造费用支出数。编制制造费用预算时可按各项目费用与业务量的关系来确定。

5.成本降低的措施方案

完整的成本计划除了各项成本计划指标外,还不能缺少成本降低的措施与方案。在编制成本计划时,企业内部各个部门应提出相应的技术组织措施来保证成本降低计划的完成,经过全厂综合平衡汇总,形成成本降低的措施方案。它通常主要包括企业在计划期内降低成本的方法与途径,反映成本降低的项目、内容,降低的数额及由此产生的效益。

6.期间费用预算

企业的期间费用是指直接计入当期损益的管理费用、财务费用和销售费用等。这些费用不计入产品成本,但影响企业利润水平。在成本管理中,期间费用是不可缺少的一部分。在整个成本费用计划体系中,离不开期间费用的预算。这三项费用内容复杂、项目繁多,可按规定的明细科目分别编制预算。

9.1.3 成本计划的编制原则

成本计划的编制是一项综合性工作,涉及企业生产经营的许多方面,具有较强的技术性。成本计划的编制和执行需要企业各方面的努力,否则计划就难以先进合理,难以得到较好的贯彻执行,因此,在成本计划的编制过程中应遵循以下原则。

1.先进合理原则

成本计划的各项指标既要先进,又要合理可行。指标确定要得当,指标定得过高难以实现,或者实现的过程困难太大,会影响计划执行过程中的积极性,从而变成不能实现的目标;指标定得过低又会丧失挑战性,十分轻易地就能完成,实际上使计划指标形同虚设。成本计划的编制过程中,既要充分考虑管理需要,又要考虑现实可能。

2.系统性原则

成本计划在企业计划(预算)体系中居于重要地位,它与企业其他计划之间既有着密切的联系,又互相影响、互相制约。成本计划既是产量、工资、材料供应等一系列计划综合的结果,又是利润、财务收支等计划基础。编制成本计划应充分考虑其他计划对成本计划的制约,同时也要考虑成本计划对其他计划的影响,使各项计划较好地衔接,防止成本计划孤立存在以及企业计划体系中各部分相互脱节。

3.可比性原则

成本计划应与实际成本、前期成本保持可比性。这就要求编制成本计划时采用的计算方法与口径应与企业核算的方法与口径保持一致。在成本核算对象及费用的归集、分配方法上,编制成本计划和核算应保持一致,否则会使成本计划失去应有的作用。

4.合法合规原则

合法合规是对企业生产经营的总要求,也是对会计工作、成本工作的基本要求。编制成本计划时,要遵守国家有关法律、法规、制度对企业成本费用开支的约束,以防止出现因违反法规而付出更大代价的现象。只有合法合规的成本计划,才能起到成本计划应有的作用。

5. 效益原则

成本计划的先进合理与否会对企业的经济效益高低产生影响,成本计划编制本身也应讲求效益。在确定成本计划的编制程序与方法时,应充分考虑编制过程本身的消耗,在满足管理需要的前提下,应尽可能节约编制过程的开支。

6. 弹性原则

成本计划要有充分的预见性,这就要求成本计划建立在科学的成本预测的基础上。无论怎样科学的预测,总会有较大的不确定性。计划期内,企业内部和外部的技术经济条件和供产销条件会发生各种变化,这就要求在编制成本计划的过程中充分考虑对一定范围内变化的适应,即在计划指标上适当留有余地——当外部情况发生剧变时能使成本计划有较快得到调整的可能性。

9.1.4 成本计划的编制程序

编制成本计划首先需要搜集整理成本计划资料,然后按照预定的程序来编制。

1. 编制成本计划需要的资料

编制成本计划的第一步就是搜集整理资料,通常需要以下资料:

(1)企业成本预测情况和成本降低目标;

(2)有关技术经济定额,如原材料消耗定额、劳动定额等;

(3)材料计划单价、劳动工资率等;

(4)上期产品成本资料;

(5)有关费用开支的标准、规定;

(6)与成本计划相关的其他生产经营计划资料,如产量计划、物资消耗计划、工资计划、折旧计划、产品质量计划等。

2. 成本计划编制的程序类型

成本计划编制的程序按编制成本计划的组织方式不同可以分为集中编制和分级编制两种。

集中编制是指由厂部来集中编制企业的成本计划,其优点是便于统一指挥和调度,部门之间容易协调;不足之处是可能会降低各责任单位的积极性和创造性。

分级编制是指先由各车间、各部门根据有关资料编制本单位的成本计划,再由下至上,层层汇总出全厂的成本计划。这种编制程序的优点是有利于发挥各责任单位的积极性和创造性。但在编制的过程中,各责任单位往往只关注本部门情况,只关心本部门的利益,各部门相互之间支持较少,协调较困难,因此编制工作量比较大,有可能影响到计划的质量和时效。

一般来说,采用集权组织结构形式的企业往往采用集中编制成本计划的方式,而采用分权组织结构形式的企业则往往采用分级编制成本计划的方式。

3.成本计划编制的步骤

无论使用集中编制还是分级编制成本计划,一般都要经历以下几个步骤:

(1)收集和整理基础资料。在编制成本计划以前,要广泛收集和整理所需要的各项基础资料,并加以分析研究。

(2)分析报告期成本计划的执行情况。只有正确地总结过去,才能科学地预测未来。因此,在编制本期成本计划之前,要对上年度成本计划的执行情况进行分析,要将上期可比产品的实际成本与计划成本相对比,与同行业先进水平相对比,揭示差距,查明原因,总结经验,以寻找出有效降低成本的途径与方法。

(3)测算相关因素变动对实现成本目标的影响。在分析报告年度成本计划执行情况的基础上,根据确定的计划期的目标利润、目标成本以及成本预测的结果,研究计划期影响成本升降的因素和降低成本的措施,测算计划期产品成本可能降低的幅度,使企业对于计划期能否完成预定的目标做到心中有数。

(4)编制正式成本计划。一般由财务部门在其他部门的配合下正式编制企业的成本计划,制定保证成本计划实现的措施。在编制的过程中,要综合平衡各部门的要求,要与企业其他的生产经营计划相衔接,要发动职工群众,深入挖掘潜力。

4.成本计划编制的流程

各个企业生产规模、生产组织方式、工艺特点和管理要求等的不同,使得成本核算的方法和程序不同,从而导致在正式编制成本计划时,具体步骤也会有所不同。但一般来说,不论是集中编制还是分级编制,在编制正式成本计划时,大体顺序是一样的。工业企业正式成本计划的编制一般按以下步骤展开:首先根据基础资料编制辅助生产成本计划及其分配的计划和基本生产车间制造费用计划及其分配的计划,然后结合基本生产车间直接成本(直接材料、直接人工)计划编制基本生产车间产品成本计划,进一步形成主要产品单位成本计划和全部商品产品成本计划,最后与期间成本计划汇总形成企业总的成本计划。编制的流程如图9-1所示。

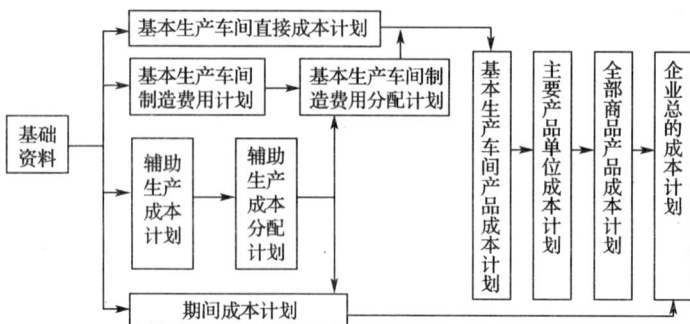

图 9-1　成本计划编制流程

9.2 成本计划的编制方法

9.2.1 静态成本计划法

静态成本计划法是一种固定的成本计划方法。它是根据未来固定不变的业务水平,不考虑计划期内生产经营活动可能发生的变动而编制的。这种计划方法通常适用于业务水平比较稳定的企业。

下面以制造型企业为例来说明这种成本计划的编制。

【例1】 假设某企业实行分级成本核算,分车间计算成本。企业的成本计划先由车间、部门编制,然后由厂部计划科汇总编制全厂成本计划。该企业设有一个基本生产车间和一个辅助生产机修车间,生产甲、乙两种产品,采用品种法计算产品成本。

(1)生产计划产量表和产品消耗额及计划单价表

生产计划产量表应该根据预计销售量、本期期初库存和预计期末库存编制,见表9-1。

表 9-1   生产计划产量表

20××年度   单位:件

产品名称	预计销售量	期初库存	预计期末库存	计划产量
甲产品	2 200	400	200	2 000
乙产品	1 100	200	100	1 000

产品消耗定额是根据以往经验和技术测定编制的计划期内的平均消耗定额,该定额在计划期内通常不变。由于企业材料品种繁多,不可能为每一种材料制定消耗定额,只能为消耗较大的主要材料制定消耗定额,其他材料可参考上年实际耗用数,并考虑计划期内降低消耗的要求加以确定。产品消耗定额及计划单价表见表9-2。

表 9-2   产品消耗定额及计划单价表

20××年度

项目	单位	计划单价	单位消耗定额		车间一般消耗			
			甲产品	乙产品	基本生产车间	辅助生产车间	行政管理部门	销售机构
原材料	千克	10	4	2	100	140	40	20
燃料	立方米	1	6	5	60	1 800	20	16
动力	千瓦时	0.4	8	10	6 000	4 400	2 000	1 000
工资	元	6	10	11	1 200	700	600	200

（2）辅助生产车间费用计划表

辅助生产车间费用计划表应由各辅助生产车间分别编制，生产多品种产品的辅助生产车间可按成本项目编制成本计划。提供劳务的车间可按费用项目编制费用计划表，见表9-3。

表 9-3 　　　　　　　　修理车间费用计划表

20××年度

费用计划		费用分配		
费用项目	金额（元）	修理总工时（小时）		16 000
原材料	4 700			
燃料及动力	1 780	分配率（元/小时）		0.84
薪酬费用	2 400			
低值易耗品摊销费	1 000	受益部门	基本生产车间	受益工时　12 000
折旧费	1 400			
修理费	400			应分配金额　10 080
办公费	600			
保险费	240		行政管理部门	受益工时　4 000
机物料消耗	700			
其他费用	220			应分配金额　3 360
合计	13 440			

该表包括辅助生产费用计划和辅助生产费用分配两部分。辅助生产费用计划的编制方法为：对有消耗定额的项目，如材料、燃料、动力和工资等，可根据计划产量、消耗定额和计划单价进行计算填列；对有规定开支标准的项目，如劳保费等，可根据有关标准编制；对没有消耗定额和开支标准的项目，如低值易耗品摊销、修理费等，可根据上年资料结合本年产量的变化，并考虑本年成本费用降低的要求进行估计；对于相对固定的费用，如办公费、水电费等，可根据历史资料，结合本期费用节约的要求进行估计；对其他已有现成资料的项目，如折旧费、保险费和管理人员的工资等，可根据其他计划有关资料编制。

辅助生产车间计划费用的分配，可采用直接分配法、交互分配法、代数分配法、顺序分配法等方法进行。本例中只有一个辅助生产车间，采用的是直接分配法。该方法是将计划费用总额除以劳务量总额得到单位分配率，然后分别乘以各受益单位的劳务量，即得到各受益单位应分配的费用。

（3）基本生产车间成本计划表

基本生产车间成本计划的编制应先根据计划产量、消耗定额和计划单价编制直接生产成本计划表（表9-4），然后再编制制造费用计划表（表9-5），最后将制造费用计划总额在各产品之间分配,编制制造费用计划分配表(表9-6),汇总即得基本生产成本计划表(表9-7)。

表9-4 　　　　　　　　**基本生产车间直接生产成本计划表**

20××年度 　　　　　　　　　　　　　　单位:元

成本项目	计划单价	甲产品(2 000件)			乙产品(1 000件)			合计
		消耗定额	单位成本	总成本	消耗定额	单位成本	总成本	
原材料	10	4	10	20 000	2	5	5 000	25 000
燃料	1	6	1.5	3 000	5	1.25	1 250	4 250
动力	0.4	8	0.8	1 600	10	1	1 000	2 600
工资费	6	10	15	30 000	11	16.5	16 500	46 500
福利费	0.84	10	2.1	4 200	11	2.31	2 310	6 510
合计	18.24		29.4	58 800		26.06	26 060	84 860

表9-5 　　　　　　　　**基本生产车间制造费用计划表**

20××年度 　　　　　　　　　　　　　　单位:元

费用项目	上年实际数	本年计划数
机物料消耗		
燃料及动力		
薪酬费用		
低值易耗品摊销费		
折旧费		
修理费		
办公费		
保险费		
劳动保护费		
其他费用		
合计		

表9-6 　　　　　　　　**制造费用计划分配表**

20××年度

分配对象	计划产量(件)	单位工时定额(小时)	定额工时(小时)	分配率(元/小时)	分配额(元)	单位产品成本(元)
甲产品	2 000	5	10 000	1.4	14 000	7
乙产品	1 000	5.5	5 500	1.4	7 700	7.7
合计			15 500		21 700	

表9-7 　　　　　　　　　　**基本生产成本计划表**

20××年度　　　　　　　　　　单位:元

成本项目	甲产品(2 000 件)		乙产品(1 000 件)		总成本
	单位成本	总成本	单位成本	总成本	
原材料	10	20 000	5	5 000	25 000
燃料及动力	2.3	4 600	2.25	2 250	6 850
薪酬费用	17.1	34 200	18.81	18 810	53 010
制造费用	7	14 000	7.7	7 700	21 700
合计	36.4	72 800	33.76	33 760	106 560

(4)管理费用、销售费用和财务费用计划表

管理费用计划表反映的是计划期内企业组织和管理生产所发生的各项管理费用的计划数,它可按规定的明细项目编制。凡是有定额和标准的,按定额和标准编制;没有定额和标准的,可根据上期发生数结合本期费用节约的要求编制。管理费用计划表见表9-8。

表9-8 　　　　　　　　　　**管理费用计划表**

20××年度　　　　　　　　　　单位:元

费用项目	上年实际数	本年计划数
机物料消耗		
燃料及动力		
薪酬费用		
低值易耗品摊销费		
折旧费		
修理费		
水电费		
办公费		
保险费		
劳动保护费		
其他费用		
合计		

销售费用计划表包括计划期内销售产品过程中所发生的装卸费、运杂费、广告费和佣金费等,还包括销售机构所发生的各项费用,其编制思路与管理费用计划表相同,销售费用计划表见表9-9。

财务费用计划表反映了企业在计划期内筹集资金的利息费用、金融机构手续费和汇兑损失等的计划数。财务费用计划表见表9-10。

表 9-9 销售费用计划表 单位:元

费用项目	上年实际数	本年计划数
机物料消耗		
燃料及动力		
薪酬费用		
低值易耗品摊销费		
办公费		
水电费		
装卸费		
广告费		
佣金费		
包装费		
运杂费		
其他费用		
合计		

表 9-10 财务费用计划表

20××年度 单位:元

费用项目	上年实际数	本年计划数
利息费用		
金融机构手续费		
汇兑损失		
合计		

(5)汇总全企业产品成本计划表

①主要商品产品单位成本计划表见表 9-11。

表 9-11 主要商品产品单位成本计划表

20××年度 单位:元

成本项目	甲产品	乙产品
原材料	20	10
燃料及动力	4.6	4.5
直接人工	34.2	37.62
制造费用	14	15.4
单位生产成本	72.8	67.52
主要技术经济指标	消耗量	消耗量
主要材料	4	2
燃料	6	5
动力	8	8
直接人工	10	11

②商品产品成本计划表,见表 9-12。

表 9-12　　　　　　　　　商品产品成本计划表

20××年度　　　　　　　　　　　单位:元

产品名称	计量单位	计划产量	计划单位成本	计划总成
可比产品:				106 560
甲产品	件	2 000	36.4	72 800
乙产品	台	1 000	33.76	33 760
不可比产品:				
全部商品产品				106 560

9.2.2　弹性成本计划法

弹性成本计划法是按照可预见的多种经营活动水平的相应数据编制成本计划的方法。在该法下,要把所有的成本划分为变动成本和固定成本。变动成本的计划额主要依据单位业务量来确定,固定成本的计划额则按总业务量确定,具体可根据上期实际发生的情况结合本期的实际情况调整确定。

弹性成本计划法下的弹性计划成本计算公式如下:

弹性计划成本=固定成本计划总额+∑(单位变动成本计划数×预计业务量)

预计业务量一般应根据企业的具体情况而定,通常以正常生产能力的 70%～110%为宜。例如,正常生产能力为 10 000 件,则预计业务量可选 7 000～11 000 件。

【例 2】　某企业在不同业务水平下的弹性成本计划见表 9-13。

表 9-13　　　　某企业不同业务水平下的弹性成本计划　　　金额单位:元

业务量(件)	28 000	32 000	36 000	40 000	44 000
生产能力百分比	70%	80%	90%	100%	110%
变动费用:					
直接材料(0.5元/件)	14 000	16 000	18 000	20 000	22 000
直接人工(0.7元/件)	19 600	22 400	25 200	28 000	30 800
变动制造费用(0.4元/件)	11 200	12 800	14 400	16 000	17 600
变动制造费用小计	44 800	51 200	57 600	64 000	70 400
固定费用	10 000	10 000	10 000	10 000	10 000
成本合计	54 800	61 200	67 600	74 000	80 400

弹性成本计划法的优点是能够适应不同经营活动情况的变化,扩大计划范围,能更好地发挥计划的作用,避免在实际情况发生变化时,对计划频繁修改。

9.2.3　零基成本计划法

零基成本计划法要求对任何一笔计划开支都必须从零开始,而不考虑以往的情况,从根本上研究、分析每项开支有无开支的必要,以及支出多少为宜。

零基成本计划法是完全不同于传统成本计划编制法的一种方法。传统的成本计划编制方法大多是以计划期前期费用开支水平为基础,结合计划期的实际情况,加以适当的调整进行编制的,计划编制的重点在增加的费用量上。这种方法虽然操作比较简单,但它等于承认了前期费用水平发生的合理性。

1.零基成本计划法的编制步骤

(1)提出计划目标。企业在正式编制计划之前应根据企业的长远规划,综合考虑各种资源条件,提出计划构想,并规范各部门的计划编制要求。避免它们墨守成规,要重新审视,上下结合。

(2)划分层次,确定计划单元。计划单元就是企业中按照零基成本计划法编制计划的基层单位。计划单元必须对其业务活动具有绝对的决策权力,否则,经济责任就不易划清。企业中凡是能够确定成本、费用和收益的责任单位,都可以作为计划单元。

(3)进行成本-效益分析。企业中的计划单元根据企业整体规划,各自提出开展业务活动的各种方案,方案要明确各种业务活动的内容、收益和预算支出。每增加一项业务活动,就要增加预算投入,称为增量方案。成本—效益分析就是评价每一增量方案的经济效果,权衡轻重,取成本最低、效益最好的方案。

(4)分配资金、落实计划。各计划单元的方案上报总公司后,总公司要对其进行审查,对各增量方案进行分类排序,并按此顺序分配资金,分类保证,落实计划。最终目的是要让有限的资金取得最大的收益。

有人认为应按成本收益率的比例分配资金,其实是不妥的。成本收益率可作为分类的依据,但不宜再作为分配数额的依据。至于各类差距的大小,很难断言,必须根据具体情况而定。

(5)编制零基成本计划。在具体分配资金过程中,先要满足第一项目,其次为第二项目,如果资金充裕,再考虑第三项目。必须按照轻重缓急分配资金,这样,既保证了各个计划单元的正常生产经营活动,又使那些经济效益较好的项目得到优先安排。资金分配方案确定以后,企业就可进行汇总,编制企业正式成本计划。

2.零基成本计划法的优缺点

(1)零基成本计划法的优点

①不受成规约束,能充分调动各级管理人员的积极性;

②能督促基层组织精打细算,讲究经济效益,提高资金利用的效率;

③使资金的调度更加合理;

④便于成本计划的检查和监督。

零基成本计划法克服了传统成本计划法的缺点,成本、费用计划过程从零开始,发生的一切支出都须有充分的理由证明其是合理的,并且对一切业务都进行成本—效益分析,本着以最低耗费取得最大效益的原则来分配使用资金。

(2)零基成本计划法的缺点

由于采用零基成本计划法编制成本计划需要耗费大量的时间和精力,需要生产人员、工程技术人员、成本决策人员等的紧密配合才能实现,所以,在实际工作中很难实行,该法在公共组织部门运用较为普遍。

9.2.4 滚动成本计划法

滚动成本计划法又称永续成本计划法,以每过一个月再增补一个月的方法来保持计划期的完整性,并对后来月份的计划成本根据已过月份的实际执行结果进行修改,以保持其合理性。

该法可用图 9-2 表示。

图 9-2 滚动成本计划法

当然,也可以按季滚动,季度滚动可以简化工作量,但应根据实际需要而定。

滚动成本计划法的优点是可以保持计划的完整性、连续性,从动态计划中把握企业的未来,并且计划可以不断修订,使计划和实际相适应,有利于发挥成本的控制作用。

9.2.5 概率成本计划法

在成本计划编制过程中,往往会涉及一些不确定性变量,如产量、价格、原材料成本等,这些不确定变量可以用概率来表示。这种在考虑变量取值概率基础上编制的成本计划,称为概率成本计划。

【例3】 某企业20××年度预计有关产量和成本数据见表9-14。

表 9-14　　　　　　　　某企业 20×× 年度预计有关产量和成本数据

计划产量		计划单位变动成本		计划固定成本（元）
数量（件）	概率	金额（元）	概率	
4 000	0.2	6.3	0.1	6 000
		5.8	0.6	
		4.6	0.3	
8 000	0.5	6.3	0.2	6 400
		5.8	0.5	
		4.6	0.3	
12 000	0.3	6.3	0.2	7 200
		5.8	0.6	
		4.6	0.2	

根据表 9-14，计算各成本的期望值，并确定计划成本，见表 9-15。

表 9-15　　　　　　　　　　　成本期望值计算表　　　　　　　　　　　单位:元

计划产量		联合概率	计划变动成本			计划固定成本		总成本	
数量	概率		单位成本	总额	期望值	总额	期望值	总额	期望值
4 000 p＝0.2	0.1	0.02	6.3	25 200	504	6 000	120	31 200	624
	0.6	0.12	5.8	23 200	2 784	6 000	720	29 200	3 504
	0.3	0.06	4.6	18 400	1 104	6 000	360	24 400	1 464
8 000 p＝0.5	0.2	0.1	6.3	50 400	5 040	6 400	640	56 800	5 680
	0.5	0.25	5.8	46 400	11 600	6 400	1 600	52 800	13 200
	0.3	0.15	4.6	36 800	5 520	6 400	960	43 200	6 480
12 000 p＝0.3	0.2	0.06	6.3	75 600	4 536	7 200	432	82 800	4 968
	0.6	0.18	5.8	69 600	12 528	7 200	1 296	76 800	13 824
	0.2	0.06	4.6	55 200	3 312	7 200	432	62 400	3 744
计划成本		1.00			46 928		6 560		53 488

复习思考题

1. 什么是成本计划？成本计划包括哪些内容？

2. 成本计划的编制原则是什么？

3. 成本计划的编制方法有哪些？

4. 简述编制成本计划的程序。

第**10**章

成本决策

10.1 成本决策概述

10.1.1 成本决策的概念

成本决策(Strategic Decision of Cost)是指根据成本管理的目标,利用决策方法,依据相关数据,对各种备选方案进行分析比较,从中选出最佳方案的活动。成本决策是成本管理的核心,只有降低生产经营过程中的各项消耗,才能提高经济效益,才能实现企业价值最大化的目标。

成本决策在成本管理各环节中居于主导地位,同成本管理的其他环节存在密切的联系。成本预测是成本决策的前提,成本决策的结果又是进行成本控制和成本管理业绩评价的依据。

成本决策的内容涉及成本管理的各个方面,主要包括产品设计阶段的成本决策、生产工艺选择中的成本决策、生产组织中的成本决策和零部件自制或外购的成本决策等,这些决策往往对成本产生较为重要的影响。

10.1.2 成本决策的意义

1. 成本决策是企业经营管理决策系统的重要组成部分

企业经营管理决策是一个围绕着企业价值最大化目标来做相关的"选择"和"决定"的系统。在企业价值管理中,收入是增加价值的重要源泉,降低成本也是一个重要因素。科学合理的成本决策,一方面可以降低消耗;另一方面可以避免决策差错可能带来的损失,从而获得一定的经济效益,保证企业价值最大化目标的实现。成本决策尤其在企业制定产品销售价格、制定产品营销策略、开发新产品、经济资源的综合利用等方面发挥着极为重要的作用,因而成为企业经营管理决策系统的重要组成部分。

2. 成本决策是成本管理的核心环节

成本管理是由一系列成本会计和管理会计行为组成的有机整体。其中成本预测只是提供了多种可能的方案,只有经过成本决策,才能明确最终的实施方案。成本决策是成本计划、成本控制、成本分析、成本考核与评价的依据。在成本决策的基础上制订成本计划,有利于保证成本计划与其他成本管理环节的一致性;在成本决策的基础上实施成本控制,才能明确控制对象,保证控制的有效性;在成本决策的基础上实施成本分析、考核和评价,才能保证其科学性和合理性。因此,成本决策是成本管理的核心环节。

10.1.3 与成本决策有关的成本概念

在成本决策中,涉及很多成本概念,只有正确理解这些概念,才能作出科学合理的成本决策。这些概念主要包括"相关成本"、"无关成本"、"沉没成本"、"增量成本"、"机会成本"、"差异成本"、"付现成本"、"共同成本"和"专属成本"等。

1. 相关成本(Relevant Cost)

相关成本指与特定方案相联系的、能对决策产生重大影响的、在决策中必须予以充分考虑的成本。常见的相关成本有增量成本、机会成本、专属成本、重置成本、付现成本及边际成本等。

2. 无关成本(Irrelevant Cost)

无关成本指与特定方案无关的、不对决策产生重大影响的、在决策中不需要充分考虑的成本。常见的无关成本有沉没成本、共同成本等。

3. 沉没成本(Sunk Cost)

沉没成本指由于过去决策结果而引起并已经实际发生的成本,它又被称为"旁置成本",或"沉入成本"。由于沉没成本代表过去的支出,因而这种支出无论多大,都是无法回收的成本。

例如,某企业有报废零件价值10 000元,如再行加工,需要支出1 000元,但可售得2 500元;如将该批零件不经加工直接处理,则只售得850元。那么在进行加工后出售还是不经加工直接出售方案决策时,这批报废零件的原始成本10 000元是在过去已经支付了的,属于沉没成本,对现时决策没有影响,因而不予考虑。

4. 增量成本(Incremental Cost)

增量成本指因某一特定决策方案而引起的成本变化量。例如,甲企业引进 A 设备,成立了专门的工作车间,但工作量不饱和,只有 70%。此时,乙企业希望与甲企业进行合作,合作方案为乙企业将产品订单介绍给甲企业,但价格为甲企业加工成本的 85%,问甲企业是否应接受此方案?甲企业的加工成本为 300 元,主要包括变动成本 100 元,分摊的固定成本 200 元。如果接受乙企业的要求,则收费标准为 255 元,每加工一个乙企业介绍的产品所引起的增量成本,就是所消耗的变动成本 100 元,固定成本 200 元在没有合作的情况下也要支出,是沉没成本,与本次决策方案无关,因此可以不考虑固定成本。甲企业每加工一个产品可得到的利润贡献为 155 元(255−100),故应考虑接受此方案。

5. 机会成本(Opportunity Cost)

经济学将机会成本通常定义为从事某种选择所必须放弃的最有价值的其他选择;管理学一般把已放弃的次优方案可能取得的利益看做是被选取最优方案的机会成本。虽然两者定义的侧重点不同,但含义却相同。机会成本不是指实际的支出或耗费,而是表述了稀缺资源与选择之间的基本关系。机会成本是一种隐性成本,不能反映在财务报表上,但是一旦作出决策,机会成本就产生了,所以决策时必须予以考虑。机会成本总是针对具体方案的,离开被放弃的方案就无从计量确定。机会成本在决策中的意义在于它有助于全面考虑可能采取的各种方案,以便为既定资源寻求更为有利的使用途径。例如,某企业有机器一台,可用于本厂生产也可出租给另一工厂而收取租金,则这台机器继续用于生产的机会成本就是失去的租金收益。又如,假设某企业只能生产甲或乙其中一种产品,预计甲产品利润为 3 000 元,而乙产品利润只有 2 000 元,则生产甲产品的机会成本为 2 000 元,因为这是放弃生产乙产品所牺牲的代价;另一方面,决定生产乙产品的机会成本为 3 000 元,这是未生产甲产品损失的代价。

6. 差异成本(Differential Cost)

差异成本亦称差别成本,它有狭义和广义之分。狭义的差异成本是指由于生产能力利用程度不同(增减产量)而形成的成本差异额。广义的差异成本是指两个不同备选方案的预计成本之差,如产品制成后不立即外销而在本厂进一步加工后再出售所发生的成本增加部分;产品的某些零件由自制改为外购而发生的成本增减部分等。成本决策中常常对差异成本予以广义的理解。

差异成本与定期成本计算所求得的制造成本有三点不同。第一,产品制造成本包括制造产品所发生的全部费用,差异成本只是指两种不同方案的成本差异部分;第二,制造成本从成本计算资料中取得,而差异成本则是为了满足专门问题的需要而临时从统计上、会计上和技术上调查测定的;第三,制造成本是过去的实际发生数,而差异成本反映的则是将来的成本情况。

7. 付现成本(Out-of-Pocket Cost)

付现成本又称现金支出成本,是指未来需要动用现金支付的成本。现在或将来的任何决策都可能改变其现金支出数额,因此,付现成本是决策过程中必须考虑的一项重要影响因素。

例如,某企业计划进行 A 产品的生产。现有甲设备一台,原始价值 55 000 元,已提折旧 40 000 元,折余净值 15 000 元。生产 A 产品时,还需对甲设备进行技术改造,为此需追加支出 10 000 元。如果市场上有乙设备出售,其性能与改造后的甲设备相同,售价为 20 000 元。则在该决策中,甲设备的追加支出 10 000 元与乙设备的购买价格 20 000 元分别为各方案的付现成本。

8. 共同成本(Common Cost)

共同成本指那些由多个方案共同负担的固定成本。由于这类成本注定要发生,与特定方案的选择无关,因此在决策中不予考虑。如企业计提折旧费及发生的管理人员工资等。

9. 专属成本(Specific Cost)

专属成本又称特定成本,指那些能够明确归属于特定备选方案或企业为设置某个部门而发生的固定成本。没有这些方案或部门,就不会发生这些成本,所以专属成本是与特定的方案或部门相联系的特定的成本,在决策中必须予以考虑。如零部件自制时所追加的专用工具支出等。

10.1.4 成本决策的程序及原则

1. 成本决策的程序

任何领域的决策都涉及几个基本问题,即选择目标函数、阐明政策选择、建立模型和确定计算方法。成本决策的程序是指成本决策时依次安排的工作步骤。依据成本管理的特点,成本决策的程序可以分为以下 5 个步骤。

(1)提出问题

成本决策涉及工艺、价格、耗费、产量等多方面的问题,决策时应该首先明确需要面对的具体问题,并充分认识该问题对成本管理全局乃至整个企业管理的重要性。

(2)确定决策目标

决策目标,是指在一定环境和条件下,决策者在解决问题的过程中所期望达到的结果。成本决策的总体目标是最合理、最有效、最充分地利用资源,以最低的成本支出取得最佳的经济效益和社会效益。具体确定决策目标时,首先要注意目标的明确性,比如在固定成本确定的情况下,生产多少数量的产品可以保本;在成批生产过程中,全年分几批生产最经济? 其次要注意目标的协调性,很多情况下,企业面临的是多目标决策,只有注意各目标之间的协调性,才能保证目标的有效性。第三要注意目标的可操作性,成本决策目标要建立在需要和可能的基础上。既要参考历史成本费用标准,又要考虑今后成本费用结构和标准可能发生的变化,从而保证成本决策目标的合理性和可操作性;同时还要注意目标与实现手段的统一性。

(3)收集相关信息

成本决策信息要具有广泛性,既要收集与该成本决策有关的所有成本资料,还要收集其他相关资料。成本决策信息要准确可靠,只有依赖准确可靠的信息,才能在一定程度上保证决策结果的合理和正确。成本决策离不开信息的支持。

(4)拟定备选方案

成本决策的备选方案是指为保证成本决策目标的实现,具备实施条件的各种可行的方案。进行成本决策时必须拟定多个备选方案才能从中进行比较和择优。因此在拟定备选方案时,一方面应保持各方案的全面、完整;另一方面要尽量满足各方案之间的互斥性。

(5)优化选择

在对各种备选方案运用科学的决策方法进行比较分析后,根据一定的标准进行筛选,作出成本最优决策。在优化选择中,要选择科学的、合适的决策方法,同时要选用合理的筛选标准。如果同样的备选方案采用不同的决策方法和标准,其决策结果是相同的,那么可以帮助决策者作出正确判断;如果决策结果不同,那么要进一步分析差异的原因,避免决策者作出错误的判断。

2. 成本决策的原则

成本决策的原则是指决定某项备选方案是否可行的主要标准。一般来说,应遵循以下原则:

(1)收益大于成本的原则

在备选方案的收益和成本都可确定的情况下,必须按照收益大于成本的原则,选择净收益大于零或者净收益最大的方案。

(2)边际效益最大化原则

当备选方案引起收益和成本都发生变化时,应当将边际收入和边际成本相配比,选择边际效益最大的方案。

(3)成本最小化原则

当备选方案引起的未来收益难以确定时,应考虑在达到既定目标的前提下,选择投入成本最小的方案。

10.2　成本决策的方法

成本决策有很多方法,应该根据成本决策的内容及目的选择采用不同的方法。成本决策的方法主要有差别利润分析法、相关成本分析法和成本无差别点法等。

10.2.1　成本决策的方法和步骤

1. 差别利润分析法

所谓差别利润分析法,是指根据各方案之间的差别利润来评价方案的优劣,进而据以决策的一种方法。本法用于同时涉及收入和成本的决策分析。

该法的应用步骤是:

第一步:计算确定各方案的预计收入和成本,计算时,既可按收入和成本总额计算,也可只按相关收入和相关成本计算;

第二步:计算各方案之间的差别收入和差别成本;

第三步:根据各方案之间的差别收入和差别成本,计算出各方案之间的差别利润;

第四步:根据差别利润的数值的性质评价各方案的优劣,选择最优方案。如果差别利润为正值,说明前一方案优于后一方案,那么决策确定应选前一方案。如果差别利润为负值,说明前一方案劣于后一方案。如果同期决策中有三个或三个以上的备选方案,那么应分别进行各方案之间的差别利润计算,据以选出最优方案。

2. 相关成本分析法

所谓相关成本分析法,是指根据各方案的相关成本差异来评价方案优劣,进而据以决策的一种方法。本法适用于只涉及成本方案的决策分析。

该法的应用步骤是:

第一步:计算出各方案的相关成本;

第二步:计算出各方案之间的相关成本差异;

第三步:根据相关成本数值的性质进行决策,如果相关成本差异为正值,说明前一方案劣于后一方案,那么决策确定应选后一方案,反之选择前一方案。

3. 成本无差别点法

所谓成本无差别点法,是指根据成本无差别点来分析评价方案优劣,进而据以决策的一种方法。在此,成本无差别点是指当两个方案的预计成本相等时的相关业务量水平。本法适用于在相关业务量水平未事先确定条件下的方案决策。本法的特点是将收入、成本及利润与业务量水平的变动的相关性进行综合考虑。因此，成本无差别点法又称为本量利分析法。

该法的应用步骤是：

第一步：建立各方案的预计总成本函数式；

第二步：以各方案的成本函数式为基础建立等式，即一元一次方程；

第三步：求解方程，计算成本无差别点；

第四步：以成本无差别点为界，进行各相关方案之间的比较与评价，并进一步作出决策。

10.2.2 成本决策方法的应用

1.新产品开发的决策

企业只有不断地开发新产品，促进产品的更新换代，才能满足社会日益增长的新需求。也只有这样，企业才能在激烈的市场竞争中生存和发展。新产品开发的决策问题，既可能属于长期投资决策，也可能属于短期生产经营决策。本节从后者出发来讨论新产品开发的决策。在短期生产经营过程中的新产品开发的决策，主要是指在现有生产技术条件下，如何充分利用现有剩余生产资源开发某种新产品。现举例说明如下：

【例1】 某企业现有剩余生产能力15 000个定额台时可用于开发新产品，有关生产能力的固定成本为20 000元。现有 A 与 B 两种新产品可供选择，两种产品生产的有关资料见表10-1，问企业应生产哪种新产品？

表 10-1   产品生产资料表   单位:元

项目 \ 品种	A	B
单位价格	10 000	5 000
单位变动成本	8 000	3 500
单位产品定额台时	500	300

解：先计算剩余生产能力可用于生产各种产品的产量。

可用于生产 A 产品的产量＝15 000÷500＝30(件)

可用于生产 B 产品的产量＝15 000÷300＝50(件)

然后运用差别利润分析法进行分析，见表10-2。

根据表 10-2 分析的结果，两方案的差别利润为－15 000元，说明生产 A 产品的方案劣于生产 B 产品的方案，故决策确定该企业生产 B 产品。

表 10-2		差别利润分析表	单位:元
方案 项目	生产 A	生产 B	差异
总收入	300 000	250 000	50 000
总成本	260 000	195 000	65 000
总利润	40 000	55 000	−15 000

在上述决策分析中是以预计总收入、总成本为基础来进行方案分析的。在本例,我们也可以以相关收入、相关成本为基础来进行分析。在本例,与生产能力有关的固定成本是沉没成本即无关成本,在计算各方案的相关成本时可以扣除,故分析结果见表 10-3。

表 10-3		差别利润分析表	单位:元
方案 项目	生产 A	生产 B	差异
1.相关收入	300 000	250 000	50 000
2.相关成本	240 000	175 000	65 000
3.相关利润	60 000	75 000	−15 000

显然,按相关收入和成本分析的结果与按总收入和总成本分析的结果完全一致。

2.亏损产品的决策

亏损产品的决策问题,是指在历史期已计算表现为亏损的产品,在计划期是否应生产的问题。基于产品成本可分为固定成本和变动成本两部分,所以,在企业单一品种生产条件下,在只能按历史期生产规模生产时,亏损产品无疑是不应再生产的。但考虑到企业多品种生产等情况,亏损产品是否应继续生产就需视具体情况分析决定。现举例说明如下:

【例2】 某企业同时生产 A、B、C 三种产品,其中 A 产品为亏损产品,资料见表 10-4,问 A 产品是否应停产? 假设 A 产品停产后相关生产能力不可转移。

表 10-4			损益计算表	单位:元
品种 项目	A	B	C	合计
销售收入	20 000	30 000	4 000	90 000
变动成本	18 000	25 000	30 000	73 000
边际利润	2 000	5 000	10 000	17 000
固定成本	3 000	2 000	5 000	10 000
利润	−1 000	3 000	5 000	7 000

注:此处"边际利润"指"贡献毛益",即销售收入与变动成本之差。

解：采用差别利润分析法进行分析，见表10-5。

表10-5　　　　　　　　　　差别利润分析表　　　　　　　　单位：元

项目 \ 方案	不停产	停产	差异
总收入	90 000	70 000	20 000
总成本	83 000	65 000	18 000
总利润	7 000	5 000	2 000

根据表10-5分析的结果，决策确定该企业不应停产A产品。究其原因是：①A产品提供的边际利润大于零；②停产A产品后因相关的生产能力不可转移，即原应由A产品负担的固定成本将转移到B产品和C产品上负担。

【例3】　承例2，假设停产A产品后，相关生产能力可转移，设备用于出租，可取得租金收入2 500元，问A产品是否应停产？

解：采用差别利润分析法进行分析，见表10-6。

表10-6　　　　　　　　　　差别利润分析表　　　　　　　　单位：元

项目 \ 方案	不停产	停产	差异
相关收入	20 000	2 500	17 500
相关成本	18 000	0	18 000
相关利润	2 000	2 500	−500

根据表10-6分析的结果，决策确定该企业应停产A产品。究其原因是：A产品生产所提供的边际利润小于设备出租的收入。

本例中的分析也可见表10-7。

表10-7　　　　　　　　　　差别利润分析表　　　　　　　　单位：元

项目 \ 方案	不停产	停产	差异
相关收入	20 000	0	20 000
相关成本	20 500	0	20 500
相关利润	− 500	0	−500

在表10-7的分析中，是将停产后因出租设备所取得的租金收入2 500元，看成是不停产方案的机会成本。

3.是否转产或增产某种产品的决策

是否转产或增产某种产品的决策问题，是基于企业在同时生产多种产品的条件下,为了充分利用企业现有生产技术条件和生产资源,通过合理调整和安排产品生产结构和数量规模,以保证生产总体达到最优效益水平而提出来的。进行该类决策,必须充分考虑同一资源用于不同产品生产效果的大小,以及总体资源分配于不同产品生产所带来的总体效果。现举例说明如下:

【例4】 某企业同时生产A、B、C三种产品。其中A产品收入为20 000元,成本为19 200元。如果停产A,它的生产能力可以转移,方案有:①用于转产新产品D 500件;②用于增产B产品1 000件;③用于增产C产品1 500件。其他相关资料为:D产品的单价为18元,单位变动成本为5元;B产品的单价为10元,单位变动成本为4元;C产品的单价为8元,单位变动成本为3元。问A产品是否应停产?

解:采用差别利润分析法进行分析,见表10-8。

表10-8　　　　　　　　　　　　差别利润分析表　　　　　　　　　单位:元

项目 \ 方案	续产A	停产A 转产D	停产A 增产B	停产A 增产C
相关收入	20 000	9 000	10 000	12 000
相关成本	19 200	2 500	4 000	4 500
相关利润	800	6 500	6 000	7 500

根据表10-8的分析结果,决策确定该企业应停产A产品,增产C产品1 500件。

【例5】 承例4,假设转产D产品需增加固定成本1 000元,增产B产品需增加固定成本600元,增产C产品需增加固定成本2 200元。问A产品是否应停产?

解:采用差别利润分析法进行分析,见表10-9。

表10-9　　　　　　　　　　　　差别利润分析表　　　　　　　　　单位:元

项目 \ 方案	续产A	停产A 转产D	停产A 增产B	停产A 增产C
相关收入	20 000	9 000	10 000	12 000
相关成本	19 200	3 500	4 600	6 700
相关利润	800	5 500	5 400	5 300

根据表10-9分析的结果,决策确定该企业应停产A产品转产D产品。在本例中,因转产或增产追加的固定成本属于各方案的专属成本。

4. 接受追加订货的决策

是否接受追加订货的决策问题,是基于追加订货的价格低于原计划定价提出来的。这类决策问题主要应考虑：一是追加订货对原生产计划有无冲击；二是追加订货的价格与生产成本的对比程度。现举例说明如下：

【例6】 某企业本年计划生产甲产品1 000件，其正常售价为80元/件。有关成本资料为：单位变动成本为40元，固定成本总额为20 000元。现有一客户向该企业提出追加订货200件，订货价为50元/件。现要求：试据下列各种情形作出该企业应否接受追加订货的决策。

(1)假设企业最大生产能力为1 200件，剩余生产能力不可转移，追加订货不需追加专属成本。

(2)假设企业最大生产能力为1 200件，剩余生产能力不可转移，追加订货需增加固定成本1 500元。

(3)假设企业最大生产能力为1 100件，剩余生产能力不可转移，追加订货不需追加专属成本。

(4)假设企业最大生产能力为1 100件，剩余生产能力不可转移，追加订货需增加固定成本500元。

(5)假设企业最大生产能力为1 200件，剩余生产能力可转移，出租取得租金收入600元，追加订货需增加固定成本1 500元。

解：(1)采用差别利润分析法进行分析，见表10-10。

表10-10　　　　　　　　　　　差别利润分析表　　　　　　　　　单位:元

方案\项目	接受	不接受	差异
相关收入	10 000	0	10 000
相关成本	8 000	0	8 000
相关利润	2 000	0	2 000

根据表10-10分析的结果，决策确定该企业应接受追加订货。究其原因：一是追加订货不冲击原正常生产计划；二是追加订货价格高于产品单位变动成本。

(2)采用差别利润分析法进行分析，见表10-11。

表10-11　　　　　　　　　　　差别利润分析表　　　　　　　　　单位:元

方案\项目	接受	不接受	差异
相关收入	10 000	0	10 000
相关成本	9 500	0	9 500
相关利润	500	0	500

根据表 10-11 分析的结果,决策确定该企业应接受追加订货。上述分析中,将因追加订货而增加的固定成本作为接受订货方案的专属成本。

(3)采用差别利润分析法进行分析,见表 10-12。

表 10-12 　　　　　　　　　　　差别利润分析表　　　　　　　　　　单位:元

方案\项目	接受	不接受	差异
相关收入	10 000	0	10 000
相关成本	12 000	0	12 000
相关利润	−2 000	0	−2 000

根据表 10-12 分析的结果,决策确定该企业不应接受追加订货。上述分析中,在计算接受订货方案的相关指标时,将因接受追加订货而冲击原生产计划 100 件,其按正常售价出售可能带来的收入 8 000 元不作为本方案的机会成本予以考虑。

(4)采用差别利润分析法进行分析,见表 10-13。

表 10-13 　　　　　　　　　　　差别利润分析表　　　　　　　　　　单位:元

方案\项目	接受	不接受	差异
相关收入	10 000	0	10 000
相关成本	12 500	0	12 500
相关利润	−2 500	0	−2 500

根据表 10-13 分析的结果,决策确定该企业不应接受追加订货。上述分析中,将因接受追加订货而增加的固定成本 500 元作为接受订货方案的专属成本予以考虑。

(5)采用差别利润分析法进行分析,见表 10-14。

表 10-14 　　　　　　　　　　　差别利润分析表　　　　　　　　　　单位:元

方案\项目	接受	不接受	差异
相关收入	10 000	0	10 000
相关成本	10 100	0	10 100
相关利润	−100	0	−100

根据表 10-14 分析的结果,决策确定该企业不应接受追加订货。上述分析中,将由于不接受追加订货而可能取得的租金收入作为接受订货方案的机会成本予以考虑。

5.产品是否进一步加工的决策

产品是否进一步加工的决策问题,是基于不同加工程度的产品其价格与成本的对应关系程度不同提出来的。现举例说明如下:

【例7】 某企业年产A半成品1 000件。该半成品售价为10元,单位变动成本为6元。A半成品若进一步加工为B产品,其单价为15元,单位变动成本增加3元,还需增加固定成本1 000元。问A半成品是否应进一步加工?

解:采用差别利润分析法进行分析,见表10-15。

表10-15 　　　　　　　　　　　　　差别利润分析表 　　　　　　　　　　单位:元

项目 \ 方案	进一步加工 A	不进一步加工 A	差异
相关收入	5 000	0	5 000
相关成本	4 000	0	4 000
相关利润	1 000	0	1 000

根据表10-15分析的结果,决策确定应对A半成品进一步深加工后再出售。上述分析中,相关收入5 000元按进一步加工后的增量收入计算,相关成本4 000元包括增量成本3 000元和专属成本1 000元。

6.零部件自制或外购的决策

零部件自制或外购的决策问题,主要应考虑产品生产对零部件的需求数量。现举例说明如下:

【例8】 某企业制造甲产品需要A部件,年需要量20 000件,该部件如果自制尚有生产能力可以利用。经测算,生产A部件每件需材料费12元,直接人工费4元,变动性制造费用2元,分摊固定费用4元,单位成本共计22元。

(1)如果外购A部件每件20元,A部件是自制还是外购?

(2)设企业自制A部件需增加专用设备,每年需增加专属固定成本40 000元,A部件是自制还是外购?

(3)如果A部件外购,每件20元,多余的生产能力可多生产甲产品5 000台,甲产品单价为85元,单位变动成本为50元,A部件是自制还是外购?

解:(1)该企业如果自制A部件,单位成本22元将比外购高2元,似乎自制不合算,但无论A部件是自制还是外购,固定费用都将发生,可以不予考虑,这样自制或外购的成本比较见表10-16。

A部件是利用剩余生产能力生产的,自制时将发生变动成本360 000元,而外购A部件需400 000元,因此应选择自制方案。

表 10-16 　　　　　　　　　　相关成本分析表 　　　　　　　　　　单位:元

项目 / 方案	自制	外购	差异
差量成本			+40 000
自制:直接材料	12×20 000＝240 000		
直接人工	4×20 000＝80 000		
变动性制造费用	2×20 000＝40 000		
小计	360 000		
外购:购入成本		20×20 000＝400 000	

（2）如果自制时需增加专属成本 40 000 元,则自制方案的成本为 400 000 元（360 000＋40 000）,与外购方案的费用持平,两方案无差量成本。即在该条件下,当专属成本低于每年 40 000 元可选择自制;当专属成本高于每年 40 000 元应选择外购。

此类决策也可采用以下方法进行。

当自制需增加专属固定成本时,预期的单位成本除变动成本外,还包括了专属固定成本应分摊的部分,而单位专属固定成本是与产量增减成反比例变动的,因此可据以计算能保证补偿追加固定成本所需的产量（成本分界点）。

补偿追加固定成本所需产量（成本分界点）＝每年需增加的固定成本÷（外购单价－自制的单位变动成本）

本例所需产量＝40 000÷（20－2）＝20 000（件）

计算结果表明,A 部件年产量超过 20 000 件时才能使自制方案的预期总成本低于外购的预期总成本;如果产量低于 20 000 件,则以采用外购方案为宜。

（3）在这种情况下,如果自制 A 部件,则将失去生产甲产品的边际利润,因此分析时应将其视为自制方案的机会成本,相关成本分析表见表 10-17。

表 10-17 　　　　　　　　　　相关成本分析表 　　　　　　　　　　单位:元

项目 / 方案	自制	外购	差异
差量成本			−135 000
自制:变动成本	18×20 000＝360 000		
机会成本	35×5 000＝175 000		
小计	535 000		
外购:购入成本		400 000	

在此情况下,自制成本加上机会成本的总额高于外购 A 部件的成本 135 000 元,因此以选择外购 A 部件的方案为宜。

7. 生产工艺技术方案的决策

生产工艺技术方案的决策问题,主要应考虑相关业务量水平、不同工艺方案下固定成本的水平及产品生产变动成本的水平等因素。现举例说明如下:

【例9】 A产品可以采取两种生产方式,一是自动化生产,二是机械化生产。自动化生产条件下,产品的单位变动成本为 10 元,年固定成本为 26 000 元;机械化生产条件下,产品的单位生产成本为 12 元,年固定成本为 20 000 元。问:A 产品生产应采用哪种生产方式?

解:采用成本无差别点法进行分析。

设 A 产品的年计划产量为 x,则自动化生产条件下 A 产品的年总成本应为 $(10x+26\,000)$元,机械化生产条件下 A 产品的年总成本应为$(12x+20\,000)$元,据此可建立如下方程:

$$10x+26\,000 = 12x+20\,000$$

求解方程,得 $x = 3\,000$(件)

所以,决策结果应是:

当 A 产品的年计划产量小于 3 000 件时,应选择机械化生产方案;

当 A 产品的年计划产量等于 3 000 件时,两种方案均可行;

当 A 产品的年计划产量大于 3 000 件时,应选择自动化生产方案。

▌复习思考题▐

1. 什么是机会成本? 什么是差异成本?

2. 成本决策的程序和原则是什么?

3. 成本决策的方法有哪些?

第 **4** 篇

成本分析、控制与考核

第**11**章

成本分析

11.1 成本分析的意义

　　成本分析(Cost Analysis)是利用成本核算及其他相关资料,对成本水平及其构成的变动情况进行分析与评价,以揭示影响成本升降的各种因素及其变动的原因,寻找降低成本的潜力。成本分析是成本管理的重要组成部分,是成本管理工作的重要环节。通过成本分析可以正确认识和掌握成本变动的规律性,有利于实现降低成本的目标;通过成本分析可以对成本计划的执行情况进行有效的控制和对执行结果进行正确的评价;通过成本分析还可以为编制成本计划和制定经营决策提供重要依据,给未来的成本管理工作指明努力的方向。

　　广义地说,成本分析可以在成本形成前后进行事前、事中和事后分析。在成本形成之前,为了选择降低成本的最佳方案,确定目标成本,编制成本计划,需要对成本进行预测分析,即事前成本分析;在成本形成过程中,为了随时检查各项定额和成本计划的执行情况,控制各种消耗、费用支出,保证目标成本的实现,需要进行成本控制分析,即事中成本分析;在成本形成之后,把成本核算数据与其他资料结合起来,评价成本计划的执行结果,揭示矛盾,总结经验教训,指导未来,需要进行成本考核分析,即事后成本分析。所以,成本分析贯穿于成本管理的全过程,它对充分发挥成本管理的作用具有重要意义。

　　狭义地说,成本分析主要指事后成本分析。从降低本期成本出发,事前成本分析与事中成本分析的作用大于事后成本分析。但是,事后成本分析另有其特定的作用。这种分析对于检查成本计划执行情况,评价工作业绩,以及指导下期成本工作都具有明显的积极意义。因此,事后分析过去是、现在是、将来也必然还是成本分析中一项不可缺少的内容。由于事前成本分析与事中成本分析的基本原理,同前面成本预测、成本决策及成本控制所阐述的某些方法类似,因此本章所讲的成本分析的方法和内容,主要是从狭义成本分析的角度进行的。

成本分析的主要目的,是为改进生产经营管理,节约生产耗费,不断降低成本,提高经济效益。因此,成本分析必须适应生产经营管理的需要,不仅要分析实际成本升降的原因,了解成本工作的现状,还要预测未来成本,提出降低成本的目标和途径。

企业正确地进行成本分析,必须遵守一定的原则,包括全面分析与重点分析相结合的原则,纵向分析与横向分析相结合的原则,专业分析与群众分析相结合的原则,经济分析与技术分析相结合的原则,成本分析与成本考核相结合的原则,成本核算数据与调查研究相结合的原则。

11.2　成本分析的程序

进行成本分析,首先应搞清成本分析的程序或一般分析方法。一般地说,成本分析包括以下三个阶段九个步骤:

11.2.1　成本分析准备阶段

成本分析准备阶段主要由以下三个步骤组成:

(1)明确成本分析的目的。进行成本分析,首先必须明确为什么要进行成本分析,是要评价企业经营业绩?还是要制订未来经营计划?只有明确了成本分析的目的,才能正确地收集、整理资料,选择正确的分析方法,从而得出正确的结论。

(2)确立成本分析评价标准。有了明确的分析目的,还必须确立分析评价标准。不同的分析目的,其分析评价标准是不同的。有的可采用绝对标准,有的可采用历史标准,有的则可采用预算标准等。只有确立正确的分析评价标准,才会得出正确的分析结论。

(3)收集整理成本分析资料。分析资料是成本分析的基础,资料收集、整理的及时性、完整性、准确性,对分析结果的正确性有着直接的影响。资料的收集、整理应根据分析的目的和计划进行,但这并不是说不需要经常性、一般性的资料收集与整理,只有平时积累各种信息资料,才能根据不同的分析目的及时提供所需资料。

11.2.2　成本分析实施阶段

成本分析实施阶段,即具体分析阶段,是在成本分析准备阶段的基础上进行的,它主要包括以下三个步骤:

(1)报表整体分析。报表整体分析主要指运用水平分析法、垂直分析法及趋势分析法等各主要成本费用会计报表进行全面分析。如通过对成本表的垂直分析,可揭示各成本项目的构成变动,说明成本升降的原因。报表整体分析,对于全面反映企业成本状况具有重要作用。

(2)成本指标分析。对成本指标进行分析,是成本分析的一种重要方法或形式。成本指标分析可分为绝对指标分析和相对指标分析或比率指标分析两种,通常也将其称为指标对比分析法和比率分析法。进行成本分析,应根据分析的目的和要求选择正确的分析指标。正确选择与计算成本分析指标是正确判断与评价企业成本状况的关键所在。

(3)基本因素分析。成本分析不仅要解释现象,而且应分析原因。基本因素分析就是在报表整体分析和成本指标分析的基础上,对一些主要指标的完成情况,从其影响因素角度,深入进行定量分析,确定各因素对其影响的方向和程度,为企业正确进行成本评价提供最基本的依据。

11.2.3　成本分析报告阶段

成本分析报告阶段是成本分析实施阶段的继续,具体可分为三个步骤:

(1)得出成本分析结论。成本分析结论是在应用各种成本分析方法进行分析的基础上,将定量分析结果、定性分析判断及实际调查情况结合起来得出的。成本分析结论是成本分析的关键步骤,结论的正确与否是判断成本质量的唯一标准。一个正确分析结论的得出,往往需要经过几次反复的成本分析。

(2)提出可行性措施建议。分析问题是为了解决问题,因此,成本分析不仅要分析原因,得出结论,而且必须针对问题提出实际可行的措施,为解决问题提供决策依据。

(3)编写成本分析报告。编写成本分析报告是成本分析的最后步骤。它将为成本分析的基本问题、基本结论,以及成本分析主体及其他受益者提供决策依据。成本分析报告作为对成本分析工作的总结,还可作为历史资料,以供后来的分析参考,保证成本分析的连续性。

11.3 成本分析的方法

11.3.1 成本报表整体分析法

1.水平分析法

水平分析法,指将反映企业报告期成本状况的信息(特别指成本报表信息资料)与反映企业前期或历史某一时期成本状况的信息进行对比,研究企业各项经营业绩或成本状况的发展变动情况的一种成本分析方法。水平分析法所进行的对比,一般而言,不是指单指标对比,而是对反映某方面情况的报表的全面、综合对比分析。水平分析法的基本要点是将报表资料中不同时期的同项数据进行对比。对比的方式有两种:一是确定其增减变动数量;二是确定增减变动率。

$$变动数量=分析期某项指标实际数-前期同项指标实际数$$
$$变动率(\%)=变动数量÷前期实际数量×100\%$$

公式中的前期,可指上年度,也可指以前年度。采用水平分析法应同时进行两种形式的对比,因为仅以某种形式对比,可能得出错误的结论。

应当指出,水平分析法通过将企业报告期的成本管理资料与前期对比,揭示各方面存在的问题,为全面、深入分析企业成本状况奠定了基础,因此水平分析法是成本分析的基本方法。另外,水平分析法可用于一些可比性较高的同类企业之间的对比分析,以找出企业间存在的差距。但是,水平分析法在不同企业应用时,一定要注意其可比性问题。即使在同一企业应用,对于差异的评价也应考虑其对比基础。另外,水平分析法中,应将两种对比方式结合运用,仅用变动数量,或仅用变动率都可能得出片面的、甚至是错误的结论。

2.垂直分析法

垂直分析法与水平分析法不同,它的基本要点不是将企业报告期的分析数据直接与前期进行对比求出增减变动量和增减变动率,而是通过计算报表中各项目占总体的比重,反映报表中的项目与总体关系情况及其变动。会计报表经过垂直分析法处理后,通常称为同度量报表,或称总体结构报表。如同度量资产负债表、同度量利润表、同度量成本表等,都是应用垂直分析法得到的。垂直分析法一般步骤是:

第一,确定报表中各项目占总额的比重或百分比,其计算公式为

$$某项目的比重=该项目金额÷各项目总金额×100\%$$

第二,通过各项目占总额的比重,分析各项目在企业经营中的重要性,一般项目比重越大,说明其重要程度越高,对总体的影响越大。

第三,将分析期各项目的比重与前期同项目比重对比,研究各项目的比重变动情况。也可将本企业报告期项目比重与同类企业的可比项目比重进行对比,研究本企业与同类企业的差异,以及取得的成绩和存在的问题。

3. 趋势分析法

趋势分析法是根据企业连续几年或几个时期的分析资料,通过指数或完成率的计算,确定分析期各有关项目的变动情况和变动趋势的一种成本分析方法。趋势分析法既可用于对会计报表的整体分析,即研究一定时期报表各项目的变动趋势,也可对某些主要指标的发展趋势进行分析。趋势分析法的一般步骤是:

第一,计算趋势比率或指数。通常指数的计算有两种方法,一种是定基指数,另一种是环比指数。定基指数是指各个时期的指数都是以某一固定时期为基期来计算。环比指数则是指各个时期的指数都以前一期为基期来计算。趋势分析法通常采用定基指数。

第二,根据指数计算结果,评价与判断企业各项指标的变动趋势及其合理性。

第三,预测未来的发展趋势。根据企业各项指标以前各期的变动情况,研究其变动趋势或规律,从而可预测出企业未来发展变动情况。

11.3.2　指标分析法

1. 指标对比分析法

指标对比分析法是对经济指标实际数进行各种各样的比较,从数量上确定差异的一种分析方法。指标对比分析法的作用在于揭示矛盾,评价业绩,指出不足,挖掘潜力。

成本指标对比分析,根据分析的目的与要求,主要有以下几种形式:

(1)实际成本指标与预期成本目标对比,考查企业成本目标的完成情况。这就需要将企业的实际指标与计划指标进行比较,揭示差异,为进一步分析指明方向。但在比较时,必须检查计划本身的质量,如果计划保守或冒进,就会失去可比的客观依据。

(2)实际成本指标与历史成本水平对比,考查企业成本水平的变动情况。这种比较方法可以观察企业的变化趋势,以及改善企业经营管理的情况等。另外,有些经济技术指标未规定计划数,可将其实际数与前期数进行对比,以便查找差距,从中吸取经验,有助于改进工作。

(3)实际成本指标与同类企业或同类产品成本水平对比,考查企业成本水平在同类产品中所处的地位,或者在企业内部开展与先进车间、班组或个人的成本指标比较。这种对比方法,可以扩大眼界,防止骄傲自满,在更大范围内发现先进与后进的差距,学人之长,补己之短,以提高经营管理水平。在我国成本分析实践中,这种对比形式得到了蓬勃发展。在一些同类企业中,通过交换成本核算资料,自动开展成本指标对比活动。有些行业由个别企业的简单对比,发展成为由主管部门牵头的有组织、有准备的定期评比会的形式,从而将指标对比同经验交流会相结合,同赶超先进的竞赛相结合。

开展成本指标的对比,要考虑指标的内容、计价标准、时间长短和计算方法的可比性。在同类企业进行成本指标对比时,还要考虑客观条件基本接近,在技术上、经济上可行。

2. 比率分析法

比率分析法是成本分析的重要方法之一。成本比率分析法实质上是将反映成本状况或与成本水平相关的两个因素联系起来,通过计算比率,反映它们之间的关系,借以评价企业成本状况和经营状况的一种成本分析方法。由于成本分析的目的不同,分析的角度不同等,比率分析法中的比率有许多表示形式。下面对几种主要的比率分析方法加以说明。

(1)相关比率分析法。相关比率分析法是将某一成本指标或项目,同其他与之相关但不相同的指标或项目加以对比,求出比率,以便更深入地认识某方面的成本水平与经营状况。如成本利润率、百元商品产值成本、百元销售收入成本等都属于相关比率。相关比率分析法是比率分析法中最重要、应用最广泛的分析方法,在成本效益分析中被广泛采用。

(2)构成比率分析法。构成比率分析法是通过确定某一成本指标的各个组成部分占总体的比重,观察其构成内容及其变化,以掌握该项成本的特点和变化趋势。如通过计算产品总成本中材料成本、工资成本及制造费用所占的比重及其变化,就可以揭示影响总成本水平的关键因素及其增减变动的原因,明确成本管理重点。

(3)趋势比率分析法。趋势比率分析法是将几个时期的同一成本指标进行对比分析求出比率,再根据比率指标分析、判断企业成本的变动速度与变化趋势。趋势比率分析法,既可用于评价经营业绩,又可用于成本预测。

比率分析法与指标对比分析法相比,具有容易判断、可比性强等特点,但是由于它同样受会计资料、成本核算方法及行业特点等的影响与制约。因此,在使用比率分析法时,同样需要结合实际,对具体问题进行具体分析。

11.3.3　因素分析法

因素分析(Cause and Effect Analysis)法是依据分析指标与其影响因素之间的关系,按照一定的程序和方法,确定各因素对分析指标差异影响程度的一种技术方法。因素分析法是经济活动分析中最重要的方法之一,也是成本分析中可运用的方法。因素分析法根据其分析特点可分为连环替代法和差额计算法两种。

1. 连环替代法

连环替代法(Succesive Substitution Method)是因素分析法的基本形式,有人甚至将连环替代法与因素分析法看成是同一概念,即连环替代法就是因素分析法,或因素分析法就是连环替代法。连环替代法的名称是由其分析程序的特点决定的。为正确理解连环替代法,首先应明确连环替代法的一般程序或步骤。

(1)连环替代法的程序

连环替代法的程序由以下几个步骤组成:

第一,确定分析指标与其影响因素之间的关系。确定分析指标与其影响因素之间关系的方法通常为指标分解法,即将经济指标在计算公式的基础上进行分解或扩展,从而得出各影响因素与分析指标之间关系式。例如,对于材料费用指标,要确定它与影响因素之间的关系,可按下述公式进行分解:

$$材料费用=产品产量×单位产品材料费用$$
$$=产品产量×单位产品材料单耗×材料单价$$

分析指标与影响因素之间的关系式,既能说明哪些因素影响分析指标,又能说明这些因素与分析指标之间的关系及顺序。如上式中影响材料费用的有产品产量、材料单耗和材料单价三个因素;它们都与材料费用成正比例关系;它们的排列顺序是,产品产量在先,其次是材料单耗,最后是材料单价。

第二,根据分析指标的报告期数值与基期数值列出两个关系式或指标体系,确定分析对象。如对于材料费用而言,两个指标体系是:

$$基期材料费=基期产品产量×基期材料单耗×基期材料单价$$
$$实际材料费用=实际产品产量×实际材料单耗×实际材料单价$$
$$分析对象=实际材料费用-基期材料费$$

第三,连环顺序替代,计算替代结果。所谓连环顺序替代就是以基期指标体系为计算基础,用实际指标体系中的每一因素的实际数顺序地替代其相应的基期数,每次替代一个因素,替代后的因素被保留下来。计算替代结果,就是在每次替代后,按关系计算其结果,有几个因素就替代几次,并相应确定计算结果。

第四,比较各因素的替代结果,确定各因素对分析指标的影响程度。比较替代结果是连环进行的,即将每次替代所计算的结果与这一因素被替代前的结果进行对比,二者的差额就是替代因素对分析对象的影响程度。

第五,检验分析结果。即将各因素对分析指标的影响额相加,其代数和应等于分析对象。如果二者相等,说明分析结果可能是正确的;如果二者不相等,则说明分析结果一定是错误的。

连环替代法的程序或步骤是紧密相连、缺一不可的,尤其是前四个步骤,任何一个步骤出现错误,都会出现错误结果。下面举例说明连环替代法的步骤和应用。

【例1】 某企业2011年和2012年有关材料费用、产品产量、材料单耗和材料单价的资料见表11-1。

表11-1 成本资料表

指标	2011年	2012年
材料费用(元)	40 000	46 200
产品产量(件)	2 000	2 200
材料单耗(千克/件)	8	7
材料单价(元)	5	6

要求:分析各因素变动对材料费用的影响程度。

根据连环替代法的程序和对材料费用的因素分解式,可得出:

实际指标体系:$2\,200\times7\times6=92\,400$(元)

基期指标体系:$2\,000\times8\times5=80\,000$(元)

分析对象:$92\,400-80\,000=+12\,400$(元)

在此基础上,按照第三步骤的做法进行连环顺序替代,并计算每次替代后的结果:

基期指标体系:$2\,000\times8\times5=80\,000$(元)

替代第一因素:$2\,200\times8\times5=88\,000$(元)

替代第二因素:$2\,200\times7\times5=77\,000$(元)

替代第三因素:$2\,200\times7\times6=92\,400$(元)

根据第四步骤,确定各因素对材料费用的影响程度:

产品产量的影响:$88\,000-80\,000=+8\,000$(元)

材料单耗的影响:$77\,000-88\,000=-11\,000$(元)

材料单价的影响:$92\,400-77\,000=+15\,400$(元)

最后检验分析结果:$+8\,000-11\,000+15\,400=12\,400$(元)

2.应用连环替代法应注意的问题

连环替代法作为因素分析方法的主要形式,在实践中应用比较广泛。但是,在应用连环替代法过程中必须注意以下几个问题：

(1)因素分解的相关性。所谓因素分解的相关性,是指分析指标与其影响因素之间必须真正相关,即有实际经济意义。各影响因素的变动确实能说明分析指标差异原因。这就是说,经济意义上的因素分解与数学意义上的因素分解不同,不是在数学算式上相等就行,而要看经济意义。例如,将影响材料费用的因素分解为下面两个等式从数学意义上都是成立的：

$$材料费用＝产品产量×单位产品材料费用$$
$$材料费用＝工人人数×每人消耗材料费用$$

但是从经济意义上说,只有前一个因素分解式是正确的,后一个因素分解式在经济上没有任何意义。因为这个式子无法说清楚工人人数和每人消耗材料费用到底是增加有利,还是减少有利。当然,有经济意义的因素分解式并不是唯一的,一个经济指标从不同角度看,可分为不同的有经济意义的因素分解式。这就需要我们在因素分解时,根据分析的目的和要求,确定合适的因素分解式,以找出分析指标变动的真正原因。

(2)分析前提的假定性。所谓分析前提的假定性是指分析某一因素对经济指标差异的影响时,必须假定其他因素不变,否则就不能分清各单一因素对分析对象的影响程度。但是实际上,有些因素对经济指标的影响是共同作用的结果,共同影响的因素越多,这种假定的准确性就越差,分析结果的准确性也就会降低。因此,在因素分解时,并非分解的因素越多越好,而应根据实际情况,具体问题具体分析,尽量减少对相互影响较大的因素再分解,使之与分析前提的假设基本相符。否则,因素分解过细,从表面看有利于分清原因和责任,但是在共同影响因素较多时,反而影响了分析结果的正确性。

(3)因素替代的顺序性。前面谈到,因素分解不仅要因素确定准确,而且因素排列顺序也不能交换,这里特别要强调的是不存在乘法交换率问题。因为分析前提假定性的原因,按不同顺序计算的结果是不同的。那么,如何确定正确的替代顺序呢?这是一个在理论上和实践中都没有很好解决的问题。传统的方法是依据数量指标在前,质量指标在后的原则进行排列;现在也有人提出依据重要性原则排列,即主要的影响因素排在前面,次要的影响因素排在后面。但是无论何种排列方法,都缺少坚实的理论基础。正因为如此,许多人对连环替代法提出异议,并试图加以改善,但至今仍无公认的好的解决方法。

(4)顺序替代的连环性。连环性是指在确定各因素变动对分析对象影响时,都是将某因素替代后的结果与该因素替代前的结果对比,一环套一环,这样才既能保证各因素对分析对象影响结果的可分性,又便于检验分析结果的准确性。因为只有连环替代并确定各因素影响额,才能保证各因素对经济指标的影响之和与分析对象相等。

3.差额计算法

差额计算法是连环替代法的一种简化形式,当然也是因素分析法的一种形式。差额计算法作为连环替代法的简化形式,其因素分析的原理与连环替代法是相同。区别只在于分析程序上,差额计算法比连环替代法简单,即它可直接利用各影响因素的实际数与基期数的差额,在其他因素不变的假定条件下,计算各该因素对分析指标的影响程度。或者说差额计算法是将连环替代法的第三步骤和第四步骤合并为一个步骤进行。

这个步骤的基本点就是:确定各因素实际数与基期数之间的差额,并在此基础上乘以排列在该因素前面各因素的实际数和排列在该因素后面各因素的基期数,所得出的结果就是该因素变动对分析指标的影响数。

【例2】 根据表11-1提供的数据,运用差额计算法分析各因素变动对材料费用的影响程度。

分析对象:$92\,400-80\,000=+12\,400$(元)

因素分析:

产品产量的影响:$(2\,200-2\,000)\times 8\times 5=+8\,000$(元)

材料单耗的影响:$2\,200\times(7-8)\times 5=-11\,000$(元)

材料单价的影响:$2\,200\times 7\times(6-5)=+15\,400$(元)

最后检验分析结果:$+8\,000-11\,000+15\,400=+12\,400$(元)

应当指出,应用连环替代法应注意的问题,在应用差额计算法时同样要注意。除此之外还应注意的是,并非所有连环替代法都可按上述差额计算法的方式进行简化。特别是在各影响因素之间不是连乘的情况下,运用差额计算法必须慎重,下面举例加以说明。

【例3】 某企业有关成本的资料见表11-2。

表11-2　　　　　　　　　　　　　　成本资料表　　　　　　　　　　　　　　单位:元

项目	2011 年	2012 年
产品产量(件)	2 000	2 400
单位变动成本	12	11
固定成本	9 000	10 000
产品总成本	33 000	36 400

要求:确定各因素变动对产品总成本的影响程度。

产品总成本与其影响因素之间的关系式为

产品总成本＝产品产量×单位变动成本＋固定总成本

运用连环替代法进行分析如下：

分析对象:36 400－33 000＝＋3 400(元)

因素分析:

2011 年:2 000×12＋9 000＝33 000(元)

替代第一因素:2 400×12＋9 000＝37 800(元)

替代第二因素:2 400×11＋9 000＝35 400(元)

2012 年:2 400×11＋10 000＝36 400(元)

产品产量变动的影响:37 800－33 000＝＋4 800(元)

单位变动成本的影响:35 400－37 800＝－2 400(元)

固定总成本变动的影响:36 400－35 400＝＋1 000(元)

各因素影响之和:＋4 800－2 400＋1 000＝＋3 400(元),与分析对象相同。

如果直接运用差额计算法,则得到

产品产量变动的影响:(2 400－2 000)×12＋9 000＝＋13 800(元)

单位变动成本的影响:2 400×(11－12)＋9 000＝＋6 600(元)

固定总成本变动的影响:2 400×11＋(10 000－9 000)＝＋27 400(元)

各因素影响之和:＋13 800＋6 600＋27 400＝＋47 800(元)

可见运用差额计算法的各因素分析结果之和不等于＋3 400 的分析对象,显然是错误的。错误的原因在于产品总成本的因素分解式中各因素之间不是纯粹相乘的关系,而存在相加的关系。这时运用差额计算法对连环替代法进行简化为

产品产量变动的影响:(2 400－2 000)×12＝＋4 800(元)

单位变动成本的影响:2 400×(11－12)＝－2 400(元)

固定总成本变动的影响:10 000－9 000＝＋1 000(元)

在因素分解式中存在加、减、乘、除法的情况下,一定要注意这个问题,否则将得出错误的结果。

复习思考题

1.成本分析应遵循哪些原则?

2.成本分析方法有哪些? 它们各有什么特点?

3.什么是因素分析法? 简述其基本的分析程序。

第12章

成本控制

12.1 成本控制概述

成本控制(Cost Control)是指运用以成本会计为主的各种方法,预定成本限额,按限额开支成本和费用,以实际成本和成本限额作比较,衡量经营活动的成绩和效果,并以例外管理原则纠正不利差异,以提高工作效率,达到甚至超过预期的成本限额。

12.1.1 成本控制系统的组成

企业的成本控制系统包括组织系统、信息系统、考核制度和奖励制度等内容。

1.组织系统

组织是指人们为了一个共同目标而从事活动的一种方式。在企业组织中,通常将目标划分为几个子目标,并分别指定一个下级单位负责完成。每个子目标可再划分为更小的目标,并指定更下一级的部门去完成。一个企业的组织机构可以用管理等级和平均控制跨度来描述。管理等级是最高级单位和最低级单位之间的等级,平均控制跨度是指一个单位所属下级的数目。一个企业的组织机构还可以用各级管理等级之间权力集中和分散的程度来描述。在一个高度集中的组织机构中,权力集中于较高级别的管理层次,低级管理人员只拥有很小的决策权。一个企业中,权力很可能在一个职能领域中高度集中,而在其他职能领域则高度分散。一般来说,生产、财务和人事管理都属于高度集中的领域。

成本控制系统必须与企业组织机构相适应,即企业预算是由若干分级的小预算组成的。每个小预算代表一个分部、车间、科室或其他单位的财务计划。

与此有关的成本控制,如记录实际数据、提出控制报告等,都是分小单位进行的。这些小单位作为责任中心,必须有由其控制的十分明确的行动范围。按其所负责任和控制范围不同,分为成本中心、利润中心和投资中心。成本中心是以达到最低成本为经营目标的一个组织单位;利润中心是以获得最大净利润为经营目标的一个组织单位;投资中心是以获得最大的投资收益率为经营目标的一个组织单位。按企业的组织结构合理划分责任中心,是进行成本控制的必要前提。

2. 信息系统

成本控制系统的另一个组成部分是信息系统,也就是责任会计系统。责任会计系统是企业会计系统的一部分,负责计量、传送和报告成本控制使用的信息。

责任会计系统主要包括编制责任预算、核实预算的执行情况、分析评价和报告业绩三个部分。

通常企业分别编制销售、生产、成本和财务等预算。这种预算主要按生产经营的领域来落实企业的总体计划。为了进行控制,必须分别考查各个执行人的业绩,这就要求按责任中心来重新编制预算,按责任中心来落实企业的总体计划。这项工作被称为责任预算,其目的是使各责任中心的管理人员明确其应负的责任和应控制的事项。

在实际业务开始之前,责任预算和其他控制标准要下达给有关人员,使他们以此控制自己的活动。对实际发生的成本、取得的收入和利润,以及占用的资金等,要按责任中心来汇集和分类。为此,需要在各明细账设置时考虑责任中心分类的需要,并与预算的口径一致。在进行核算时,为减少责任的转嫁,分配共同费用时,应按责任归属选择合理的分配方法。各单位之间相互提供产品或劳务,要拟定适当的内部转移价格,以利于单独考核各自的业绩,报告预算的执行情况。在预算期末要编制业绩报告,比较预算和实际的差异,分析差异的产生原因和责任归属。此外,要实行例外报告制度,对预算中没有规定的事项和超过预算限额的事项,要及时向适当的管理级别报告,以便及时作出决策。

3. 考核制度

考核制度是成本控制系统发挥作用的重要因素,其主要内容有:

(1)规定代表责任中心目标的一般尺度。代表责任中心目标的一般尺度因责任中心的类别而异,可能是销售额、可控成本、净利润或投资收益率。必要时还要确定若干次级目标的尺度,如市场份额、次品率、占用资金的限额等。

(2)规定责任中心目标尺度的唯一解释方法。例如,什么是销售额,是总销售额还是扣除折让和折扣后的销售净额。作为考核标准,对它们必须事先规定正式的解释方法。

（3）规定业绩考核标准的计量方法。例如,成本如何分摊,相互提供劳务和产品使用的内部转移价格,使用历史成本还是使用重置成本计量等,都应作出明确规定。

（4）规定采用的预算标准。例如,使用固定预算还是弹性预算,是宽松的预算还是严格的预算,编制预算时使用的各种常数是多少等。

（5）规定业绩报告的内容、时间、详细程度等。

4. 奖励制度

奖励制度是维持控制系统长期有效运行的重要因素。

员工的工作努力程度受业绩评价和奖励办法的影响。经理人员往往把注意力集中到与业绩评价有关的工作上面,尤其是业绩中能够影响奖励的部分。因此,奖励可以激励人们努力工作。

奖励有货币奖励和非货币奖励两种形式,如提升、加薪、表扬、奖金等。惩罚也会影响工作的努力程度,是一种负奖励。

规定明确的奖励办法,让被考核人明确业绩与奖励之间的关系,知道什么样的业绩将会得到什么样的奖励。恰当的奖励制度将引导人们约束自己的行为,尽可能争取好的业绩。奖励制度是调动人们努力工作、实现企业总目标的有力手段。

12.1.2 成本控制的原则

虽然各个企业的成本控制系统是不一样的,但是有效的控制系统仍有一些共同特征,它们是任何企业实施成本控制都应遵循的原则,也是有效控制的必要条件。根据成本控制的长期经验和体会,以及人们对成本形成过程的研究,许多人提出过有效控制成本的原则,但看法并不统一。成本控制的原则可以概括为以下四条：

1. 经济原则

经济原则,是指因推行成本控制而发生的成本不应超过因缺少控制而丧失的收益。

任何管理工作和销售、生产、财务活动一样,都要讲求经济效果。为建立某项控制,要花费一定的人力或物力,付出一定的代价。这种代价不能太大,不应超过因建立这项控制所能节约的成本。

通常,增加控制环节发生的成本比较容易计量,而控制的收益比较难以确定,但不能因此否定这条原则。在一般情况下,控制的收益会明显大于其成本,人们可以作出定性的判断。当然,确实有些企业为了赶时髦,不计工本,搞了一些华而不实的繁琐手续,经济效果不大,甚至得不偿失。所以不符合经济原则的控制办法,是没有生命力的,是不能持久的。

经济原则在很大程度上决定了我们只在重要领域中选择关键因素加以控制，而不对所有成本都进行同样周密的控制。

经济原则要求成本控制要能起到降低成本、纠正偏差的作用，具有实用性。成本控制系统应能揭示何处发生了失误，谁应对失误负责，并能确保采取纠正措施。只有通过适当的计划工作、组织工作和领导工作来纠正脱离目标的偏差，才能证明成本控制系统是有用的。

经济原则要求在成本控制中贯彻"例外管理"原则。对正常成本费用支出可以从简控制，而格外关注各种例外情况。例如，对脱离标准的重大差异展开调查，对超出预算的支出建立审批手续等。

经济原则还要求贯彻需要性原则。应把注意力集中于重要事项，对成本细微尾数、数额很小的费用项目和无关大局的事项可以从略。

经济原则要求成本控制系统应具有灵活性。面对已更改的计划出现了预见不到的情况，控制系统仍能发挥作用，不至于在市场变化时使控制系统成为无用的"装饰品"。

2. 因地制宜原则

因地制宜原则，是指成本控制系统必须个别设计，适合特定企业、部门、岗位和成本项目的实际情况，不可照搬别人的做法。

适合特定企业的特点，是指大型企业和小型企业，老企业和新企业，发展快的企业和相对稳定的企业，这个行业和那个行业的企业，同一企业的不同发展阶段，其管理重点、组织结构、管理风格、成本控制方法和奖金形式都应当有区别。例如，新建企业的管理重点是销售和制造，而不是成本；正常营业后管理重点是经营效率，要开始控制费用并建立成本标准；扩大规模后管理重点转为扩充市场，要建立收入中心和正式的业绩报告系统；规模庞大的老企业，管理重点是组织的巩固，需要周密的计划和建立投资中心。不存在适用所有企业的成本控制模式。

适合特定部门的要求，是指销售部门、生产部门、技术开发部门、维修部门和管理部门的成本形成过程不同，建立控制标准和实行控制的方法应有所区别。

适合职务与岗位责任要求，是指总经理、厂长、车间主任、班组长需要不同的成本信息，应为他们提供不同的成本控制报告。

适合成本项目的特点，是指材料费、人工费、制造费用和管理费用的各明细项目，以及资本支出等，不同的性质和用途的成本，控制的方法应有所区别。

3. 全员参加原则

企业的任何活动，都会发生成本，都应在成本控制的范围之内。任何成本都是人的某种作业的结果，只能由参与或者有权干预这些活动的人来控制，不能指望另外的人来控制成本。任何成本控制方法，其实质都是设法影响执行作业或有权干预作业的人，使他们能自我控制。所以，每名职工都应负有成本控制责任。成本控制是全体职工的共同任务，只有通过全体职工协调一致的努力才能完成。

成本控制对员工的要求是：具有控制成本的愿望和成本意识，养成节约成本的习惯，关心成本控制的结果；具有合作精神，理解成本控制是一项集体努力的过程，不是个人活动，必须在共同目标下同心协力；能够正确理解和使用成本控制信息，据以改进工作，降低成本。

有效控制成本的关键，是调动全体员工的积极性。一般说来，人是不希望别人控制自己的。严格的成本控制并不是一件令人愉快的事情，不论对各级主管人员还是一般职工都是如此。但是，控制总是必需的。

为了调动全体员工成本控制的积极性，应注意以下问题：

(1)需要有客观的、准确的和适用的控制标准。虽然管理必然有许多主观成分，但对一名下属的业绩评价，应尽可能实事求是，减少个人偏见和主观性。

(2)鼓励参与制定标准。当一个人真正参与了制订计划和标准时，他常会在心理上觉得介入了该项工作，并愿意承担责任。或者，至少也要让下级充分了解控制标准建立的依据和必要性。

(3)让员工了解企业的困难和实际情况。采用压力和生硬的控制，常会导致员工不满，而让员工了解企业困难等实情会激发员工的士气，自觉适应工作的需要。

(4)建立适当的激励措施。努力工作，会取得好的业绩，并得到较多的物质或精神的奖励，从而使员工更努力地工作。如果努力之后未得到肯定的评价，取得好的业绩而未得到奖励，或者没有努力的员工却得到了奖励，成本控制的积极性就会受到挫伤。

(5)冷静地处理成本超支和过失。在分析成本不利差异时，应始终记住其根本目的是寻求解决问题的办法，而不是寻找"罪犯"。

4.领导推动原则

由于成本控制涉及全体员工，并且不是一件令人欢迎的事情，因此必须由最高当局来推动。

成本控制对企业领导层的要求是：

(1)重视并全力支持成本的控制。各级人员对于成本控制是否认真实施，往往由最高当局是否全力支持而定。

(2)具有完成成本目标的决心和信心。管理当局必须认定，成本控制的目标或限额必须而且可以完成。成本控制的成败，也就是他们自己的成败。

(3)具有实事求是的精神。实施成本控制，不可好高骛远，更不宜急功近利，操之过急。唯有脚踏实地，按部就班，才能逐渐取得成效。

(4)以身作则，严格控制自身的责任成本。

12.1.3　成本降低

1. 成本降低的概念

成本降低,是指为不断降低成本而作出的努力。竞争对手的不断改进和提高,促使每个企业要为提高业绩而不断降低成本,不断努力。

成本降低与成本控制有区别:

(1)成本控制以完成预定成本限额为目标,而成本降低以成本最小化为目标。

(2)成本控制仅限于有成本限额的项目,而成本降低不受这种限制,它涉及企业的全部活动。

(3)成本控制是在执行决策过程中努力实现成本限额,而成本降低应包括正确选择经营方案,涉及制定决策的过程,包括成本预测和决策分析。

(4)成本控制是指降低成本支出的绝对额,故又称为绝对成本控制;成本降低还包括统筹安排成本、数量和收入的相互关系,以求收入的增长超过成本的增长,实现成本的相对节约,因此又称为相对成本控制。

2. 成本降低的基本原则

(1)以顾客为中心。要以顾客为中心,就必须统一规划产品的交付时间、质量和成本,同时做到更快、更好和更便宜。要在无损于产品质量的条件下降低成本。降低成本,并不意味着其结果将导致产品质量的下降。产品成本的降低绝不允许产品的粗制滥造。

(2)系统分析成本发生的全过程。降低成本不仅指降低生产成本,还包括企业其他作业的成本,如研究与开发、设计、营销、配送、售后服务等成本。由于高科技的发展,非生产成本的比重越来越大,许多企业的非生产成本已经超过生产成本。降低成本不仅包括降低生产和其他作业成本,还包括管理费用和财务费用的降低。降低成本不仅指降低企业本身的成本,还要考虑供应商的成本和客户的成本。如果企业自身的成本降低了,而客户或供应商的成本增加了,并不能给企业带来长远的利益。成本就像在 U 形管中的水银,压缩这边的成本,那边的成本就会增加。单独降低某项成本,不顾及其他成本的变化,这种成本节约永远不会体现在利润之中。

(3)主要目标是降低单位成本。由于总成本的增减与生产能力利用率的升降有关,真正的降低成本是指降低产品的单位成本。

(4)要靠自身的力量降低成本。市价变动、税收减少等原因也会导致成本降低,但成本降低的根本途径在于企业通过自身努力来降低成本。

(5)要持续地降低成本。降低成本不应是应付经济萧条的权宜之计,而是企业的根本方针,应持续不断地进行。"持续不断"是指成本降低没有止境,是无终点的旅行;成本降低必须尽快进行,为了领先,必须跑得快;成本降低不能停止,不进步就是退步。

3.成本降低的主要途径

如果说成本控制主要是管理问题,那么成本降低则主要是技术方面的问题。成本降低的主要途径是:

(1)开发新产品,改进现有产品的设计,利用价值工程等方法提高产品的功能成本比率。

(2)采用先进的设备、工艺和材料。

(3)开展作业成本计算、作业成本管理和作业管理。作业成本计算,是把成本更精确地分配到成本对象(即产品、服务和顾客)的程序,其首要目的是提高营利能力分析的科学性和有效性。作业成本管理,是利用作业成本信息使销售的产品和提供的服务合理化,认清改变作业与工序以提高生产力的机会在哪里。作业管理,是把作业成本计算、作业成本管理和非成本问题管理结合起来,包括生产周期、产品质量、交货及时性和顾客满意度等,以创造更多的价值。

(4)改进员工的培训,提高技术水平,树立成本意识。

12.2 标准成本控制

标准成本系统是为了克服实际成本计算系统的缺陷,尤其是针对不能提供有助于成本控制的确切信息这一缺点而研究出来的一种会计信息系统和成本控制系统。

实施标准成本系统一般有以下几个步骤:

(1)制定单位产品标准成本;

(2)根据实际产量和成本标准计算产品的标准成本;

(3)汇兑计算实际成本;

(4)计算标准成本与实际成本的差异;

(5)分析成本差异的发生原因,如果标准成本纳入账簿体系,还要进行标准成本及其成本差异的账务处理;

(6)向成本负责人提供成本控制报告。

12.2.1 标准成本

1.标准成本的概念

标准成本(Standard Cost)是通过准确的调查、分析与技术测定而制定的,用来评价实际成本、衡量工作效率的一种预计成本。在标准成本中,基本上排除了不应该发生的"浪费",因此被认为是一种"应该成本"。标准成本和估计成本同属于预计成本,但后者不具有衡量工作效率的尺度性,主要体现可能性,供确定产品销售价格使用。标准成本要体现企业的目标和要求,主要用于衡量产品制造过程的工作效率和控制成本,也可用于存货和销货成本计价。

"标准成本"一词在实际工作中有两种含义:

一种是指单位产品的标准成本,它是根据单位产品的标准消耗量和标准单价计算出来的,准确地说,应称为"成本标准"。

$$成本标准＝单位产品标准成本＝单位产品标准消耗量×标准单价$$

另一种指实际产量的标准成本,是根据实际产品产量和单位产品成本标准计算出来的。

$$标准成本＝实际产量×单位产品标准成本$$

2. 标准成本的种类

(1)理想标准成本和正常标准成本

标准成本按其制定所根据的生产技术和经营管理水平,分为理想标准成本(Ideal Standard Cost)和正常标准成本(Normal Standard Cost)。

理想标准成本是指在最优的生产条件下,利用现有的规模和设备能够达到的最低成本。制定理想标准成本的依据,是理论上的业绩标准、生产要素的理想价格和可能实现的最高生产经营能力利用水平。这里所说的理论上的业绩标准,是指在生产过程中毫无技术浪费时生产要素消耗量,最熟练的工人全力以赴工作、不存在废品损失和停工时间等条件下可能实现的最优业绩。这里所说的最高生产经营能力利用水平,是指理论上可能达到的设备利用程度,只扣除不可避免的机器修理、改换品种、调整设备等时间,而不考虑产品销路不佳、生产技术故障等造成的影响。这里所说的理想价格,是指原材料、劳动力等生产要素在计划期间最低的价格水平。因此,这种标准是"工厂的极乐世界",很难成为现实,即使暂时出现也不可能持久。它的主要用途是提供一个完美无缺的目标,揭示实际成本下降的潜力。因其提出的要求太高,不能作为考核的依据。

正常标准成本是指在效率良好的条件下,根据下期一般应该发生的生产要素消耗量、预计价格和预计生产经营能力利用程度制定出来的标准成本。在制定这种标准成本时,把生产经营活动中一般难以避免的损耗和低效率等情况也计算在内,使之切合下期的实际情况,成为切实可行的控制标准。要达到这种标准不是没有困难,但它是可能达到的。从具体数量上看,它应大于理想标准成本并小于历史平均水平,实施以后实际成本更大的可能是逆差而不是顺差,是要经过努力才能达到的一种标准,因而可以调动职工的积极性。

在标准成本系统中,广泛使用正常的标准成本。它具有以下特点:它是用科学方法根据客观实验和过去实践经充分研究后制定出来的,具有客观性和科学性;它排除了各种偶然性和意外情况,又保留了目前条件下难以避免的损失,代表正常情况下的消耗水平,具有现实性;它是应该发生的成本,可以作为评价业绩的尺度,成为督促职工去努力争取的目标,具有激励性;它可以在工艺技术水平和管理有效性水平变化不大时持续使用,不需要经常修订,具有稳定性。

(2)现行标准成本和基本标准成本

标准成本按其适用期,分为现行标准成本和基本标准成本。

现行标准成本指根据其适用期间应该发生的价格、效率和生产经营能力利用程度等预计的标准成本。在这些决定因素变化时,需要按照改变了的情况加以修订。这种标准成本可以成为评价实际成本的依据,也可以用来对存货和销货成本计价。基本标准成本是指一经制定,只要生产的基本条件无重大变化,就不予变动的一种标准成本。所谓生产的基本条件的重大变化是指产品的物理结构变化,重要原材料和劳动力价格的重要变化,生产技术和工艺的根本变化等。只有这些条件发生变化,基本标准成本才需要修订。由于市场供求变化导致的售价变化和生产经营能力利用程度的变化及由于工作方法改变而引起的效率变化等,不属于生产的基本条件变化,对此不需要修订基本标准成本。基本标准成本与各期实际成本对比,可反映成本变动的趋势。由于基本标准成本不按各适用期实际修订,不宜用来直接评价工作效率和成本控制的有效性。

3. 标准成本的制定

制定标准成本,通常先确定直接材料和直接人工的标准成本,其次确定制造费用的标准成本,最后确定单位产品的标准成本。

在制定标准成本时,无论是哪一个成本项目,都需要分别确定其用量标准和价格标准,两者相乘后得出标准成本。

用量标准包括产品材料消耗量、单位产品直接人工工时等,主要由生产技术部门主持制定,吸收执行标准的部门和职工参加。

价格标准包括原材料单价、小时工资率、小时制造费用分配率等,由会计部门和其他有关部门共同研究确定。采购部门是材料价格的责任部门,劳资部门和生产部门对小时工资率负有责任,各生产车间对小时制造费用率承担责任,在制定有关价格标准时要与他们协商。

无论是价格标准还是用量标准,都可以是理想状态的或正常状态的,据此得出理想标准成本或正常标准成本。下面介绍正常标准成本的制定。

(1)直接材料标准成本

直接材料标准成本,是用统计方法、工业工程或其他技术分析方法确定的。它是现有技术条件生产单位产品所需的材料数量,其中包括必不可少的消耗,以及各种难以避免的损失。

直接材料的价格标准,是预计下一年度实际需要支付的进料单位成本,包括发票、运费、检验和正常损耗等成本,是取得材料的完全成本。

下面是一个直接材料标准成本的实例,见表12-1。

表 12-1   直接材料标准成本

标准	材料甲	材料乙
价格标准:		
发票单价	1.00 元	4.00 元
装卸检验费	0.07 元	0.28 元
每千克标准价格	1.07 元	4.28 元
用量标准:		
图纸用量	3.0 千克	2.0 千克
允许损耗量	0.3 千克	—
单产标准用量	3.3 千克	2.0 千克
成本标准:		
材料甲(3.3×1.07)	3.53 元	
材料乙(2.0×4.28)		8.56 元
单位产品标准成本	12.09 元	

(2)直接人工标准成本

直接人工的用量标准是单位产品的标准工时。确定单位产品所需的直接生产工人工时,需要按产品的加工工序分别进行,然后加以汇总。标准工时是指在现有生产技术条件下,生产单位产品所需要的时间,包括直接加工操作必不可少的时间以及必要的间歇和停工,如工间休息、调整设备时间、不可避免的废品耗用工时等。标准工时应以作业研究和工时研究为基础,参考有关统计资料来确定。

直接人工的价格标准是指标准工资率,它可能是预定的工资率,也可能是正常的工资率。如果采用计件工资制,标准工资率是预定的每件产品支付的工资除以标准工时,或者是预定的小时工资;如果采用月工资制,需要根据月工资总额和可用工时总量来计算标准工资率,见表12-2。

表 12-2　　　　　　　　　　直接人工标准成本　　　　　　　　　单位:小时

小时工资率	第一工序	第二工序
基本生产工人人数	20	50
每人每月工时(25.5×8 小时)	204	204
出勤率	98%	98%
每人平均可用工时	200	200
每月总工时	4 000	10 000
每月工资总额(元)	3 600	12 600
每小时工资(元)	0.90	1.26
单位产品工时:		
理想作业时间	1.5	0.8
调整设备时间	0.3	—
工间休息	0.1	0.1
其他	0.1	0.1
单位产品工时合计	2	1
直接人工标准成本(元)	1.80	1.26
合计	3.06	

(3)制造费用标准成本

制造费用标准成本是按部门分别编制,然后将同一产品涉及的各部门单位的制造费用标准成本加以汇总,得出整个产品制造费用标准成本。

各部门的制造费用标准成本分为变动制造费用标准成本和固定制造费用标准成本两部分。

①变动制造费用标准成本。变动制造费用的数量标准通常采用单位产品直接人工工时标准,它在直接人工标准成本制定时已经确定。有的企业采用机器工时或其他用量标准。作为数量标准的计量单位,应尽可能与变动制造费用保持较好的线性关系。

变动制造费用的价格标准是每一工时变动制造费用的标准分配率,它根据变动制造费用预算和直接人工总工时计算求得,见表 12-3。

变动制造费用标准分配率=变动制造费用预算总数÷直接人工标准总工时

确定数量标准和价格标准之后,两者相乘即可得出变动制造费用标准成本:

变动制造费用标准成本=单位产品直接人工的标准工时×每小时变动制造费用标准分配率

各车间变动制造费用标准成本确定之后,可汇总出单位产品的变动制造费用标准成本。

表 12-3	变动制造费用标准成本	数量单位:小时 金额单位:元

部门 项目	第一车间	第二车间
变动制造费用预算		
运输	800	2 100
电力	400	2 400
消耗材料	1 400	1 800
间接人工	2 000	3 900
燃料	400	1 400
其他	200	400
合计	5 200	12 000
生产量标准(人工工时)	4 000	10 000
变动制造费用标准分配率	1.30	1.20
直接人工用量标准(人工工时)	2	1
变动制造费用标准成	2.60	1.20
单位产品标准变动制造费用	3.80	

②固定制造费用标准成本。如果企业采用变动成本计算,固定制造费用不计入产品成本,因此单位产品的标准成本中不包括固定制造费用标准成本。在这种情况下,不需要制定固定制造费用标准成本,固定制造费用的控制通过预算管理来进行。如果采用完全成本计算,固定制造费用要计入产品成本,还需要确定其标准成本。

固定制造费用的用量标准与变动制造费用的用量标准相同,包括直接人工工时、机器工时、其他用量标准等,并且两者要保持一致,以便进行差异分析。其数量标准在制定直接人工用量标准时已经确定。

固定制造费用的价格标准是其每小时的标准分配率,它根据固定制造费用预算和直接人工标准总工时来计算求得,见表 12-4。

表 12-4	固定制造费用标准成本	数量单位:小时 金额单位:元

部门 项目	第一车间	第二车间
固定制造费用:		
折旧费	200	2 350
管理人员工资	700	1 800
间接人工	500	1 200
保险费	300	400
其他	300	250
合计	2 000	6 000

（续表）

部门 项目	第一车间	第二车间
生产量标准（人工工时）	4 000	10 000
固定制造费用分配率	0.5	0.6
直接人工用量标准（人工工时）	2	1
部门固定制造费标准成本	1	0.6
单位产品固定制造费用标准成本	1.60	

固定制造费用标准分配率＝固定制造费用预算总额÷直接人工标准总工时

确定了用量标准和价格标准之后，两者相乘即可得出固定制造费用标准成本：

固定制造费用标准成本＝单位产品直接人工标准工时×每小时固定制造费用标准分配率

各车间固定制造费用标准成本确定之后，可汇总出单位产品的固定制造费用标准成本。

将以上确定的直接材料、直接人工和制造费用标准成本按产品加以汇总，就可确定有关产品完整的标准成本。通常，企业编制"单位产品标准成本卡"（表12-5），反映产成品标准成本的具体构成。在每种产品生产之前，它的标准成本卡要送达有关人员，包括各级生产部门负责人、会计部门、仓库等，作为领料、派工和支出其他费用的依据。

表 12-5　　　　　　　　　　单位产品标准成本卡
产品：A

成本项目	用量标准	价格标准	标准成本
直接材料：			
甲材料	3.3千克	1.07元/千克	3.53元
乙材料	2千克	4.28元/千克	8.56元
合计			12.09元
直接人工：			
第一车间	2小时	0.9元/时	1.80元
第二车间	1小时	1.26元/时	1.26元
合计			3.06元
制造费用：			
变动制造费用（第一车间）	2小时	1.30元/时	2.60元
变动制造费用（第二车间）	1小时	1.20元/时	1.20元
合计			3.80元

（续表）

成本项目	用量标准	价格标准	标准成本
固定制造费用(第一车间)	2 小时	0.5 元/时	1.00 元
固定制造费用(第二车间)	1 小时	0.6 元/时	0.60 元
合计			1.60 元
单位产品标准成本总计		20.55 元	

12.2.2 标准成本的差异分析

标准成本是一种目标成本，由于种种原因，产品的实际成本会与目标不符。实际成本与标准成本之间的差额，称为标准成本的差异，或称为成本差异。成本差异是反映实际成本脱离预定目标程度的信息。为了消除这种偏差，要对产生的成本差异进行分析，找出原因，以便采取措施加以纠正。

1. 变动成本的差异分析

直接材料、直接人工和变动制造费用都属于变动成本，其成本差异分析的基本方法相同。由于它们的实际成本高低取决于实际用量和实际价格，标准成本的高低取决于标准用量和标准价格，所以其成本差异可以归结为价格脱离标准造成的价格差异与用量脱离标准造成的数量差异两类。

成本差异＝实际成本－标准成本
＝实际数量×实际价格－标准数量×标准价格
＝实际数量×实际价格－实际数量×标准价格＋实际数量×标准价格－标准数量×标准价格
＝实际数量×(实际价格－标准价格)＋标准价格×(实际数量－标准数量)
＝价格差异＋数量差异

有关数据之间的关系如图 12-1 所示。

①实际数量×实际价格 } 价格差异①－②
②实际数量×标准价格 } 成本差异①－③
③标准数量×标准价格 } 数量差异②－③

图 12-1　成本差异分解

(1)直接材料成本差异分析

直接材料实际成本与标准成本之间的差额，是直接材料成本差异。该项差异形成的基本原因有两个:一是价格脱离标准;二是用量脱离标准。前者按实际数量计算,称为价格差异;后者按标准价格计算,称为数量差异。

材料价格差异＝实际数量×(实际价格－标准价格)

材料数量差异＝标准价格×(实际数量－标准数量)

【例1】 本月生产产品400件,使用材料2 500千克,材料单价为0.55元/千克;直接材料的单位产品标准成本为3元,即每件产品耗用6千克直接材料,每千克材料的标准价格为0.5元。根据上述公式:

直接材料价格差异＝2 500×(0.55－0.5)＝125(元)

直接材料数量差异＝0.5×(2 500－ 400×6)＝50(元)

直接材料价格差异与数量差异之和,应当等于直接材料成本差异。

直接材料成本差异＝实际成本－标准成本

＝2 500×0.55－ 400×6×0.5＝1 375－1 200＝175(元)

直接材料成本差异＝价格差异＋数量差异＝125＋50＝175(元)

直接材料价格差异是在采购过程中形成的,不应由耗用材料的生产部门负责,而应由采购部门对其作出说明。采购部门未能按标准价格进货的原因有许多,如供应厂家价格变动、未按经济采购批量进货、未能及时订货造成的紧急订货、采购时舍近求远使运费和途耗增加、不必要的快速运输费用、违反合同被罚款、承接紧急订货造成额外采购等,需要进行具体分析和调查,才能明确最终原因和责任归属。

直接材料数量差异是在材料耗用过程中形成的,反映生产部门的成本控制业绩。直接材料数量差异形成的具体原因有许多,如操作疏忽造成废品和废料增加、工人用料不精心、操作技术改进而节省材料、新工人上岗造成多用料、机器或工具不适用造成用料增加等。有时多用料并非生产部门的责任,如购入材料质量低劣、规格不符也会使用料超过标准;又如工艺变更、检验过严也会使直接材料数量差异加大。因此,要进行具体的调查研究才能明确责任归属。

(2)直接人工成本差异分析

直接人工成本差异,是指直接人工实际成本与标准成本之间的差额。它也被区分为"价差"和"量差"两部分。价差是指实际工资率脱离标准工资率,其差额是按实际工时计算确定的金额,又称为工资率差异。量差是指实际工时脱离标准工时,其差额是按标准工资率计算确定的金额,又称人工效率差异。

工资率差异＝实际工时×(实际工资率－标准工资率)

人工效率差异＝标准工资率×(实际工时－标准工时)

【例2】 本月生产产品400件,实际使用工时890小时,支付工资4 539元;直接人工标准成本是10元/件,即每件产品标准工时为2小时,标准工资率为5元/小时。按上述公式:

工资率差异＝890×(4 539÷890－5)＝890×0.1＝89(元)

人工效率差异＝5×(890－ 400×2)＝5×(890－800)＝450(元)

工资率差异与人工效率差异之和,应当等于人工成本差异,并可据此验算差异分析计算的正确性。

人工成本差异＝实际人工成本－标准人工成本＝4 539－ 400×10＝539(元)

人工成本差异＝工资率差异＋人工效率差异＝89＋450＝539(元)

工资率差异形成的原因,包括直接生产工人升级或降级使用、奖励制度未产生实效、工资率调整、加班或使用临时工、出勤率变化等,原因复杂而且难以控制。一般来说,工资率差异应归属于人事劳动部门管理,差异产生的具体原因会涉及生产部门或其他部门。

人工效率差异形成的原因,包括工作环境不良、工人经验不足、劳动情绪不佳、新工人上岗太多、机器或工具选用不当、设备故障较多、作业计划安排不当、产量太少无法发挥批量节约优势等。产生人工效率差异主要是生产部门的责任,但也不是绝对的。例如,材料质量不好,也会影响生产效率。

(3)变动制造费用的差异分析

变动制造费用的差异,是指实际变动制造费用与标准变动制造费用之间的差额。它也可以分解为"价差"和"量差"两部分。价差是指变动制造费用的实际小时分配率脱离标准小时分配率,它是按实际工时计算的金额,反映耗费水平的高低,故称为变动制造费用耗费差异。量差是指实际工时脱离标准工时,是按标准小时费用率计算确定的金额,反映工作效率变化引起的费用节约或超支,故称为变动制造费用效率差异。

变动制造费用耗费差异＝实际工时×(实际制造费用实际分配率－变动制造费用标准分配率)

变动制造费用效率差异＝变动制造费用标准分配率×(实际工时－标准工时)

【例3】 本月实际产量400件,使用工时890小时,实际发生变动制造费用1 958元;变动制造费用标准成本为4元/件,即每件产品的标准工时为2小时,标准变动制造费用分配率为2元/小时。按上述公式:

变动制造费用耗费差异＝890×(1 958÷890－2)＝890×(2.2－2)＝178(元)

变动制造费用效率差异＝2×(890－ 400×2)＝2×90＝180(元)

验算:

变动制造费用成本差异＝实际变动制造费用－标准变动制造费用

$$=1\ 958-400\times4=358(元)$$

变动制造费用成本差异＝变动制造费用耗费差异＋变动制造费用效率差异

$$=178+180=358(元)$$

变动制造费用耗费差异,是实际支出与按实际工时和标准小时费用率计算的预算数之间的差额。由于后者是在承认实际工时是必要的前提下计算出来的弹性预算数,因此该项差异反映耗费水平即每小时业务量支出的变动制造费用脱离了标准。产生变动制造费用耗费差异是部门经理的责任,他们有责任将变动制造费用控制在弹性预算限额之内。

变动制造费用效率差异,是由于实际工时脱离了标准工时,多用工时导致的费用增加,因此其形成原因与人工效率差异相同。

2. 固定制造费用的差异分析

固定制造费用的差异分析与各项变动成本差异分析不同,其分析方法有"二因素分析法"和"三因素分析法"两种。

(1)二因素分析法

二因素分析法,是将固定制造费用差异分为耗费差异和能量差异。耗费差异是指固定制造费用实际金额与固定制造费用预算金额之间的差额。固定制造费用与变动制造费用不同,不因业务量而变,故差异分析有别于变动制造费用。在考核时不考虑业务量的变动,以原来的预算数作为标准,实际数超过预算数即视为耗费过多。其计算公式为

固定制造费用耗费差异＝固定制造费用实际数－固定制造费用预算数

能量差异是指固定制造费用预算与固定制造费用标准成本的差额,或者说是实际业务量的标准工时与生产能量的差额采用标准分配率计算的金额。它反映未能充分使用现有生产能量而造成的损失。其计算公式为

固定制造费用能量差异＝固定制造费用预算数－固定制造费用标准成本

＝固定制造费用标准分配率×生产能量－固定制造费用标准分配率×实际产量标准工时

＝固定制造费用标准分配率×(生产能量－实际产量标准工时)

【例4】 本月实际产量400件,发生固定制造费用1 424元,实际工时为890小时;企业生产能量为500件即1 000小时;每件产品固定制造费用标准成本为3元/件,即每件产品标准工时为2小时,标准分配率为1.50元/小时。

固定制造费用耗费差异＝1 424－1 000×1.5＝－76(元)

固定制造费用能量差异＝1 000×1.5－ 400×2×1.5＝1 500－1 200＝300(元)

验算：

固定制造费用成本差异＝实际固定制造费用－标准固定制造费用

$$＝1 424－ 400×3＝224(元)$$

固定制造费用成本差异＝耗费差异＋能量差异＝－76＋300＝224(元)

(2)三因素分析法

三因素分析法,将固定制造费用成本差异分为耗费差异、效率差异和闲置能量差异三部分。耗费差异的计算与二因素分析法相同,不同的是要将二因素分析法中的"能量差异"进一步分为两部分：一部分是实际工时未达到标准能量而形成的闲置能量差异；另一部分是实际工时脱离标准工时而形成的效率差异。其计算公式为

固定制造费用闲置能量差异＝固定制造费用预算－实际工时×固定制造
费用标准分配率
＝固定制造费用标准分配率×(生产能量－
实际工时)

固定制造费用效率差异＝实际工时×固定制造费用标准分配率－固定制
造费用标准分配率×实际产量标准工时
＝固定制造费用标准分配率×(实际工时－实际
产量标准工时)

沿用例4资料：

固定制造费用闲置能量差异＝(1 000－890)×1.5＝110×1.5＝165(元)

固定制造费用效率差异＝(890－ 400×2)×1.5＝90×1.5＝135(元)

三因素分析法中的闲置能量差异(165 元)与效率差异(135 元)之和(300 元),与二因素分析法中的"能量差异"数额相同。

12.2.3　标准成本系统账务处理的特点

有的企业将标准成本作为统计资料处理,并不记入账簿,只提供成本控制的有关信息。但是,把标准成本纳入账簿体系不仅能够提高成本计算的质量和效率,使标准成本发挥更大功效,而且可以简化记账手续。

为了同时提供标准成本、成本差异和实际成本三项成本资料。标准成本系统的账务处理具有以下特点：

(1)"原材料"、"生产成本"和"产成品"账户登记标准成本通常的实际成本是从原材料到产成品的流转过程,使用实际成本记账。在标准成本系统中,这些账户改

用标准成本,无论是借方和贷方均登记实际数量的标准成本,其余额亦反映这些资产的标准成本。

(2)设置成本差异账户分别记录各种成本差异

在标准成本系统中,要按成本差异的类别设置一系列成本差异账户,如"材料价格差异"、"材料数量差异"、"直接人工效率差异"、"直接人工工资率差异"、"变动制造费用耗费差异"、"变动制造费用效率差异"、"固定制造费用耗费差异"、"固定制造费用效率差异"、"固定制造费用能量差异"等。差异账户的设置,要同采用的成本差异分析方法相适应,为每一种成本差异单独设置一个账户。

在需要登记"原材料"、"生产成本"和"产成品"账户时,应将实际成本分离为标准成本和有关的成本差异,标准成本数据记入"原材料"、"生产成本"和"产成品"账户,而有关的成本差异则分别记入各成本差异账户。

为了便于考核,各成本差异账户还可以按责任部门设置明细账,分别记录各部门的各项成本差异。

(3)各会计期末对成本差异进行处理

各成本差异账户的累计发生额,反映了本期成本控制的业绩。月末(或年末)对成本差异的处理方法有两种:

①结转本期损益法。按照这种方法,在会计期末将所有差异转入"年利润"者先将差异转入"主营业务成本"账户,再随同已销产品的标准成本一起转至"本年利润"账户。

采用这种方法的依据是确信标准成本是真正的正常成本,成本差异是由不正常的低效率和浪费造成的,应当直接体现在本期损益之中,使利润能体现本期工作成绩。此外,这种方法的账务处理比较简便。但是,如果差异数额较大或者制定的标准成本不符合实际的正常水平,则不仅使存货成本严重脱离实际成本,而且会歪曲本期经营成果,因此,在成本差异数额不大时采用此种方法较适宜。

②调整销货成本与存货成本法。按照这种方法,在会计期末将成本差异按比例分配至已销产品成本和存货成本中。

采用这种方法的依据是税法和会计制度均要求以实际成本反映存货成本和销货成本。本期发生的成本差异,应由存货成本和销货成本共同负担。当然,这种做法会增加一些计算分配的工作量。此外,有些费用计入存货成本不一定合理,如固定费用闲置能量差异是一种损失,并不能在未来取得收益,作为资产计入存货成本明显不合理,应作为期间费用在当期损益中汇总。

选择成本差异的处理方法要考虑许多因素,包括差异的类型(材料、人工或制造费用)、差异的大小、差异的原因、差异的时间(如季节性变动引起的非常性差异)等。因此,应对不同的成本差异采用不同的处理方法,如材料价格差异多采用调整销货成本与存货成本法,固定制造费用闲置能量差异多采用结转本期损益法,其他差异则可由企业具体情况而定。值得强调的是,差异处理的方法要保持一贯性,以便使成本数据保持可比性,并防止信息使用人发生误解。

12.3 目标成本控制

12.3.1 目标成本控制的含义与特征

目标成本控制是现代目标管理理论与"成本企划"结合的产物,适应了日益激烈的国际竞争的需要。"成本企划"源于日本丰田公司 20 世纪 60 年代的管理实践。最初,丰田公司在构想和设计阶段就将成本限定在目标以内,各部门通力合作以达到目标成本,后来形成了以市场为导向的成本管理制度。首先,以市场可接受的产品价格为前提确定目标利润,为保证目标利润的实现,用价格减去目标利润计算出目标成本,作为成本控制的标准;其次,为保证目标成本的实现,进行全方位的目标成本控制。

目标成本是企业经营管理的一个重要目标,是目标的一种形式,是企业预先确定在一定时期内所要实现的成本目标。它往往包括相互联系的三个方面:目标成本额、单位产品成本目标和成本降低目标。它体现了提出目标成本的目的是以产品成本形成的全过程为对象,结合生产经营的不同性质和特点进行有效的控制。所谓目标成本就是以市场需求为导向,产品从设计开发开始,到售后服务,为实现目标利润所必须达到的目标成本值。

目标成本控制具有以下特征:

(1)实行全过程控制

目标成本控制最初用于新产品的开发和老产品的改型设计,取得了良好的经济效果。经过长期的实践,人们意识到,产品从市场预测、设计开发、工艺准备、材料采购、加工制造、产品销售到售后服务等各个阶段、各个环节都要发生支出,都要进行成本控制。目标成本控制是对产品生命周期全过程的控制,不仅要把产品设计过程作为成本控制的起点和重点,同时还要对产品生产的供应过程、生产过程和销售过程进行成本控制。在产品设计阶段,在保证产品功能和质量的情况下,对产品的性能、结构、造型、工艺、包装,直至材料选用等环节都要进行成本效益分析与决策,考虑成本目标能否实现。在材料采购供应阶段,在保证生产连续性的前提下,尽可能减少库存,节约储备资金,降低采购成本。在生产加工阶段,在保证产品质量的前提下,严格执行各种技术指标,遵守各项预算,控制各项费用。在销售和售后服务阶段,遵守合同,扩大销售,降低费用,做好售后服务,提高顾客使用价值。

(2)实行全员控制

要实现全过程控制,必须有全体员工的广泛参与。成本是一项综合性很强的经济指标,导致成本发生的直接责任人是全体员工,它涉及企业所有部门和全体员工的工作业绩,因此要实现成本目标,必须使所有员工都来关心成本。

(3)经济与技术相结合

在产品设计时,设计人员必须围绕目标成本进行产品开发设计,提供多种设计方案,选取低成本方案,在提高产品质量的同时,挖掘降低成本的潜力。在产品生产加工时,尽可能选取新的技术方案和工艺方案,改造机器设备和工艺流程,提高各项经济技术指标,节约原材料,降低成本。

12.3.2 目标成本制定的程序

目标成本的制定是目标成本控制的起点,目标成本制定的科学性和合理性直接影响到目标成本控制的有效性。目标成本的制定要依照一定的程序进行,这一程序由下列步骤构成:

(1)收集成本信息

制定目标成本需要的信息包括两个方面:一是预测销售量和价格。对新产品而言,价格是一个未知数,要进行市场调查和预测,进行分析,并与同类产品相比较,确定消费者对价格的接受程度;对老产品而言,要对现行销售价格进行分析,特别是结合产品市场寿命周期和产品竞争能力,预测出价格上下波动的趋势和幅度。二是取得先进企业成本资料,可以按成本项目来收集。先进企业的成本水平是制定目标成本的重要依据。

(2)确定目标利润

根据企业经营目标规定的目标利润进行分解,确定某产品在计划期内应完成的目标利润。目标利润水平应考虑产品市场预测的销售量和价格水平。

(3)初定目标成本

目标成本可采取倒算的方法进行匡算,即

$$目标总成本 = 预测销售收入 - 税金 - 目标利润$$
$$目标单位成本 = 预测单价 \times (1 - 税率) - 预测单位销售量的目标利润$$

(4)确定目标成本

在初定目标成本之后,要发动群众讨论匡算的目标成本指标,提出降低成本的措施,根据降低成本的主要措施对未来成本进行预测,寻找降低成本的方向和途径,经过目标成本的综合平衡,即可确定企业为之奋斗的目标成本。

12.3.3　产品设计阶段的目标成本控制

产品设计阶段是成本控制的一个关键阶段。如果产品设计不合理,就注定了成本必然会高,要在生产中降低成本就有很大难度。日本"成本企划"讲究源泉控制,注重产品设计阶段,原因就在于此。

1. 目标成本的制定

在开发新产品或老产品更新时,首先要制定产品的目标成本,作为成本控制的标准。在产品设计阶段,根据大量准确、及时的情报资料进行分析,结合企业的实际情况,采用一定的方法制定目标成本。先确定目标利润,然后用消费者可接受的价格(预计价格)减去目标利润,就得到目标成本。其计算公式为

$$目标成本 = 产品预计价格 - 目标利润 - 税金$$

目标利润的计算有两种方式:

(1)用国内外和本企业同种或同类产品销售利润率乘以预定销售价格求得。

(2)用国内外和本企业同种或同类产品的成本利润率乘以目标成本求得。

【例5】 某企业新产品的预计单位售价为 800 元,同类老产品的销售利润率为 15%,税率为 10%,分别按销售利润率和成本利润率计算该产品的目标成本。

按销售利润率计算目标成本:

$$800 - 800 \times 15\% - 800 \times 10\% = 600(元)$$

按成本利润率计算目标成本:

$$目标成本 = 产品预计价格 \times (1 - 税率) - 目标成本 \times 成本利润率$$

整理得:

$$目标成本 = 产品预计价格 \times (1 - 税率) \div (1 + 成本利润率)$$

假定成本利润率为 20%,则目标成本为

$$800 \times (1 - 10\%) \div (1 + 20\%) = 600(元)$$

如果新产品的利润率是用资产利润率来表示,则需要对资产利润率进行分解:

$$资产利润率 = 产品销售成本 \div 资产平均余额 \times 产品销售利润 \div 产品销售成本$$
$$= 资产周转率 \times 成本利润率$$
$$成本利润率 = 资产利润率 \div 资产周转率$$

2. 目标成本的分解

进行目标成本控制,需要将目标成本分解为小指标,落实到各设计小组和设计人员。企业目标成本的分解方法有以下几种:

(1)按产品结构进行分解

分解步骤:

第一步,将产品按其构成情况分解为若干个结构件;

第二步,参照老产品或相似产品的实际成本资料,计算出各结构件成本占产品成本的比重,又称为成本系数;

第三步,根据新产品的结构件及其材质、重量和复杂程度,调整成本系数;

第四步,将新产品目标成本乘以调整后的成本系数,求得各结构件的目标成本。

(2)按产品功能进行分解

按产品功能进行分解的目的是要确定各结构件的功能系数,然后计算各结构件的目标成本。其计算公式为

$$某结构件的目标成本＝新产品目标成本×该结构件功能评价系数$$

(3)按产品成本的生成过程进行分解

这种分解方法适用于连续型制造企业。分解时,要根据老产品或类似产品的成本资料,计算各生产步骤成本间的比例,以这种比例来分解产品目标成本。

(4)按产品成本项目的构成进行分解

这种分解方法适用于简单生产的产品。首先是将目标成本按经济用途分解为直接材料、直接人工和制造费用,作为产品设计成本的限额,继而根据老产品或类似产品的实际成本资料,计算料、工、费各自在产品成本中所占的比重,然后用新产品的目标成本乘以比重,得到新产品料、工、费的目标成本。

3.设计成本的计算

一种新产品的设计工作完成后,必须对其成本进行测算。测算方法主要有以下三种:

(1)直接法

所谓直接法,就是根据设计方案的技术定额来测算。也就是,按产品设计方案规定的各种原材料消耗定额和单价,测算产品直接材料的设计成本;按方案规定的工时定额和小时工资率,测算直接人工设计成本;按方案规定的工时定额和各项费用的小时工资率,测算制造费用设计成本。然后汇总计算单位产品设计成本。

(2)概算法

新产品设计成本,除直接材料成本采用直接法进行测算外,其他成本项目可比照类似产品成本中相关成本项目所占比重来概算。其计算公式为

$$产品设计成本＝直接材料成本÷[1－(直接人工成本比重＋制造费用成本比重)]$$

假如一种新产品的直接材料成本经测算为 4 900 元,直接人工、制造费用比照类似产品中的比重(10%、20%),则产品设计成本为

$$4\ 900 \div [1-(10\% + 20\%)] = 7\ 000(元)$$

(3)分析法

如果开发的新产品与可比产品相类似,则可在可比产品的基础上,通过比较分析两种产品在结构上、用料上、工艺上的异同,计算两者的差异成本,并进行增减调整,求得新产品的设计成本。

4.设计成本与目标成本的比较

经过测算得到设计成本后,应与目标成本相对照。如果设计成本比目标成本大,说明按设计方案进行产品生产不能完成目标利润,应重新设计方案或对原方案进行分析改进。

5.设计方案的评价

一种新产品设计方案完成后,还需要采用定量分析和定性分析相结合的方法对设计方案进行评价,从技术上、经济上、社会效益上综合分析不同方案的可行性,进行方案的选优。其评价原则是:

(1)设计方案必须依靠本国资源,以便节约能源;

(2)技术上可行;

(3)设计成本小于目标成本;

(4)一般来讲,设计成本最低的方案是最优方案;

(5)如果各设计方案不仅成本不同,而且产品售价、预计销售量也不同,应综合分析成本利润率和总盈利;

(6)评价方案时不仅要考虑企业的经济效益,也要考虑社会效益。

6.成本功能分析

在方案选优过程中,应进行成本功能分析,不能将成本最低原则绝对化。在成本功能分析过程中,应注意以下几点:①产品是否因过分强调质量而产生多余的功能,即过剩质量;②是否存在多余的零件、多余的加工工序;③是否因安全系数过大而使零件过重或材质不适当地提高;④能否在保证质量的情况下采用价廉物美的材料,用标准化、通用化的零件取代专用零件;⑤能否使产品结构尽可能简化;⑥是否便于维护、使用。成本功能评价涉及以下几个问题:

(1)计算功能评价系数

将每一个零件与其他零件进行对比,按功能重要程度进行打分,重要的计1分,次要的计0分,然后计算各自的功能系数,见表12-6。

(2)计算成本系数

成本系数是某一零件的设计成本与全部零件的设计成本之和的比值。

表 12-6 功能评价系数计算表

零件名称	一对一比较结果						得分累计	功能评价系数
	A	B	C	D	E	F		
A	—	1	0	0	1	1	3	0.200
B	0	—	1	0	1	1	3	0.200
C	1	0	—	0	1	1	3	0.200
D	1	1	1	—	0	1	4	0.267
E	0	0	0	1	—	0	1	0.067
F	0	0	0	0	1	—	1	0.067
合计							15	1

(3)计算价值系数

价值系数是功能系数与成本系数之比。成本系数与价值系数的计算见表 12-7。

表 12-7 成本系数和价值系数计算表

零件名称	功能评价系数	设计成本	成本系数	价值系数	目标成本	应降低成本
	①	②	③=②÷∑②	④=①÷③	⑤=∑⑤×①	⑥=②-⑤
A	0.200	13 000	0.217	0.922	11 000	2 000
B	0.200	15 000	0.25	0.8	11 000	4 000
C	0.200	10 000	0.167	1.198	11 000	1 000
D	0.267	17 000	0.283	0.943	14 685	2 315
E	0.067	3 000	0.05	1.34	3 685	−685
F	0.067	2 000	0.033	2.03	3 685	−1 685
合计		60 000			55 055	

根据功能分析,成本系数与功能系数应当大致相等。如果价值系数接近 1,说明零件重要程度与所费成本基本相符;如果小于 1,说明零件重要程度与所费成本不相符,应成为降低成本的目标和重点;如果大于 1,说明取得某种功能所费的成本较少。在表 12-7 中,A、B、D 三种零件是降低设计成本的重点。

(4)测算各零件的目标成本,计算成本降低幅度

表 12-7 中,A 零件应降低成本 2 000 元,B 零件应降低成本 4 000 元,D 零件应降低成本 2 315 元。

12.3.4 生产阶段的目标成本控制

1. 预测目标总成本

预测目标总成本是在确定目标利润的基础上进行的。既要考虑企业的现有设

备情况、生产能力、技术水平和历史成本资料等内部条件,也要考虑企业的外部环境,通过市场调查,收集国内国际市场的价格信息资料,测算产品的市场价格,预计销售收入。采用以下公式进行计算:

$$目标总成本＝预计销售收入－目标利润－应缴税金$$

2. 目标总成本的分解

为了在生产过程中落实目标总成本,必须将目标总成本分解到各成本责任单位,编制各责任单位的责任成本预算。其方法有两种:

$$责任成本预算＝\sum(责任单位目标产量\times单位产品变动成本)＋成本责任单位可控固定成本预算$$

$$责任成本预算＝\sum(成本责任单位目标产量\times单位产品可控标准成本)$$

企业目标总成本是各责任单位编制责任成本预算的约束条件。各责任单位成本预算之和加上不可控成本,不能超过企业目标总成本。

3. 日常的目标成本控制

在日常管理中,目标成本控制要与经济责任制相结合,将目标成本进行层层分解,并落实到岗位和个人,与奖惩制度配套执行。通过归口、分级管理,形成多层次的成本控制网络。各责任中心以成本预算为工具,进行核算、分析、限制、指导和协调,随时观察实际发生的成本,与预算成本相比较,发现差异,分析原因,进行调整,保证责任成本的落实。

12.4　弹性预算

所谓弹性预算,是企业在不能准确预测业务量的情况下,根据本量利之间有规律的数量关系,按照一系列业务量水平编制的有伸缩性的预算。只要这些数量关系不变,弹性预算可以持续使用较长时间,不必每月重复编制。弹性预算主要用于各种间接费用预算,有些企业也用于利润预算。

12.4.1　弹性预算的特点

表 12-8 是一个生产制造部门制造费用的弹性预算,它和按特定业务量水平编制的固定预算相比,有两个显著特点。

(1)弹性预算是按一系列业务量水平编制的,从而扩大了预算的适用范围。就表 12-8 提供的资料来说,如若仅按直接人工 600 小时来编制,就成为固定预算,其总额为 2 000 元。这种预算只有在实际业务量接近 600 小时的情况下,才能发挥作用。如果实际业务量与作为预算基础的 600 小时相差很多,而仍用 2 000 元去控制和评价成本,显然是不合适的。在表 12-8 中,分别列示了 5 种业务量水平的成本预算数据。根据企业情况,也可以按更多的业务量水平来列示。这样,无论企业业务量达到何种水平,都有适用的一套成本数据来发挥作用。

表 12-8	制造费用弹性预算				单位:元
业务量(直接人工工时)(小时)	420	480	540	600	660
占正常生产能力百分比(%)	70	80	90	100	110
变动成本:					
运输(b=0.2)	84	96	108	120	132
电力(b=1.0)	420	480	540	600	660
消耗材料(b=0.1)	42	48	54	60	66
合计	546	624	702	780	858
混合成本:					
修理费	440	490	544	600	746
油料	180	220	220	220	240
合计	620	710	764	820	986
固定成本:					
折旧费	300	300	300	300	300
管理人员工资	100	100	100	100	100
合计	400	400	400	400	400
总计	1 566	1 734	1 866	2 000	2 244

(2)弹性预算是按成本的不同性态分类列示的,便于在计划期结束时计算"实际业务量的预算成本"(应当达到的成本水平),使预算执行情况的评价和考核建立在更加现实和可比的基础上。

如果固定预算是按 600 小时编制的,成本总额为 2 000 元。在实际业务量为 500 小时的情况下,不能用 2 000 元去评价实际成本的高低,也不能按业务量变动的比例调整后的预算成本 1 666 元(2 000×500÷600)去考核实际成本,因为并不是所有的成本都一定同业务量成正比例关系。

如果采用弹性预算,就可以根据各项成本同业务量的不同关系,采用不同方法确定"实际业务量的预算成本",去评价和考核实际成本。例如,实际业务量为 500 小时,运输费等各项变动成本可用实际工时数乘以单位业务量变动成本来计算,即变动总成本 650 元(500×0.2+500×1+500×0.1)。固定总成本不随业务量变动,仍为 400 元。混合成本可用内插法逐项计算:500 小时处在 480 小时至 540 小时,修理费应该在 490 元至 544 元,设实际业务量的预算修理费为 x 元,则

$$(500-480)\div(540-480)=(x-490)\div(544-490)$$
$$x=508(元)$$

油料费用在业务量为 480 小时至 540 小时的水平时均为 220 元,500 小时当然也应为 220 元。可见

500 小时预算成本$=(0.2+1+0.1)\times500+508+220+400=1\ 778(元)$

这样计算出来的预算成本比较符合成本的变动规律,用以评价和考核实际成本,比较确切并容易为被考核人所接受。

12.4.2　弹性预算的编制

编制弹性预算的基本步骤是:选择业务量的计量单位;确定适用的业务量范围;逐项研究并确定各项成本和业务量之间的数量关系;计算各项预算成本,并用一定的方式来表达。

编制弹性预算,要选用一个最能代表本部门生产经营活动水平的业务量单位。例如,以手工操作为主的车间,就应选用人工工时;制造单一产品或零件的部门,可以选用实物数量;制造多种产品或零件的部门,可以选用人工工时或机器工时;修理部门可以选用直接修理工时等。

弹性预算的业务量范围,视企业或部门的业务量变化情况而定,务必使实际业务量不至超出确定的范围。一般来说,弹性预算的业务量范围可定为正常生产能力的 70%～110%,或以历史上最高业务量和最低业务量为其上下限。

弹性预算编制质量的高低,在很大程度上取决于成本性态分析的水平。成本性态分析的方法,前边的章节已有介绍,这里不再赘述。

弹性预算的表达方式,主要有多水平法和公式法两种。

1. 多水平法(列表法)

采用多水平法,首先要在确定的业务量范围内划分出若干个不同水平,然后分别计算各项预算成本,汇总列入一个预算表格。表 12-8 就是一个用多水平法表达的弹性预算。在这个预算中,业务量的间隔为 10%,这个间隔可以更大些,也可以更小些。间隔较大,水平级别就少一些,可简化编制工作,但间隔太大会失去弹性预算的优点;间隔较小,用以控制成本较为准确,但会增加编制的工作量。

多水平法的优点是:不管实际业务量是多少,不必经过计算即可找到与业务量相近的预算成本,用以控制成本比较方便;混合成本中的阶梯成本和曲线成本,可按其性态计算填列,不必用数学方法修正为近似的直线成本。但是,运用多水平法表达的弹性预算评价和考核实际成本时,往往需要使用插补法来计算"实际业务量

的预算成本",比较麻烦。

2.公式法

因为任何成本都可用公式"$y = a + bx$"来近似地表示,所以只要在预算中列示固定成本(a)和单位变动成本(b),便可随时利用公式计算任一业务量(x)的预算成本(y)。表 12-9 是一个用公式法表达的弹性预算,其数据资料与前述多水平法一样.只是表达方式不同。

表 12-9　　　　　　　　　　弹性预算

业务量范围(人工工时)(小时)		420～660
项目	固定成本(每月)(元)	变动成本(每人工工时)(小时)
运输费		0.20
电力		1.00
消耗材料		0.10
修理费	85(备注)	0.85
油料	108	0.20
折旧费	300	
管理人员工资	100	
合计	593	2.35
备注	当业务量超过 600 工时后,修理费的固定成本部分上升为 185 元	

公式法的优点是便于计算任何业务量的预算成本。但是,阶梯成本和曲线成本只能用数学方法修正为直线,以便用"$y = a + bx$"公式来表示。必要时,还需要在"备注"中说明不同的业务范围内,应该采用的不同的固定成本金额和单位变动成本金额。

12.4.3　弹性预算的运用

弹性预算的主要用途是作为控制成本支出的工具——在计划期开始时,提供控制成本所需要的数据;在计划期结束后,可用于评价和考核实际成本。

1.控制支出

由于成本一旦支出就不可挽回,只有事先提出成本的限额,使有关的人员在限额内花钱用物,才能有效地控制支出。根据弹性预算和每月的生产计划,可以确定各月的成本控制限额。这个事先确定的限额并不要求十分精确,所以采用多水平法时可选用与计划业务量水平最接近的一套成本数据,作为控制成本的限额。采用公式法时,可根据计划业务量逐项计算成本数额,编制成本限额表,作为当月控制成本的依据。

2. 评价和考核成本控制业绩

每个计划期结束后,需要编制成本控制情况的报告,对各部门成本预算执行情况进行评价和考核。表12-10是部门成本控制报告的一种格式。

在这个报告中,"实际成本"是根据实际产品成本核算资料填制的;"预算成本"是根据实际业务量和弹性预算逐项计算填列的;"差异额"是实际成本减去预算成本的差额,负数表示节约额,正数表示超支额;"差异率"是差异额占预算成本的百分比,表示节约或超支的相对幅度。这样计算出来的差异额和差异率,已将业务量变动的因素排除在外,用以评价实际成本比较有说服力。

表 12-10 　　　　　　　　　部门成本控制报告

20××年7月　　　　　　　　实际业务量:580 小时　　　　　　　　单位:元

项目	实际成本	预算成本	差异	
			差异额	差异率
变动成本:				
运输费	108	116	−8	−7%
电力	616	580	+36	+6%
消耗材料	68	58	+10	+17%
合计	792	754	+38	+5%
混合成本:				
修理费	560	578	−18	−3%
油料	230	220	+10	+5%
合计	790	798	−8	−1%
固定成本:				
折旧费	300	300	0	0
管理人员工资	110	100	+10	+10%
合计	410	400	+10	+3%
总计	1 992	1 952	+40	+2%

注:合计(总计)的差异率＝合计(总计)的差异额/合计(总计)的预算成本

▎复习思考题 ▎

1. 成本控制的意义是什么?进行成本控制应遵循哪些原则?

2. 作为制定标准成本的依据,通常有哪几种"标准成本"可供选择?试分别评述其优缺点,并指出其中何种标准成本最为合理。

3. 什么是标准成本控制?标准成本控制的主要优缺点是什么?

4. 目标成本控制的原理是什么?

5. 什么是弹性预算?编制弹性预算的方法是什么?

第13章

成本考核

13.1 成本考核概述

13.1.1 成本考核的意义

成本是一项综合性的价值指标。从产品的设计、生产、销售等环节是否流畅，到日常人力、物力、财力的耗费是否节约，直至企业各级、各部门工作的优劣，都会直接或间接地影响到成本的变化。成本考核(Cost Rating)就是定期通过成本指标的对比，对目标成本的实现情况和成本计划指标的完成结果进行全面的审核和评价，是成本管理职能的重要组成部分。为了监督和评价各部门、各单位成本计划的完成情况，促使其履行有关的经济责任，保证目标成本的实现，应建立定期的成本考核制度。成本考核作为成本管理的重要职能之一，对于降低成本、促进成本工作水平的提高，具有十分重要的意义。成本考核的具体作用如下：

1. 评价企业生产成本计划的完成情况

成本作为资产的耗费，目的是生产适销对路的产品，增加产品的销售收入并赚取利润。由于受市场环境、企业产品市场份额以及产品市场价格等限制，企业一定时期内的销售收入是一个限定的常数，而成本在一定程度上是企业一个可控制的变量。成本计划的完成或超额完成，标志着目标成本的实现，从而意味着目标利润的实现。对实际成本与计划成本的比较评价，也是对利润实现情况及原因的分析评价。

2.评价有关财经纪律和管理制度的执行情况

为了进行国民经济的宏观调控管理,提供国家所需要的宏观决策参考依据,国家规定了成本开支范围、费用开支标准等。通过成本考核,可以检查有关成本制度的执行情况,保证成本考核与成本管理的合法性。

3.激励责任中心与全体员工的积极性

责任中心是指与其经营决策密切相关的、责、权、利相结合的部门。通过成本考核,可以评价各责任中心对当期经济效益的贡献,使企业树立全员成本管理意识,使各个责任单位和责任人员从成本考核的奖惩制度中看到自身的经济利益,增强降低成本的责任心,从而激励其降低成本的积极性和创造性,为增收节支做出更大的贡献。

4.协调企业内部的经济关系

成本责任单位和成本责任制的建立使各成本责任单位责任明确、目标协调一致,从而能使各成本责任单位为实现企业总体经营目标而协调工作。它有利于发展和完善经济责任制,有利于提高企业的经营管理水平和经济效益,有利于企业总体经营目标的实现。

13.1.2　成本考核的原则

成本考核除应遵循责任权利相结合的原则、提高经济效益原则等企业管理原则和一般的财务会计原则外,还应当遵循以下原则:

(1)可操作性原则。可操作性原则即成本考核指标必须是可以正确计算和具体确定的。成本考核应建立在企业可能达到的成本管理水平的基础上,不要好高骛远,使成本考核工作脱离企业的现实情况。

(2)相关性原则。相应的成本考核指标要与各责任单位或责任者的责任目标及企业责任目标相关。要建立与各责任单位或责任者成本责任相关的结算价格、消耗定额、奖惩方法等成本考核指标体系。与各责任单位或责任者成本责任无关的成本指标不应作为成本考核指标。

(3)奖惩结合原则。应根据责任成本考核结果,按相关各责任单位或责任人的责任成本完成情况进行奖惩,言而有信,坚决落实和贯彻成本责任制。

(4)物质奖惩与精神激励相结合原则。在坚决兑现物质奖惩制度的基础上,高度重视精神激励的作用,将思想政治工作运用到成本考核工作中来,充分发扬员工的主人翁精神,运用精神力量创造更多的物质财富。

(5)成本效益原则。新建立的成本考核体系既不可过于简陋,使成本考核流于形式,失去意义;也不可过于繁琐,导致成本考核工作量过大,使成本考核的成本不适当地增加,在经济效益上得不偿失。此外,既要考核成本本身指标,也要考核成本效益指标。

13.2 成本考核的方法

13.2.1 成本考核的指标

1.实物指标和价值指标

实物指标是从使用价值的角度,按照它的自然计量单位来表示的指标;价值指标是以货币为统一尺度来表示的指标。成本指标中,实物指标是基础,价值指标是综合反映。只有把实物指标和价值指标结合起来,才能全面地反映成本指标的完成情况。

2.数量指标和质量指标

数量指标是反映企业在一定时期内某一工作数量的指标,如产量、生产费用、总成本等;质量指标是反映企业一定时期内工作质量或相对水平的指标,如单位成本、可比产品成本降低率等。只有把数量指标和质量指标相结合,才能全面考核企业的经济效益指标。

3.单项指标和综合指标

单项指标是反映企业成本变化中某一侧面的指标,如某种产品的单位成本等;综合指标是总括反映成本的指标,如全部生产费用、商品产品总成本、可比产品成本降低率等。单项指标是基础,综合指标是单项指标的综合。

13.2.2 成本考核的方法

为了适应社会主义市场经济发展的要求,针对传统成本考核指标存在的问题,我国科学界提出了很多不同的改进观点。有的主张以全部产品成本计划完成率作为考核指标,有的主张以标准成本作为考核指标,有的主张以百元总产值生产费用作为考核指标,还有的主张围绕责任成本设立成本考核指标,等等。比较而言,主张围绕责任成本设立成本考核指标的观点具有全面性、适用性和有效性的特点,具有显著的优越性。

随着社会经济的迅速发展和商业竞争的日益激烈,企业规模越来越大,为了提高企业的经营效率和竞争能力,分权管理已成为现代企业管理的基本模式。分权管理思想的发展,一方面,使企业的日常经营决策权不断地下放,从而达到了决策的有效性;另一方面,企业经营管理的责任也随着经营决策权的下放一起层层落实到各级管理部门,使各级管理部门在充分享有经营决策权的同时,也对其经营管理的有效性承担经济责任。在这种情况下,成本考核要求责任者对所控制的成本负责任,同时奖惩结合,即企业应该实行目标责任成本制,用归口管理的目标责任成本进行考核。因为成本计划的圆满实现,归根到底是要靠企业广大职工积极性的充分发挥,而目标成本考核的一个主要内容之一,就是要对每个环节、每个人在降低成本方面所作出的贡献给予充分肯定,并根据贡献的大小给予相应的奖励。在社会经济中,只有将成本责任、成本效益和经济利益挂起钩来,才能做到国家、企业、个人三者利益的统一,对个人的工作绩效进行客观公正的考核,使每个人所负的成本责任和所实现的成本效益与其所得的经济利益相适应。通过考核做到有奖有罚,并把物质奖励和精神奖励结合起来,才能使职工降低成本、提高效益的积极性、主动性长期保持下去。企业内部的成本考核,可根据企业下达的分级、分工、分人的责任成本计划指标进行。显而易见,实行责任会计制度,核算责任成本,对于划清各责任单位的成本责任,正确考核各个单位的成本效益,公平、合理地进行企业内部的奖惩,从而调动广大职工关心成本、关心效益的积极性等方面均有重要的意义,也是加强企业成本管理的重要手段。

(1)以全部产品成本计划完成率作为考核指标

全部产品成本计划完成率=(1-实际产量的实际总成本÷实际产量的计划总成本)×100%

以全部产品成本计划完成率作为成本考核的考核指标,其优点是成本考核面比较宽,将计划成本与实际成本进行比较,在一定程度上也能反映企业在成本管理中的不足与成绩,在成本考核中起到一定的作用。缺点是这一指标以全部产品成本的计划数为比较基础,不能很好地反映劳动消耗的利用效果,也不便于分清成本考核的责任单位的经济责任,不利于成本考核责任制的落实。

(2)以企业或行业标准成本完成率作为考核指标

企业或行业标准成本完成率=(1-实际产量的实际总成本÷实际产量的企业或行业标准总成本)×100%

这里将企业或行业标准成本作为成本考核的依据,它的优点同将全部产品成本计划完成率作为成本考核指标的优点一样。缺点是:企业特别是行业的标准成本的制定是比较复杂的。而且,这一指标以全部产品的标准成本作为比较基础,同样不能很好地反映劳动消耗的利用效果,也同样不便于分清成本考核责任单位的经济责任,同样不利于成本考核责任制的落实。

(3)以全部产品成本、可比产品成本和主要产品单位成本的计划完成情况作为考核指标是成本考核指标体系中的一个子系统。它可以分为下列指标：

对全部产品成本的计划完成情况的考核,可以分为按产品品种和按产品成本项目分别进行考核。按产品品种考核计划完成情况的指标,同以全部产品成本计划完成率作为考核指标的方法一样;按产品成本项目来进行成本考核,主要是将全部产品的成本项目分为计划数和实际数分别统计,考核每一个成本项目的计划数与实际数之间的差异及每一个成本项目的计划数与实际数之间的差异对产品总成本升降的影响。

对主要产品单位成本的计划完成情况进行考核,类同于按每一种产品的成本项目的计划完成情况进行考核。

以全部产品成本、可比产品成本和主要产品单位成本的计划完成情况作为考核指标,优点是成本考核内容较为全面,按成本项目进行成本考核,能较好地反映成本变动原因。缺点是考核指标众多,考核计算繁琐,不能很好地反映劳动消耗的利用效果。另外,会计核算中的成本效益比也使这种方法难以顺利进行。

(4)以百元商品产值成本作为考核指标

$$百元商品产值成本＝商品产品成本÷商品产值×100\%$$

以百元商品产值成本作为考核指标,优点是商品产品成本与商品产值相比较,突出了劳动消耗的利用效果,说明了投入和产出之间的比率关系。在生产等级品的企业,还能反映质量的升降对该指标的影响;此外,这一指标还能从一定侧面反映出企业在同行业中的成本效益水平。缺点是此指标受到产品品种结构的影响,不能收集产品品种变动方面对成本影响的资料,将这一指标作为考核指标是不太妥当的。再者,这一指标也不能解决分清成本考核责任单位的经济责任,落实成本考核责任制的问题。

(5)以百元主营业务收入成本或主营业务成本利润率作为考核指标

$$百元主营业务收入成本＝主营业务成本÷主营业务收入×100\%$$
$$主营业务成本利润率＝主营业务利润÷主营业务成本×100\%$$

用百元主营业务收入成本或主营业务成本利润率作为考核指标,优点是考核了企业每百元主营业务收入中的成本含量,或带来一元主营业务利润需要消耗的主营业务成本数量,反映了企业在生产经营过程中各种劳动耗费的经济效益,所得与所耗的比较较直观。缺点是就主营业务收入的取得、营业利润的高低、主营业务成本的发生的经济责任而言,属于不同的成本责任单位。这一指标不能解决分清成本考核责任单位的经济责任、落实成本考核责任制的问题。随着现代经济的发展,期间费用抵减企业利润总额的幅度越来越大,再以百元主营业务收入成本或主营业务成本利润率作为考核指标,难以完全发挥成本考核的作用。

(6)围绕责任成本设立成本考核指标

与产品成本核算不同,责任成本核算以责任单位或责任者为成本核算对象,本着干什么、管什么和算什么的原则,记录、归集和分配责任单位或责任人的经济责任,全面进行成本控制,落实成本考核责任制的问题。它按供应、生产、销售和行政管理等类别分别确定成本责任单位或责任人,将全部成本按能否控制分为可控成本和不可控成本。将可控成本按成本责任单位和责任者分解落实,考核成本责任单位或责任人相关责任成本的发生情况,并以此作为落实成本责任的依据。但责任成本核算只局限于成本责任,只进行责任成本核算,不利于确认企业的总体成本水平。

13.3 责任成本考核

13.3.1 分权管理与责任会计

1. 分权(Decentralization)管理的背景

随着企业规模的扩大,产生了职责的分割,面对各种复杂的作业,企业有两种方法进行管理:集权管理和分权管理。集权管理由最高层进行决策,下面各级管理人员只负责执行决策。而分权管理则允许较低层次的管理人员能够在他们的职责领域内作出关键决策并予以执行。分权即将决策权分散到较低层管理人员。

企业选择分权管理的原因包括:①对于在各地具有广泛分支机构的企业来说,置身于经营环境的较低层次的管理人员可以更好地了解当地的实际信息,在其职责领域内,通常能比高层管理者更好地进行决策。②管理者除了要有管理技巧之外,还需要拥有某一领域内的专门技术。而对于有几百种甚至几千种不同产品的大公司来说,没有任何人拥有处理与这么多产品信息相关的专门技术和实践经验,这种认识上的局限性意味着分权管理的必要性。③集权管理需要时间将各地分支机构的信息上传到总部,并将总部的决策下达到分支机构,上传下达两方面的信息会延误时间,降低了企业的反应速度,同时还存在错误传递信息的可能性。④通过分权管理,高层管理者可以将更多的时间和精力集中在战略性的计划和决策上。⑤分权管理可以为企业培养后备高层管理人员,可以通过赋予较低层次的管理人员一定的决策权使其得到激励,激发其发挥更大的积极性和主动性。

大部分企业的权力分散程度介于高度分权和高度集权之间,而且越来越多的企业正朝分权管理转化。

2.责任会计与责任中心

责任会计是分权管理的产物,它是通过在企业内部建立若干个责任中心(Responsibility Center),对其分工负责的经济业务进行规划、控制与业绩考核的一种会计子系统。责任会计的重心在于利用会计信息对各责任中心的业绩进行计量、控制与考核,它的主要内容包括:①设置责任中心,明确各责任中心的权责范围。即依据企业所属的各部门、各单位经营活动的特点,明确规定其权责范围,使其能在权限范围内,独立自主地履行生产经营职责。②编制责任预算,确定考核标准。责任预算是责任中心的具体计划,它将企业的总体目标层层分解,具体落实到每一个责任中心,指导其开展经营活动,并作为评价其工作业绩的基本依据。③建立跟踪系统,进行反馈控制。即在责任预算的实施过程中,每个责任中心应跟踪责任预算执行情况,定期编制"业绩报告"或"责任报告",将实际数与预算数进行对比,找出差异,并分析原因,向有关部门反馈信息,据以调节生产经营活动,保证预算的实现。④分析评价业绩,建立奖惩制度。根据定期编制的业绩报告,对各个责任中心的业绩进行分析和评价,按业绩的好坏进行奖惩,最大限度调动各个责任中心的积极性。

为了实行有效的内部控制,通常采用统一领导、分级管理的原则,在其内部合理地划分责任单位,承担相应的经管责任,并赋予相应的权限,促使企业内部各单位各尽其职并协调配合。这种权责范围就是各个责任单位能够对其经济活动进行严格控制的区域,即"责任中心"。"责任中心"实际上是指企业内部按各自生产经营的特点和一定的控制范围,由其主管人员对其可控制的生产经营活动负责并拥有相应权力的内部单位。就企业内部单位而言,生产经营活动通常具有自身的特点及相应的控制范围,如生产车间,其生产经营活动的特点是进行产品的生产,控制的对象是生产成本;而一个分厂的生产经营活动除了产品生产外,还包括产品销售等,因此,控制的对象不仅有产品的生产成本,还有收入和利润等。因此,不同的内部单位,因生产经营活动的特点及相应的控制范围不同,可以成为不同的责任中心。划分责任中心的目的是为了调动一切积极因素,使各责任中心在其权责范围内恪尽职守,努力工作,然后按成绩优劣进行奖惩,从而真正提高企业整体的经济效益。

总之,责任中心是为某种责任而设立的特定部门,其基本特征是权、责、利相结合。具体地说,责任中心具有如下特征:

(1)拥有与企业总体管理自主权相协调,与其管理职能相适应的经营决策权,使其能在最恰当的时刻对企业遇到的问题作出是最恰当的决策。

(2)承担与其经营权相适应的经济责任。有什么样的决策权,就必须承担什么样的经济责任,这是对有效使用其权利的一种制约。

（3）建立与责任相配套的利益机制。将管理人员的个人利益与其管理业绩联系起来，从而调动全体管理人员和职工的工作热情。

（4）各责任中心的局部利益必须与企业整体利益相一致，不能为了各责任中心的局部利益而影响整体利益。

责任中心根据其控制区域和权责范围的大小，一般可分为成本中心、利润中心和投资中心三种类型。

成本中心（Cost Center）是对成本或费用负责的责任中心，其特点是只对生产或经营过程中投入的成本或费用负责，也就是只对消耗负责，而不承担收入实现的责任。成本中心有狭义和广义之分。狭义的成本中心是指对产品生产或劳务提供资源的耗费负责的责任中心，即生产产品或提供劳务的责任中心；广义的成本中心除狭义的成本中心含义外，还包括那些非生产性的以控制经营管理费用为主的责任中心，即费用中心。成本中心一般只考核其成本或费用的发生和控制情况，这类责任中心多数为只负责产品生产的部门、提供劳务的部门以及给予一定费用指标的企业管理科室。

利润中心（Profit Center）是对利润负责的责任中心，由于利润等于收入减去成本和费用，所以利润中心实际上既要对收入负责，又要对成本费用负责。但由于其责任主要是实现目标利润，因而考核的指标一般是有关利润的实现情况。这类责任中心一般是指拥有产品或劳务生产经营决策权的部门或单位。

投资中心（Investment Center）是对投资负责的责任中心，其特点是既要对利润负责，又要对利润与投资之间的比例关系负责。投资中心与利润中心相比，利润中心只有短期的经营决策权，而投资中心除此之外还拥有长期投资决策权，因而其权力更大，但同时其经营责任也更大。投资中心着重考核的是投资收益，这类责任中心一般为子公司或分公司。

要组织有效的责任成本核算，企业必须明确划分责任中心。成本中心是责任中心的一种，它是在会计上计量成本的责任中心。它不同于在会计上同时计量营业收入和成本的利润中心，也不同于在会计上同时计量利润和投资的投资中心。因此，成本中心的适用范围更广，上层有以总会计师为首的厂部成本中心，中层有以科室、车间领导为首的成本中心，基层有班组或个人的成本中心。责任中心，不论层次高低、所负责任大小，都有成本发生。

13.3.2　责任成本

1.责任成本的特点

责任成本（Responsibility Cost）是指由特定的责任中心所发生的耗费。当将企业的经营责任层层落实到各责任中心后，就需要对各责任中心发生的耗费进行核算,以正确反映各责任中心的经营业绩,这种以责任中心为对象进行归集的成本叫做责任成本。责任成本是企业目标成本管理的核心,它可作为评价责任者成本责任的履行情况、考核成本经营绩效的依据。将责任成本与经济利益结合,就能达到控制成本费用,提高经济效益的目的。

责任成本与产品成本有很大的不同,其主要区别是:

(1)成本核算的对象不同。产品成本是以一定种类或批次的产品为对象归集产品的生产耗费;而责任成本是以责任中心为对象归集生产或经营管理费用。

(2)成本核算的原则不同。产品成本的核算原则是谁受益、谁承担;而责任成本的核算原则是谁负责、谁承担。

(3)成本核算的内容不同。产品成本既包括可控成本,又包括不可控成本,只要应归属于产品的,都是产品成本;而责任成本只包括可控成本,不可控成本只作为参考指标。

(4)成本核算的目的不同。产品成本核算能为考核成本计划完成情况及计算利润、制定产品价格提供依据,是实施经济核算制的重要手段;而责任成本核算则是为了评价和考核责任成本预算的执行情况,是进行成本控制和成本考核的重要手段。

责任成本与产品成本虽然有许多不同点,但是它们之间也有密切的联系。首先,两者核算的原始成本信息是相同的,只是加工整理的主体不同。其次,责任成本控制的有效与否将直接影响产品成本的耗费水平。所以,虽然责任成本和产品成本控制的角度不一样,但它们的总目的是一致的。再次,在狭义的成本中心范围内,一定时期的责任成本总额和一定时期的产品成本总额是相等的。责任成本与产品成本的区别和联系如图13-1所示。

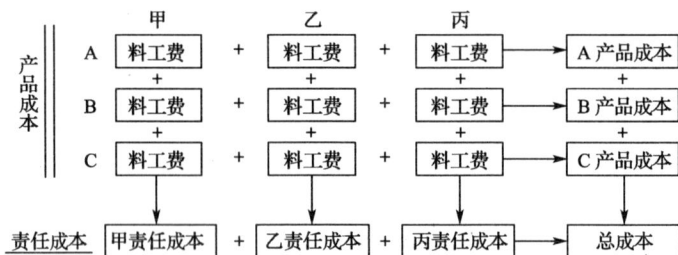

图 13-1 产品成本与责任成本的区别图

从图13-1中可以看出,生产费用横向按产品成本计算对象归集,构成了产品成本;生产费用纵向按责任中心归集,构成了责任成本。划清产品成本与责任成本的界限,是责任成本核算的一个重要前提。

2.责任成本的核算

(1)责任成本的核算前提

为了正确核算和考核各责任中心的责任成本,提高成本控制的有效性,首先必须将成本划分为可控成本与不可控成本。责任中心所计量和考核的责任成本必须是可控成本。可控成本是相对于不可控成本而言的。凡是责任中心能控制的各种耗费均为可控成本,凡是责任中心不能控制的耗费则为不可控成本。具体而言,各责任中心的可控成本应具备如下几个条件:

①能预知将发生的各种费用;

②能确切计量所发生的成本费用;

③能为该责任中心控制并调节各种成本费用。

某个责任中心的各项可控成本之和,即为该中心的责任成本。

必须注意的是,成本的可控性是就特定的责任中心、特定的期间和特定的权限而言的,因而,可控成本与不可控成本的划分不是绝对的,而是相对的。首先,某项成本对某责任中心是可控的,但对另一责任中心却是不可控的。例如,直接材料的耗用量对生产部门来说是可控的,但对供应部门来说却是不可控的。其次,有些成本在某个时间是可控的,而在另一个时间可能是不可控的。例如,新厂房要建造时,管理部门可以决定厂房的大小、建造成本的多少,此时,新厂房的建造成本是可控的;但厂房一旦建成,则厂房的建造成本就为不可控成本。再次,可控成本还与特定的权限有关,有些费用对下一级责任中心来说是不可控的,但对于上一级责任中心来说往往是可控的。例如,制造费用中的固定费用,对生产车间来说是不可控的,但对厂部来说却是可控的。

由此可见,对某责任中心进行成本考核,应以其可控成本为主要依据,不可控成本仅作为参考。

(2)责任成本的核算体系

责任成本的核算与产品成本的核算是两个不同的核算体系。产品成本以产品品种为归集对象,将各种产品在各责任中心所发生的料工费加总起来,就是生产该产品的生产成本。而责任成本则以各责任中心为归集对象,将各责任中心为生产各种产品所发生的料工费加总起来,就构成责任成本。所以,根据责任中心成本核算的特点,应建立责任成本核算体系,以保证责任成本核算的顺利进行。责任成本核算体系的具体内容有:

①责任中心的明确划分;

②根据责任成本核算的要求做好各项基础工作,如原始凭证的设计、填制、计量和设备的购置、内部零部件转移价格的制定等;

③各种内部控制制度的建立和完善等。

【例1】 某公司生产甲、乙、丙三种产品,每种产品都需经过 A、B 两个基本生产车间加工,另有 C 辅助生产车间提供劳务,其发生的费用按一定的比例分配计入产品成本。A、B、C 三个车间均为成本中心。某年度根据料工耗用的原始凭证及有关的分配表,计算出的产品成本见表13-1。

表 13-1   产品成本计算表   单位:元

项目		A 车间	B 车间	C 车间	合计
可控成本	直接材料	73 500	54 000	22 500	150 000
	直接工资	28 000	17 500	14 000	59 500
	其他	32 000	20 500	8 000	60 500
小计		133 500	92 000	44 500	270 000
不可控成本		32 385	33 615	4 000	70 000
合计		165 885	125 615	48 500	340 000

各车间只对该车间的成本负责,计算出的各生产车间的责任成本见表13-2。

表 13-2   责任成本计算表   单位:元

项目	甲产品	乙产品	丙产品	合计
直接材料	40 000	50 000	60 000	150 000
直接工资	20 000	25 000	35 000	80 000
制造费用(辅助生产车间转来)	11 000	17 500	20 000	48 500
制造费用(生产车间发生)	14 000	22 500	25 000	61 500
总成本	85 000	115 000	140 000	340 000

责任中心将各月的责任成本加总起来,即为全年的责任成本。如果是成本中心,就以此作为生产业绩的考核依据;如果是利润中心或是投资中心,则将其与各责任中心的收入相配比,将计算出的利润作为考核经营业绩或投资业绩的依据。

13.4 部门成本业绩的考核和评价

部门成本业绩是成本责任单位和责任人在成本管理控制中完成成本责任的情况。部门成本业绩考核和评价是企业管理当局对部门成本业绩确认和兑现奖惩办法的管理活动。部门成本业绩考核和评价的依据是责任成本单位完成责任成本指标的情况,考核和评价责任成本单位完成责任成本指标的目的是为了落实成本责任制,寻找责任成本指标的预算数同实现数的差异及产生差异的原因和改进措施。

13.4.1 部门成本业绩考核和评价的原则

部门成本业绩考核和评价涉及落实成本管理责任制,鼓励先进,鞭策落后,调动职工工作的积极性问题;也涉及修正成本管理责任目标和成本责任单位及责任人划分,协调企业各责任单位和责任人的成本管理工作,充分发挥责任成本会计作用的问题。因此企业有关部门应认真搞好部门成本业绩考核和评价工作。要搞好部门成本业绩考核和评价工作,充分发挥责任成本会计的作用,必须遵循以下原则:

1. 可控性原则

可控性原则即考核和评价各责任单位或责任人承担的经济责任,必须与其管理范围和管理权限相适应。考核和评价的责任指标必须是各责任单位或责任人自身可以预测、计量和调控的,各责任单位或责任人自身不可预测、计量和调控的成本、费用指标不应作为部门成本业绩考核和评价的指标。

2. 统一性原则

对不同责任单位或责任人的责任目标的考核和评价,在使用的考核、评价指标和方法上与各责任单位或责任人之间采用的责任会计制度相统一。如结算价格相统一,消耗定额相统一,奖惩方法相统一等。

3. 全面性原则

对部门成本业绩的考核和评价,应涉及企业经营过程的各个领域、各个环节和各个部门甚至各位职工。应对责任分配、责任核算、责任控制、责任监督、责任追究和绩效奖励各个环节进行考核和评价,应进行专业核算和群众考评相结合。

4. 客观性原则

在对部门成本业绩进行考核和评价时,一方面要按部门成本业绩的实际完成情况和考核标准进行正确比较,客观考核和评价部门成本业绩的实际完成情况;另一方面也要根据不断变化的经营情况,及时修正考核和评价指标,以便考核和评价指标能适应实际情况,起到应有的考核和评价作用。

13.4.2 部门成本业绩考核和评价的程序

要做好部门成本业绩考核和评价工作,必须进行系统设计,科学组织,形成合理、有效的工作程序和方式。下面简要介绍部门成本业绩考核和评价的一般程序。

1. 确定成本责任单位或责任人

企业应按可控性原则,合理划分成本责任单位或责任人。所谓成本责任单位或责任人,是指企业在成本控制方面具有一定权利并承担相应的工作责任的各级组织和各个管理层次及人员。只有确定成本责任单位或责任人，才能明确划分职责，做到分工协作、职责分明。其次，必须依据各个成本责任单位或责任人经营活动的具体特点，明确规定其权、责范围，使其能在权限范围内，独立自主地履行职责。

2.编制成本责任预算,确定各成本责任单位或责任人的成本业绩考核标准

编制成本责任预算,使企业总体成本目标按成本责任单位或责任人进行分解、落实和具体化,作为它们开展日常活动的准绳和评价其工作成果的基本标准。成本业绩考核标准应当具有可控性、可计量性和协调性特征,即其考核的内容应为各成本责任单位能够控制的因素;考核指标的实际执行情况,要能比较准确地计量和报告,并能使各个成本责任单位和责任人在完成成本总体目标时,明确各自的目标和任务,以实现局部和整体的统一。

3.区分各成本责任单位或责任人的可控和不可控费用

对各个成本责任单位工作成果的评价与考核,应限于能被其工作好坏所影响的可控项目,不能把不应由它负责的不可控项目列为考核项目。为此,要对企业发生的全部费用一一判别责任归属,分别落实到各个成本责任单位或责任人,并根据可控费用来科学地评价各成本责任单位或责任人的成绩。

4.合理制定内部转移价格

为分清经济责任,便于正确评价各个成本责任单位或责任人的工作成果,各成本责任单位或责任人之间相互提供产品和劳务,应根据各成本责任单位或责任人经营活动的特点,合理地制定内部转移价格,并据以计价结算。所制定的内部转移价格,必须既有助于调动各有关方面生产经营的主动性、积极性,又有助于实现局部和整体之间的目标一致。

5.建立健全严密的记录、报告系统

建立健全严密的记录、报告系统也就是要建立一套完整的日常记录。计算和考核有关责任预算执行情况的信息系统,以便为计量和考核各成本责任单位或责任人的实际经营业绩提供可靠依据,并能对各个成本责任单位或责任人的实际工作业绩起到反馈作用。一个良好的报告系统,应当具有相关性、适时性和准确性等特征。即报告的内容要能适合各级主管人员的不同需要,只列示与其需求相关的信息;报告的时间要适合使用者的需要;报告的信息要有足够的准确性,保证评价和考核的正确合理性。

6.制定合理而有效的奖惩制度

要制定一套既完整、合理,又有效的奖惩制度,根据各成本责任单位或责任人的实际工作成果的好坏进行奖惩,做到功过分明、奖惩有据。如果一个责任中心的工作成果因其他责任单位的过失而受到损害,则应由责任单位赔偿。该制度应有助于实现权、责、利的统一。

7. 评价和考核实际工作业绩

根据原定的业绩考核标准对各成本责任单位或责任人的实际工作成绩进行比较,据以找出差异,判明责任,采取有效措施,巩固成绩,改正缺点,及时通过信息反馈保证生产经营活动沿着预定的目标进行。

8. 定期编制业绩报告

通过定期编制业绩报告,对各个成本责任单位或责任人的工作成果进行全面分析、评价,并按成果的好坏进行奖惩,以促使各个成本责任单位或责任人相互协调并卓有成效地开展有关活动,共同为最大限度地提高企业成本管理的总体目标而努力。

13.4.3　部门成本业绩报告的编制

部门成本业绩报告是由成本责任单位或责任人编制,反映成本责任单位或责任人预算完成情况的书面报告文件,它是进行成本考核和评价的依据。根据部门成本业绩报告,可以进一步对差异形成的原因和责任进行具体分析,充分发挥部门成本责任信息的反馈作用,帮助管理部门对企业的各种经营活动实施有效控制与调节,促使各责任单位和责任人为实现企业总体目标而相互协调经济行为,最大限度地提高企业的经济效益。

部门成本业绩报告是责任会计的重要内容之一,也称为控制报告。其目的是将责任中心的实际成本与限额比较,以判别成本控制业绩。

1. 部门成本业绩报告的目的

(1)形成一个正式的报告制度,使人们知道他们的业绩被衡量、考核和报告,会使他们的行为与没有考核时大不一样。这就与学生对于考试课与非考试课花费的精力不同类似。当人们知道考核标准并肯定知道面临考核时,会尽力为达到标准而努力。

(2)部门成本业绩报告显示过去工作的状况,提供改进的线索,指明方向。

(3)部门成本业绩报告向各级主管部门反映下属的业绩,为他们采取措施纠正偏差和实施奖惩提供依据。

2. 部门成本业绩报告的特点

(1)部门成本业绩报告的编制内容和目的不同于传统的财务报告。传统的财务报告是按期提供的,按使用对象不同可分为对外报告和对内报告。编制目的是为反映企业一定时期的财务状况和一定时期的经营状况及现金流量状况。对外财务报告是基于法律的要求或特定的外部使用者的要求而提供的。部门成本业绩报告是一种内部报告,它是基于为明确成本责任单位或责任人预算完成情况,并按预定的奖惩方法进行奖惩。部门成本业绩报告的主要内容是成本责任单位或责任人预算完成情况及差异形成的原因。

(2)部门成本业绩报告涉及的会计主体(即报告主体)不同于传统的财务报告。传统的对外财务报告的会计主体一般是独立核算的法人主体。部门成本业绩报告涉及的会计主体是企业法人下属的成本责任单位或责任人。传统的财务报告可能要对外披露,而部门成本业绩报告则不用对外披露。

(3)不同的企业涉及的经济业务内容虽然各不相同,但它们涉及的不同的传统的财务报告的内容及报告项目大部分都是相同的。部门成本业绩报告,由于责任单位或责任人不同,报告的内容会有很大的差异。

(4)传统财务报告的报告项目,一般都具有相对稳定不变的固定内容,但部门成本业绩报告项目内容则因成本责任的变化而变更,不同的会计期间会有较大的变动。

3.良好的部门成本业绩报告应满足的要求

(1)报告的内容应与其责任范围一致;

(2)报告的信息要满足使用人的需要;

(3)报告的时间要符合控制的要求;

(4)报告的列示要简明、清晰、实用。

4.部门成本业绩报告的内容及编制

部门成本业绩报告的编制,一般应按成本责任单位或责任人进行。既可以编制一份责任单位或责任人所有责任指标完成情况的报告,也可以按责任单位或责任人的主要责任目标分别编制部门成本业绩报告。如采购责任单位,既应承担物资控制采购成本方面的责任,又要承担控制不计入物资采购成本的其他采购成本方面的责任。在部门成本业绩报告的编制中,既可以编制一份包括上述两类责任的部门成本业绩报告,也可以将上述两类责任分别单独编制只含一项内容的部门成本业绩报告。部门成本业绩报告的内容一般分为两部分,即责任指标完成情况表和文字说明。责任指标完成情况表主要列示各项责任指标的实际数、预算数以及二者的差异。文字说明部分是在确定责任指标完成情况的基础上,结合各责任单位和责任人的实际情况,对各项责任指标的差异原因加以说明,指出各责任单位和责任人的成绩与不足,提出解决问题的措施。现以生产责任单位的产品成本业绩报告为例,说明部门成本业绩报告的内容及编制方法。部门成本业绩报告的内容见表13-3。

表 13-3   部门成本业绩报告

        年 月   单位:元

指标	预算	实际完成	差异	原因
可控成本:				
直接材料				
直接人工				
管理人员工资				
办公费				
……				
不可控成本:				
折旧费用				
其他不可控成本:				
……				

  部门成本业绩报告的编制方法是:将各项成本责任的预算数和实际发生数分别记入表 13-3,并用文字分析说明实际数脱离预算数的差异及原因,为落实成本责任制采取相应的成本控制方法等,以便为部门成本业绩的评价做好准备工作。

13.4.4 差异调查

  部门成本业绩报告将使人们注意到偏离目标的表现,但它只是指出问题的线索。只有通过调查研究找到原因,分清责任,才能采取纠正行动,收到降低成本的实效。

  发生偏差的原因很多,可以分为三类:

  (1)执行人的原因,包括过错、没经验、技术水平低、责任心差、不协作等。

  (2)目标不合理,包括原来制定的目标过高或过低,或者情况变化使目标不再适用等。

  (3)实际成本核算有问题,包括数据的记录、加工和汇兑有错误,故意造假等。

13.4.5 奖励与惩罚

  奖励是对超额完成目标成本行为的回报,是表示赞许的一种方式。目前奖励的方式主要是奖金,也会涉及加薪和提升等。奖励的原则是:奖励对象的目标必须符合企业目标,其行为是值得提倡的行为;要让职工事先知道成本达到何种水平将会得到何种奖励;避免奖励华而不实的行为和奖励给侥幸取得好成绩的人;奖励要尽可能前后一致。

  惩罚是对不符合期望的行为的回报。惩罚的作用在于维持企业运转所要求的最低标准,包括产量、质量、成本、出勤、接受上级的领导等。如果达不到最低要求,企业将无法正常运转。达不到成本要求的惩罚手段主要是批评和扣发奖金,有时涉及降级、停止提升和免职等。惩罚的目的是避免类似的行为重复出现,包括被惩罚人的行为和其他人的行为。惩罚的原则是:在调查研究的基础上,尽快采取行动,拖延会减弱惩罚的效力;预先要有警告,只有重犯者和违反众所周知的准则的人才受惩罚;惩罚要一视同仁,前后一致。

13.4.6 纠正偏差

纠正偏差是成本控制系统的目的,如果一个成本控制系统不能揭示成本差异及其产生原因,不能揭示应由谁对差异负责从而保证采取某种纠正措施,那么这种控制系统仅仅是一种数字游戏,白白浪费了职能人员的许多时间。

纠正偏差是各责任中心主管人员的主要职责。如果成本控制的标准是健全的并且是适当的,评价和考核也是按这些标准进行的,则产生偏差的操作环节和责任人已经明确。具有责任心和管理才能的称职的主管人员能够通过调查研究找出具体原因,并有针对性地采取纠正措施。

纠正偏差的措施通常包括:第一,重新制订计划或修改目标;第二,采取组织手段重新委派任务或明确职责;第三,采取人事管理手段增加人员,选拔和培训主管人员或者撤换主管人员;第四,改进指导和领导工作,给下属以更具体的指导和实施更有效的领导。

成本指标具有很强的综合性,无论哪一项生产作业或管理作业出了问题都会引起成本失控。因此,纠正偏差的措施必须与其他管理职能结合在一起才能发挥作用,包括计划、组织、人事及指导与领导。

纠正偏差最重要的原则是采取行动,不采取行动就不可能纠正偏差。由于管理过程的复杂性和人们认识上的局限性,纠正行动不一定会产生预期的效果,从而会出现新的偏差。这种现象不是拒绝采取行动的理由,反而表明需要不断地采取行动。

▌复习思考题▐

1. 成本考核的意义和原则是什么?
2. 成本考核的方法包括哪些?
3. 什么是责任成本? 责任成本与产品成本的联系与区别是什么?
4. 责任成本核算体系的内容包括什么?
5. 部门成本业绩考核和评价的原则是什么?

第14章

成本报表

14.1　成本报表概述

14.1.1　成本报表的含义与作用

　　成本报表(Cost Statement)是根据成本管理的需要,依据企业日常成本核算资料和其他有关资料编制的,用以反映企业成本水平,分析和考核企业在一定时期内成本计划执行情况及结果的会计报表。根据我国现行会计制度,在企业会计报表体系中,成本报表不作为企业对外报送的会计报表,而主要是为满足企业内部管理需要而设置的内部会计报表。因而,成本报表的种类、格式和内容均可由企业根据其生产经营特点和管理要求自行确定。

　　编制成本报表是企业成本管理的一项重要工作。其作用概括地讲,就是向企业职工、各管理职能部门和领导以及上级有关部门提供成本信息,用以加强成本管理,提高经济效益。具体地讲,主要表现在以下几个方面。

　　(1)企业职工通过利用和分析成本报表,可以了解他们为完成成本计划、增产节约做出了多少贡献,以利于他们总结经验,为降低成本、提高经济效益做出新成绩;还可以了解成本计划的执行情况,监督企业经济活动,帮助企业各级领导改进成本管理工作,从而充分发挥他们管理企业的积极性。

　　(2)企业内部各管理职能部门通过利用和分析成本报表,可以了解成本计划的执行情况、成本结构的变化趋势等有关资料,发现成本管理工作中存在的问题,以便及时采取措施加以解决;也可以明确各部门、各岗位执行成本计划的成绩和责任,总结经验,实行合理的奖惩;还可以结合其他相关资料,进行综合分析,为企业经营决策提供及时有效的依据。

（3）企业领导通过利用和分析成本报表,可以了解企业成本管理的现状和发展趋势,考核各部门完成成本计划的进度和结果,进一步挖掘降低成本的潜力;也可以结合其他相关资料,进行综合分析,以利于做出正确的经营决策。另外,成本报表作为本期成本计划完成情况的系统总结,还可以为企业领导和各管理部门编制下期成本和利润等计划提供重要依据。

（4）企业的上级主管部门通过利用和分析成本报表,可以检查企业对国家有关成本开支范围及有关规定的贯彻执行情况;还可以利用所属同类企业的成本报表资料进行对比分析,组织企业间的交流,促使各企业的成本管理工作都能有所改善和有效开展。

14.1.2 成本报表的分类

成本报表是服务于企业内部经营管理的内部会计报表,因此从报表的格式、内容到报送时间、对象,都是由企业根据自身生产经营过程的特点、企业经营管理,特别是成本管理的具体要求所确定的。同时,在瞬息万变的市场中,企业还要为适应不断变化的市场环境而不断调整其成本策略。所以,不仅各企业之间成本报表的内容不尽相同,就是同一企业在不同时期也可能会要求编制不同的成本报表。一般情况下,企业编制的成本报表都具有较大的灵活性和多样性。为了充分且正确地认识和理解各有关成本报表,有必要对其进行科学分类。依据不同的标准,成本报表可分为不同的种类。

1. 按报表反映的内容分类

成本报表按其反映的内容,可以分为反映成本计划执行情况的报表、反映费用支出情况的报表、反映生产经营情况的报表。

（1）反映成本计划执行情况的报表。这类报表侧重于揭示企业为生产一定产品所发生的成本是否达到了预定的要求。通过将报告期的实际成本与前期平均成本、历史最好水平成本、本期计划成本等进行对比分析,可以了解企业产品成本的发展变化趋势和成本计划完成情况,并为进行深入的成本分析和挖掘降低成本的潜力提供资料。这类报表主要有商品产品成本表和主要产品单位成本表等。

（2）反映费用支出情况的报表。这类报表主要反映企业在报告期内某些费用支出的总额及其构成情况。通过对这类报表的分析,可以了解企业的费用支出的合理程度及变化趋势,有利于企业制定费用预算,考核费用预算的实际完成情况。这类报表主要有制造费用明细表、管理费用明细表、销售费用明细表、财务费用明细表等。

(3)反映生产经营情况的报表。这类报表属于反映企业某些专项成本、费用情况或成本管理某些专题情况的报表,通常有责任成本表和质量成本表等。

2.按报表编制的时间分类

成本报表按编制的时间分类,可分为定期成本报表和不定期成本报表。

(1)定期成本报表。这类报表是按规定期限报送的成本报表。按报送期限的长短,定期成本报表可分为年报、季报、月报、旬报、周报、日报和班报。其中,旬报、周报、日报和班报是为及时反馈某些重要的成本信息,以便管理部门采取相应对策而编制的。因此,定期成本报表一般按月、季、年来编制。一般地,商品产品成本表、主要产品单位成本表、制造费用明细表、管理费用明细表等都是定期成本报表。

(2)不定期成本报表。这类报表是针对成本、费用管理中出现的某些问题或急需解决的问题而随时按要求编制的有关成本报表。例如,发生了金额较大的内部故障成本,需立即将信息反馈到有关部门而编制的质量成本表等。

3.按报表编制的范围分类

无论是厂部还是车间,或车间里的生产班组甚至个人,都有可能根据需要提供有关成本、费用情况的报表,因此,编制的成本报表的空间范围往往是不同的。成本报表按编制的范围划分,可分为企业(全厂)成本报表、车间成本报表、班组成本报表和个人成本报表。一般地,商品产品成本表、主要产品单位成本表、管理费用明细表、财务费用明细表等都是企业(全厂)成本报表,而制造费用明细表、责任成本表、质量成本表等,既可以是企业(全厂)成本报表,也可以是车间(或班组、个人)成本报表。

14.1.3　成本报表的编制要求

为了提高成本信息的质量,充分发挥成本报表的作用,成本报表的编制应符合下列基本要求:

(1)真实性。成本报表的数据必须真实可靠,能如实地集中反映企业实际发生的成本费用。为此,成本报表必须根据审核无误的账簿资料编制,不得随意使用估计或推算的数据,更不能弄虚作假篡改数字,也不能为了赶编成本报表而提前结账。

(2)重要性。对于重要的项目(如重要的成本、费用项目),在成本报表中应单独列示,以显示其重要性;对于次要的项目,可以合并反映。这样做,可以突出重点,使成本报表使用者一目了然,抓住要领。

(3)正确性。成本报表的指标数字要计算正确;各种成本报表之间、主表与附表之间、各项目之间,凡是有勾稽关系的数字,应相互一致;本期报表与上期报表之间有关的数字应相互衔接。

(4)完整性。应编制的各种成本报表必须齐全;应填列的指标和文字说明必须全面;表内项目和表外补充资料不论根据账簿资料直接填列,还是分析计算填列,都应当完整无缺,不得随意取舍。

(5)及时性。按规定日期报送成本报表,保证成本报表的及时性,以便各方面利用和分析成本报表,充分发挥成本报表的作用。

14.2 成本报表的编制

14.2.1 产品成本表

1.产品成本表及其作用

产品成本表是反映企业在报告期内生产的全部产品的总成本和各种主要产品单位成本和总成本的报表。利用产品成本表可以对全部产品和主要产品成本计划执行情况进行考核,对产品成本节约或超支情况进行评价;可以考核可比产品成本降低计划的执行情况,计算各种因素对计划执行情况的影响程度,找出不利因素,采取措施,挖掘降低成本的潜力。

2.产品成本表的结构

产品成本表通常由三大部分组成——可比产品成本、不可比产品成本和补充资料。

3.产品成本表的编制方法

产品成本表中各种主要产品的实际产量,根据产品、成本明细账户或产成品明细账的产量记录填列;上年实际平均单位成本,根据上年产品成本表所列全年累计实际平均单位成本填列;本年累计实际产量,根据本月实际产量加上上月产品成本表所列本年累计实际产量填列;本年计划成本,按本年成本计划填列;本月实际单位成本,根据本月实际总成本除以本月实际产量填列;本年累计实际平均单位成本,根据本年累计实际总成本除以本年累计实际产量计算填列。

可比产品按上年实际平均单位成本计算的本月总成本,根据本月实际产量乘以上年实际平均单位成本计算填列;可比产品按上年实际平均单位成本计算的本年累计总成本,根据本年累计实际产量乘以上年实际平均单位成本计算填列;可比产品和不可比产品按本年计划单位成本计算的本月总成本,根据本月实际产量乘以本年计划单位成本计算填列;可比产品和不可比产品按本年计划单位成本计算的本年累计总成本,根据本年累计实际产量乘以本年计划成本计算填列;本月实际总成本,应根据产品成本明细账所记录的本月产成品成本计算填列,如有不合格产品,应单列一行,注明"不合格产品",不能和合格产品合并填列。产品成本表见表14-1。

表 14-1 　　　　　　　　　　　　　　产品成本表　　　　　　　　　　　金额单位:元

产品名称	计量单位	实际产量		单位成本				本月总成本			本年累计总成本		
		本月	本年累计	上年实际平均	本年计划	本月实际	本年累计实际平均	按上年实际平均单位成本计量	按本年计划平均单位成本计量	本月实际	按上年实际平均单位成本计量	按本年计划单位成本计量	本年实际
可比产品合计								128 200	122 500	123 900	514 500	48 500	479 100
其中:甲	件	400	1 700	105	100	98	99	40 200	40 000	39 200	178 500	170 000	168 300
乙	件	1 100	4 200	80	75	77	74	88 000	82 500	84 700	336 000	315 000	310 800
不可比产品合计								65 000	109 500		370 500		367 290
其中:丙	件	200	810		250	240	245	5 000	48 000		202 500		198 450
丁	件	300	840		200	205	201	60 000	61 500		168 000		168 840
全部产品成本								187 500	233 400		855 500		846 390

注:1.可比产品成本降低额为35 400元;
　　2.可比产品成本降低率为6.9%。

表14-1中补充资料包括可比产品成本降低额和可比产品成本降低率,根据表中有关数字计算,计算公式如下:

可比产品成本降低额＝可比产品按上年平均实际单位成本计算的本年累计总成本－本年累计实际总成本

可比产品成本降低率＝可比产品成本降低额÷可比产品按上年实际平均单位成本计算的本年累计总成本×100%

表14-1中可比产品成本降低额和可比产品成本降低率计算如下:

可比产品成本降低额＝514 500－479 100＝35 400(元)

可比产品成本降低率＝35 400÷514 500×100%＝6.9%

14.2.2　主要产品单位成本表

1. 主要产品单位成本表的概念及其作用

主要产品单位成本表是反映企业在报告期内生产的各种主要产品单位成本的构成情况和各项主要技术经济指标执行情况的报表。

主要产品单位成本表补充说明了产品成本表的有关单位成本。根据该表,可以对各种主要产品单位成本计划的执行情况进行考核;对各成本项目和消耗定额的变化及其原因进行分析,对成本构成的变化趋势进行分析;该表还有助于生产同种产品的不同企业之间进行成本对比。总之,利用该表能够帮助分析成本变动的内在原因,挖掘降低成本的潜力。

2. 主要产品单位成本表的结构和内容

主要产品单位成本表的主要内容分为上、下两半部分。

上半部分分别按成本项目列示历史先进水平、上年实际平均、本年计划、本月实际和本年累计实际平均的单位成本。下半部分则分别按主要技术经济指标列示历史先进水平、上年实际平均、本年计划、本月实际和本年累计实际平均的单位用量。

主要产品单位成本表的结构和内容见表 14-2。

表 14-2　　　　　　　　　　主要产品单位成本表　　　　　　　金额单位:元

产品名称	甲产品	本月计划产量	360
规格		本月实际产量	400
计量单位	台	本年累计产量	3 600
销售单价	280	本年累计实际产量	4 400

成本项目	行次	历史先进水平	上年实际平均	本年计划	本月实际	本年累计实际平均
		①	②	③	④	⑤
直接材料		110	120	116	112	112
直接人工		36	40	32	32	30
制造费用		24	40	32	32	36
合计		170	200	180	176	178

主要技术指标	计量单位	单位用量	金额	单位用量	金额	单位用量	金额	单位用量	金额	单位用量	金额
普通材料	千克	15	3.0	16	2.5	15	2.4	14	2.5	15	2.4
优质材料	千克	10	1.0	10	2.0	11	2.0	10	2.1	10	2.0
工时	小时	36	—	42	—	40	—	36	—	38	—

3. 主要产品单位成本表的编制方法

主要产品单位成本表的编制依据主要是有关产品的"产品成本明细账"资料、成本计划、历年有关成本资料、上年度本表有关资料及产品产量、材料和工时的消耗量等资料。

主要产品单位成本表应按主要产品分别编制。

主要产品单位成本表各项目的填列方法如下：

(1)"本月计划产量"和"本年计划产量"项目,分别根据本月和本年产品产量计划填列。

(2)"本月实际产量"和"本年累计实际产量"项目,根据统计提供的产品产量资料或产品入库单填列。

(3)"成本项目"各项目,应按规定填列。

(4)"主要技术指标"项目,是反映主要产品每一单位产量所消耗的主要原材料、燃料、工时等的数量,根据技术规程填列。

(5)"历史先进水平"栏各项目,反映本企业历史上该种产品成本最低年度的实际平均单位成本和实际单位用量,根据有关年份成本资料填列。

(6)"上年实际平均"栏各项目,反映上年实际平均单位成本和单位用量,根据上年度本表的"本年累计实际平均"单位成本和单位用量的资料填列。

(7)"本年计划"栏各项目,反映本年计划单位成本和单位用量,根据年度成本计划资料填列。

(8)"本月实际"栏各项目,反映本月实际单位成本和单位用量,根据本月产品成本明细账等有关资料填列。

(9)"本年累计实际平均"栏各项目,反映本年年初至本月月末止该种产品的实际平均单位成本和实际单位用量,根据年初至本月月末止的已完工产品成本明细账等有关资料,加权平均计算后填列,有关计算公式如下：

某产品实际平均单位成本＝该产品累计总成本÷该产品累计产量
某产品实际单位用量＝该产品累计总用量÷该产品累计产量

对本表中不可比产品,不填列"历史先进水平"、"上年实际平均"的单位成本和单位用量。本表中按成本项目反映的"上年实际平均"、"本年计划"、"本月实际"、"本年累计实际平均"的单位成本合计,应与商品产品成本中的各该产品单位成本金额分别相等。

14.2.3 制造费用明细表

1.制造费用明细表的概念及其作用

制造费用明细表是反映企业在报告期内发生的各项制造费用情况的报表。

根据制造费用明细表,可以对报告期内制造费用的实际支出水平进行了解;可以对制造费用计划的执行情况进行考核;可以对制造费用的变化趋势进行评价,以便加强对制造费用的控制和管理。

2.制造费用明细表的结构和内容

制造费用明细表的结构是:按制造费用各项目列示"本年计划数","上年实际数"和"本年实际数"三栏资料。制造费用明细表的结构和内容见表14-3。

表 14-3 制造费用明细表

编制单位: 20××年度 单位:元

项目	行次	本年计划数	上年实际数	本年实际数
工资	1	2 500	3 800	3 800
职工福利费	2	450	560	630
折旧费	3	1 720	2 300	1 700
修理费	4	4 200	1 800	3 600
租赁费	5	400		600
机物料消耗	6	6 800	5 900	7 800
低值易耗品摊销	7	1 000	1 080	840
水电费	8	10 000	11 700	10 000
办公费	9	5 800	7 000	6 880
差旅费	10	1 300	1 900	2 200
运输费	11	3 200	2 300	3 100
保险费	12	1 500	1 400	1 500
劳动保护费	13	600	900	760
季节性修理期间的停工损失	14	2 000		2 300
其他	15	530	600	400
合计	16	42 000	41 240	46 110

3.制造费用明细表的编制方法

(1)"本年计划数"栏各项目数字,根据本年制造费用预算填列。

(2)"上年实际数"栏各项目数字,根据上年度本表的"本年实际数"栏相应数字填列。如果表内所列费用项目与上年度的费用项目在名称和内容上不相一致,应对上年度的各项数字按本年度表内项目的规定进行调整。

（3）"本年实际数"栏各项数字，根据本年"制造费用明细账"中各费用项目累计数填列。

14.2.4 期间费用明细表

1.期间费用明细表的概念与作用

期间费用明细表包括管理费用明细表、财务费用明细表和产品销售费用明细表，是反映企业在报告期内发生的各种期间费用情况的报表。

期间费用明细表的作用是：可据以了解报告期内企业管理费用、财务费用和销售费用的实际支出水平；可据以考核各种期间费用计划（或预算）的执行情况；可据以评价各种期间费用的变化趋势，以便加强对期间费用的控制与管理。

2.期间费用明细表的结构和内容

同制造费用明细表一样，各种期间费用明细表中按费用项目列示"本年计划数"、"上年计划数"、"本年实际数"三栏。有关明细表的结构及内容见表14-4～表14-6。

表 14-4　　　　　　　　　　管理费用明细表

编制单位：　　　　　　　　　20××年度　　　　　　　　　　单位:元

项目	行次	本年计划数	上年实际数	本年实际数
工资	1	80 000	86 000	81 000
职工福利费	2	11 200	12 040	11 340
差旅费	3	60 000	70 000	54 000
办公费	4	70 000	90 000	68 000
折旧费	5	6 000	6 000	6 000
修理费	6	4 000	3 500	4 100
物料消耗	7	10 000	8 000	8 500
低值易耗品摊销	8	8 000	9 500	9 200
工会经费	9	5 000	1 720	1 620
职工教育经费	10	2 750	1 290	1 715
劳动保险费	11	4 600	2 400	2 100
待业保险费	12			
董事会费	13	8 000	9 000	8 300
咨询费	14	7 000	6 000	3 600
审计费	15	10 000	18 000	14 000
诉讼费	16	8 250	20 000	10 000
排污费	17			
绿化费	18	10 000	14 000	17 700
税金	19	70 000	72 000	69 000
土地使用费	20	5 000	6 000	6 000
技术转让费	21	174 000	180 000	145 000
技术开发费	22	148 000		131 000

（续表）

项目	行次	本年计划数	上年实际数	本年实际数
无形资产摊销	23	12 000	11 000	12 000
开办费摊销	24			
业务招待费	25	40 000	44 000	35 000
坏账损失	26	3 000	2 000	5 000
存货盘亏、毁损	27	4 000	800	3 100
其他	28	20 000	34 000	17 000
合计	29	780 800	707 250	724 275

表 14-5　　　　　　　　财务费用明细表

编制单位：　　　　　　　20××年度　　　　　　　单位：元

项目	行次	本年计划数	上年实际数	本年实际数
利息支出(减利息收入)	1	440 000	400 000	480 000
汇兑损失(减汇兑收益)	2			
金融机构手续费	3	60 000	20 000	70 000
其他	4			
合计	5	500 000	420 000	550 000

表 14-6　　　　　　　　产品销售费用明细表

编制单位：　　　　　　　20××年度　　　　　　　单位：元

项目	行次	本年计划数	上年实际数	本年实际数
工资	1	3 000	2 800	3 100
职工福利费	2	420	398	434
差旅费	3	4 000	5 000	4 600
办公费	4	6 000	6 800	5 700
折旧费	5	600	600	600
修理费	6	400	300	240
物料消耗	7	840	800	690
低值易耗品摊销	8	300	200	110
运输费	9	17 000	14 000	18 000
装卸费	10	4 500	3 600	4 800
包装费	11	21 000	18 000	19 000
保险费	12	45 000	40 000	45 000
委托代销手续费	13	3 600	3 000	4 300
广告费	14	100 000	50 000	100 000
展览费	15	6 200		7 000
租赁费	16			
销售服务费	17	9 000	3 000	7 000
其他	18	30 000	40 000	26 000
合计	19	251 860	188 498	246 574

3.期间费用明细表的编制方法

管理费用明细表、财务费用明细表、产品销售费用明细表各项目填列方法为：

(1)"本年计划数"栏各项目数字,根据本年度各项费用预算填列。

(2)"上年实际数"栏各项目数字,根据上年度本表的"本年实际数"栏相应数字填列。如果表内所列费用项目和上年度的费用项目在名称和内容上不相一致,应对上年度的各项目数字按本年度表内项目进行调整。

(3)"本年实际数"栏各项目数字,根据本年度"管理费用明细账"、"财务费用明细账"和"产品销售费用明细账"中各项费用的累计数填列。

▌复习思考题▐

1.简述成本报表的各种分类形式。

2.成本报表编制的要求是什么?

3.叙述主要产品单位成本表的结构和内容以及编制方法。

4.叙述制造费用明细表的结构和内容以及编制方法。

第 **5** 篇

成本管理专题

第15章

战略成本管理

　　战略管理(Strategic management)最初由美国学者安索夫(Ansoff)在其1976年所著《从战略计划走向战略管理》一书中提出,其定义为:企业的管理者为了保证企业持续经营和不断发展,根据对企业内部条件和外部环境的分析,对企业的全部生产经营活动所进行的根本性和长远性的谋划和指导。近年来,战略管理通常被视为将企业的战略规划、战略实施、战略控制与调整过程中相关战略要素综合而成的一种经营管理方法;是在对企业环境全面分析的基础上,确立企业长期和短期目标,进而开发和实施导向目标的企业战略的全过程。

　　在成本管理中导入战略管理思想,实现战略意义上的功能扩展,便形成了战略成本管理。在战略思想指导下,战略成本管理关注成本管理的战略环境、战略规划、战略实施和战略业绩,可表述为"不同战略选择下如何组织成本管理"。成本管理服务于企业战略的开发和实施,实质上就是成本管理会计信息贯穿于战略管理的整个环节,成本分析与成本信息置身于战略管理的广泛空间,与影响战略的相关要素结合在一起,从战略高度对企业成本结构和成本行为进行全面了解、控制与改善,寻求长久的竞争优势。

15.1　战略成本管理的特点

　　战略成本管理的首要任务是关注成本战略空间、过程、业绩,可表述为"不同战略选择下如何组织成本管理"。即将成本信息贯穿于战略管理整个循环过程之中,通过对公司成本结构、成本行为的全面了解、控制与改善,寻求长久的竞争优势,就是波特所讲的取得"成本优势"。简言之,战略成本管理是企业为了获得和保持企业长期的竞争优势而进行的成本分析与管理,其目的是为了适应企业越来越复杂多变的生存和竞争环境,使企业立于不败之地。成本优势是战略成本管理的核心,而传统的成本管理是要实现"降低成本",不难看出,"降低成本"与"成本优势"是两个有着不同内涵的概念,有着本质的区别。通过分析比较传统成本管理和战略成本管理,可以总结出战略成本管理的特点:

1. 长期性

战略成本管理是为了取得长期持久的竞争优势,以便企业长期生存和发展,立足于长远的战略目标。战略成本管理超越了一个会计期间的界限,分析企业在较长时期竞争地位的变化,争取在较长时期的竞争中保持一定的优势。例如,初期的成本领先优势不能单从一个会计期来考虑,要从较长时期来研究,从多方面努力,不断改进技术,采用学习曲线、经验曲线、价值工程分析,使企业在成本领先方面保持一贯优势,所以不仅要分析当前情况,还要分析潜在力量以及今后的发展趋势。

2. 全局性

战略成本管理的对象包括整个价值链,不仅包括整个行业的价值链,也包括企业内部的价值链,不仅要对生产成本进行分析,还应对产品的开发、研究、试制、设计以及售后服务进行控制。不仅考虑企业自身的价值链,也要考虑竞争对手的价值链,从而达到知己知彼、百战不殆。战略成本管理应全面考虑各种潜在机会,分析各种机会成本,以增加企业的价值,提高企业的盈利。战略成本管理应强调目标的合理确定,并从企业管理的各个环节和各个方面确保目标的实现,凸显其在各个阶段比竞争对手具有优势的地方。

3. 外延性

战略成本管理的着眼点是外部环境,将成本管理外延向前延伸到采购环节,乃至研究开发与设计环节,向后还必须考虑售后服务环节。既要重视与上游供应商的联系,也应重视与下游客户和经销商的联结。总之,应把企业成本管理纳入整个市场环境中予以全面考察。只有对企业所处环境的正确分析和判断,才能预测和控制风险,根据企业自身的特点,确定和实施正确适当的管理战略,把握机遇,主动积极地适应和驾驭外界环境,在竞争中取得主动,最终实现预定的企业战略目标。传统成本管理的对象是企业内部的生产过程,对企业的供应与销售环节考虑不多,对于企业外部的价值链更是视而不见。战略成本管理不仅注重对企业内部信息的分析,以便企业及时调整策略以适应外部环境的变化,而且对企业外部信息更加重视。

4. 灵活性

企业战略成本管理的目标——成本优势,是关于企业在激烈的竞争中如何与竞争对手抗衡的基本竞争战略之一,同时也是企业迎接来自各方面的许多冲击、压力、威胁和困难的行动方案。它与传统的较少考虑竞争、挑战而单纯了为了改善企业现状、增加经济效益的成本管理方法不同。只有当这些成本与强化企业竞争力量和迎接挑战直接相关并具有战略意义时,才能构成战略成本管理的内容。因此,战略成本管理方法应具有灵活性,它与现代企业的弹性制造系统、即时制造系统、零存货等相联系,灵活应用多种管理方式,具有柔性管理的基本特点。

5. 创新性

战略成本管理不仅仅是一种新的技术方法,更重要的是一种贯穿于成本管理运作系统的观念更新。战略成本管理之所以日益受到企业的重视,其根本原因是由于市场条件的变化。二十世纪六七十年代以来,由于社会富裕程度逐渐提高,市场需求由大众需求向个性需求转变,传统的大批量、标准化市场向小批量、个性化产品过渡。这种市场需求和市场竞争的变化,一方面要求企业更加重视市场并能够根据市场需求的变动及时地调整企业的生产经营活动,管理的视角由单纯的重市场经营过程和重股东财富,扩展到与顾客需求及利益直接相关的、包括产品设计和产品使用环节的产品生命周期管理,更加关注产品的顾客可察觉价值。另一方面要求企业更加注重内部组织管理,尽可能地消除各种增加顾客价值的内耗,以获取市场竞争优势。由此可见,战略成本管理观念的主题是创新,其对物耗成本的核算和控制需求,更多的是出于价值分配方面制度创新的考虑。

6. 多样性

战略成本管理提供了超越成本管理会计主体范围的更广泛、更有用的信息。战略成本管理的重要目标之一是营造企业的竞争优势,而企业的竞争优势又是建立在相对成本对比的基础之上,即在相同条件下,拥有成本优势,无疑就拥有了竞争优势。企业应突破成本管理主体的限制,获得有关竞争对手的信息,了解相对成本,通过一系列措施,知己知彼,使企业在竞争中立于不败之地。同时,战略成本管理提供了更多的非财务方面的信息。战略成本管理克服了传统成本管理在这方面的缺陷,提供了大量诸如质量、需求量、市场占有率等极为重要的非货币信息。以反映企业战略地位的主要指标之一的市场占有率为例,它是联系成本与利润的重要指标,在一定程度上代表了未来的现金流入量,它的变化代表了企业竞争地位的变化。相对于市场占有率,战略成本管理还可用于揭示主要竞争对手的实力。战略成本管理有助于企业获得全面发展的竞争战略信息。

传统成本管理与战略成本管理的区别,见表15-1。

表 15-1 传统成本管理与战略成本管理的区别

属性	传统成本管理	战略成本管理
目标	某一特定目标	竞争优势
范围	狭窄	宽泛
时间跨度	短期	长期
频度	定期进行	经常、持续
形式	事后反映	事前行动
管理对象	人工为主	整个价值链

综上所述,与传统成本管理相比,战略成本管理具有更加开阔的视野和超前的意识,更加注重普遍联系的观点,并能从根本上抓住企业经营活动中的主要矛盾,因而在很大程度上弥补了传统成本管理的不足,更好地适应了竞争经济的要求。

15.2 战略成本管理的基本方法

战略成本管理就是关注成本驱动因素,运用价值链分析工具,明确成本管理在企业战略中的功能定位。战略定位分析、价值链分析、成本动因分析构成了战略成本管理的基本框架,也是进行战略成本管理的三种分析方法。

15.2.1 战略定位分析

一个企业能够选择恰当的竞争战略是企业成功的必要前提,而竞争战略的核心在于定位。战略定位分析是在了解宏观环境、中观环境等外部因素的基础上,结合企业自身微观环境的特殊性,企业可以选择和制定其适当的竞争战略。企业战略通常是相互作用的企业总体战略和具体市场竞争战略的二维结合。

1.总体战略

(1)从产品全生命周期的原理出发,通过企业产品生命周期与市场地位(以市场份额为评判指标)相结合的分析方法,西方学者提出企业一般可采用三种总体战略:

①发展战略。发展战略以提高市场份额作为战略目标,甚至不惜牺牲短期收益和现金流量,产品处于导入期或高成长期。市场份额较低的企业一般追求这种战略。

②维持战略(固守战略)。维持战略(固守战略)以巩固企业产品的现行市场份额和维持现行竞争地位为战略目标。高成长产业、高市场份额企业追求这种战略。

③收获战略。收获战略以短期收益和现金流量最大化为战略目标,甚至不惜牺牲市场份额。低成长产业、高市场份额企业追求这种目标。

随着企业环境的变迁、产品生命周期的演进,企业总体战略从发展战略到收获战略不断转换,形成战略循环波浪。根据战略权变性的特质,战略成本管理控制系统设计应考虑环境不确定性、资源配置与盈利在长短期之间的权衡,以帮助管理者有效地应付不确定性,并在长短期之间合理均衡,促使战略目标的达成。

(2)不同总体战略形成不同的战略成本管理机制。战略成本管理控制系统由战略规划、预算与业绩评判组成。

①战略规划。由于环境不确定性和中长期均衡的影响,管理者需要较长期的战略规划而非年度预算。企业总体战略应考虑所有业务,以便现金流量有效地维持平衡,故战略规划对不同战略单元均不可或缺。从收获战略单元、维持战略单元到发展战略单元,战略规划的重要程度不断提升,在战略成本管理框架下,战略规划的核心是资本配置。对收获战略单元而言,其环境较为确定,资本需求相对较少,资本预算方案的审批条件限制相对较少,对资本支出决策主要采用较短回收期的现金流量贴现方法,其评判标准采用一系列明确的财务指标和高于其他战略单元的资本报酬率;对发展战略单元,产品、市场的不确定性较高,资本需求大,投资分析、资本支出决策与评价标准更强调非数量化、非财务性、非公式化的信息和指标;对维持战略单元,战略规划的影响则居于收获战略单元和发展战略单元之间。从上述分析可知,不同战略下的战略规划的机理大不相同。

②预算与业绩评判。与战略规划比较而言,预算是用财务或非财务术语来表达对未来较短期限(一般为1年)企业营运结果的预期,预算目标成为业绩评判的基础。预算是管理控制广泛应用的手段,必须同战略和职能相适应,同各个管理层及其特征相配合。

在设计预算体系(制度)时,应考虑:第一,预算的精确度。不同业务单元战略不同,不确定性程度不一致,不确定程度越大,制定准确预算越困难。第二,不确定性。管理绩效的评价有赖于对投入产出间的因素关系的洞察,在不确定性情形下,因果关系不易确定,绩效评判难度大;财务指标强调结果而非过程,财务信息不能恰当地反映管理业绩。第三,预算与战略的结合。预算对发展战略单元和收获战略单元而言,其功能展开对前者重在计划,对后者更多的重在控制。对发展战略单元而言,预算更多的是非财务性指标,其可靠性较低,预算的修订相对容易和频繁,主管对预算制定的参与、影响程度较高,实际业绩满足预算的重要程度较低,标准成本在业绩评估中的作用不大,成本控制中诸如弹性预算等方法不太具有适用性。上述情形对收获战略单元正好相反,维持战略居于二者之间。

2. 竞争战略

(1)在明确了总体战略的前提下,企业在市场竞争中一般通过两种方式开发保持竞争优势:

①成本领先战略,取得相对于对手的低成本。成本领先战略可通过规模生产、学习曲线效应、严格的成本控制等途径来达到。

②差异化战略,为顾客提供独特的产品和周到的服务,开发有创意的品牌,建立独到的分销网络,具有别具一格的产品设计、产品性能、产品技术等。

(2)差异化或成本领先的不确定性比较,在于:①差异化战略重在创新,它的目标在于独特性、排他性,而成本领先战略强调成本削减。②低成本业务单元产品单一,成本领先来源于较少的存货相关成本和规模经济;差异化战略倾向于产品多元化,产品宽度过广诱致较高的环境复杂性。③差异化战略成功与否取决于顾客是否认同,但消费理念是难以预测的。

可见成本领先战略单元和差异化战略单元与收获战略单元和发展战略单元具有对应相似的不确定性,因而对应成本控制系统设计相类似。对成本领先战略单元来说,如弹性预算等方法在成本控制中的功能,制造成本控制及其在业绩评价中的作用,竞争对手的成本分析都非常重要,产品成本与定价决策高度相关,较少关注营销成本及其控制。而差异化战略单元的成本管理观正好与之相反。

3. 总体战略与竞争战略的结合

前面将总体战略与竞争战略视为两个独立的战略。然而,实际上企业单元的总体战略与竞争战略总是融合在一起来引导企业管理和企业行为,战略成本控制系统无疑要考虑二者结合带来的影响。总体战略与竞争战略组合形成如图 15-1 所示的四种组合。

图 15-1　战略组合

从图 15-1 中可以看出,第一、三象限含有类似的不确定性,成本管理控制系统结构相近;第二、四象限组合互相冲突,同时满足总体战略和竞争战略的成本控制系统难以确立。其对策有二:第一,改变整体战略或竞争战略,使它们与控制系统不相矛盾(如移动业务单元到第二或第三象限);第二,辨别整体战略或竞争战略对实施战略谁更为关键,并由此决定适当的控制体系。如果二者同等重要,系统设计尤为困难,企业应力求避免陷入两难困境。

4. 目标集聚战略

如果企业能同时取得成本领先和差异领先的竞争优势,收益将是累加的——差异领先会带来价格溢价,与此同时成本领先意味着成本的降低,但实现这样的战略不现实。目标集聚战略主攻某个特定的顾客群、某种产品系列的一个细分段或某一个细分市场,以取得在某个目标市场上的竞争优势。这种战略的前提是:企业能够集中有限的资源以更高的效率、更好的效果为某一狭窄的战略对象服务,从而超过在更广阔范围的竞争对手。目标集聚战略有两种形式:成本领先目标集聚战略寻求在目标市场上的成本优势;差异领先目标集聚战略则追求目标市场上的差异优势。目标集聚战略通常选择对替代品最具抵抗力或竞争对手最弱之处作为企业的战略目标。采用目标集聚战略的企业同样具有取得超过产业平均收益的能力,如果企业能够在某个目标市场上获得成本领先或差异领先的地位,并且这一目标市场的产业结构很有吸引力,那么实施该战略的企业将会获得超过其产业平均水平的收益。

5. 整合战略

整合可以扩张企业的价值链活动,横向整合扩大企业业务规模,纵向整合是沿产业价值链方向向前或向后延伸整合。运用整合战略,调整(增加或解除)整合程度,可以重构企业价值链,提高企业整体营利水平。

一项价值链活动的成本常受制于规模经济或规模不经济。规模与经济并不是正比例直线相关,随着规模的扩大,协调的复杂性和非直接成本的跳跃式增加可能导致某项价值链活动的规模不经济。正确运用横向整合战略,控制规模程度,可取得成本优势及最佳成本效益比。

一项价值链活动的纵向整合程度也会影响其成本,如有关"自制还是购买"的战略决策就涉及前后整合的选择问题。纵向整合可以避免利用市场成本回避强有力的竞争供方或买方,也可以带来联合作业的经济性等,从多方面降低成本。当由于资源条件的限制或更加有利可图、更加容易实现时,也可采用有限整合或准整合战略。

有限整合对供应商和顾客设立了严格的限制,可以避免为抵消砍价实力而进行完全整合的必要性。准整合是指在纵向相关的业务间建立一种关系(介于长期合同和完全拥有所有权之间),可以在不发生全面成本的情况下取得纵向整合的一些或许多利益。

15.2.2 价值链分析

价值链(Value Chain)分析是战略成本管理基本方法中的一种非常重要的方法,它关注的是每一个具有价值的环节。

1. 价值链与竞争优势

波特在《竞争优势》一书中指出：企业每项生产经营活动都是创造价值的经济活动。企业的一切互不相同但又相互关联的生产经营活动，形成了创造价值的动态过程，这种过程称为价值链。这个价值链反映出企业经营活动的历史、重点、战略、实施战略的方法以及未来发展趋势。企业反映在价值链上所创造的价值，如果超过成本便有盈利，超过对手便有竞争优势。波特认为，要实施战略成本管理必须借助于"价值链分析"这一成本分析手法，即分析竞争优势的源泉。

所谓价值链，就是指企业为了给顾客提供有价值的产品或劳务而发生的一系列创造价值的活动。价值链列示了总价值，并且包括价值链活动和利润。它包括以下三个含义：第一，企业各项活动之间有密切的联系，如原材料的供应与企业的生产制造有密切的联系；第二，每次活动都有可能为企业降低成本，如严格的质量检验可以降低售后服务成本；第三，价值链不仅包括企业内部各项活动，而且还包括企业外部活动，也就是要注意产业价值链，如企业与顾客、供应商之间的活动。

价值链分析的目的有两个：第一，通过从战略上对产业价值链进行分析，了解企业在产业价值链所处的位置，对企业内部活动进行分析以了解企业自身的价值链；第二，通过从战略上对竞争对手的价值链进行分析，了解竞争对手的价值链，从而达到知己知彼、洞察全局的目的，并由此制定相应的措施。波特将一个企业的价值链分成九种相关活动，这些活动大体分为主要活动（购货、制造、发送、营销、服务等）与辅助活动（人事、技术、采购和一般管理等）两大类。价值链上的每项活动都有其自身的资产和经营成本，其所分配的资产数量及使用效率，直接影响到各项活动的经营成本。这里所说的活动是基本的价值链，每一个基本的价值链可进一步细分为各种子活动，即真正意义上的作业。

企业生产经营中的作业可分为两大类：一类是可增加价值的作业，如产品的设计、加工制造、包装以及营销方面的作业；另一类是不增加价值的作业，如与各种形式的存货有关的作业（存货的储存、维护、分类、整理等）和原材料、在产品、半成品、产成品等因质量不符合要求进行加工、改造而形成的追加作业等。因此，并不是所有作业的实施都能最终使"顾客价值"增加。可见，要优化价值链，首先要尽可能消除所有不增加价值的作业；同时，对可增加价值的作业，也要尽可能提高其运作效率，使企业能通过最经济、有效的方式满足顾客需要，从而最大限度地优化价链值。通过优化价值链尽可能提高"顾客价值"，是提高企业竞争优势的关键。价值链活动是由竞争优势中各种相互分离的活动组成。每一种价值链活动与经济效果是如何结合的，将决定一个企业在成本方面相对竞争能力的高低。

2. 价值链分析的主要内容

战略导向下的战略成本管理，不仅仅取决于对企业自身所参与和控制的企业价值链的理解,而且取决于对企业的供应商和买方甚至供应商的供应商、买方的价值链的理解与协调。价值链分析应包括以下几个方面:

(1)产业价值链分析。任何一个产业从最初原材料的开发到产品的最终消费,形成一系列不同价值作业的结合——产业价值链。产业中任何一个企业居于产业价值链中的一个或多个链节,产业价值链中的企业互为现行的或潜在的竞争对手。

在价值链上,每一个企业既是供方又是买方,确定每一环节的成本、收入和相应资产配置以计算每一价值链作业的经济效益(资产报酬率),有助于了解每一环节对应的供方与买方的力量,有助于企业明确开发与供方、买方关系的途径,以减少成本、增加差异化或二者兼顾,从而为产业中不同层次的企业赋予了潜在的战略意义。

(2)企业价值链分析。企业价值链显示了总价值是由价值作业和毛利构成。价值作业可分为两种类型:主要作业和支持性作业。主要作业包括采购、制造、产品发送、市场营销、售后服务;支持性作业包括技术开发、人力资源管理以及计划、财务、会计、质量管理等。价值链是由价值作业的内部关系、作业之间的关系联结而成的一个系统。这些联系使得各价值作业进行的方式与成本相互影响(如高技术原料可减少售后服务)。价值链中的每一项活动都承担着一定的成本,企业价值链分析就是通过价值作业内部、作业之间关系的开发,推进各个价值作业的优化与相互协调,并为实现企业战略目标而进行价值作业之间的权衡取舍。

(3)竞争对手价值链分析。任何一个企业都不可能超越其所在的产业价值链。在整个产业价值链中,它要么是一个完全整合型企业,要么是部分整合型企业,或者是单一化企业。对于完全整合型企业,通过将内部转移价格调整为市价,评价产业价值每一环节的资产报酬率,做出自制或购买的战略选择。对于部分整合型企业,可以确定前向整合或后向整合的可能性。每个企业面对一系列不同的竞争者(完全整合、部分整合、单一化企业),只有了解整个价值链和调节价值作业的成本动因,才能进行有效竞争。

综上所述,价值链分析强调了利润增加或成本降低的四个方面:同供方关系、同买方关系、企业内业务单元价值链之间的联系和业务单元价值链内的过程联系。

3.价值链与成本分析

有意义的成本分析是考查作业中的成本,而不是将企业作为一个整体的总成本,每种价值作业都有各自的成本结构,如果企业单个价值作业的成本低于竞争对手,成本优势则由此产生。

(1)确定成本分析的价值链

价值链将企业分解成不同的战略作业,每种作业对企业的相对成本均有所贡献,并且奠定了差异化的基础,是企业为顾客创造价值的"基本元素"。因此,成本分析的焦点是识别与分解企业的价值链,将成本与资产分配给创造价值的作业。

将价值链分解为独立的价值作业时应遵循以下原则:作业占据了营业成本或资产的重大比重;作业具有不同的成本行为或成本动因;竞争对手具有不同的操作方式;作业对创造差异化有较高的潜能;作业的成本比例较小但增长较快,且最终能改变企业成本结构。

企业在分解价值链之后,必须把营业成本和资产分摊归属到对应的价值作业中,从而反映出资源在作业中的配置规模和利用效率。

(2)分析各种价值作业的成本动因

企业的成本地位源于其价值作业的成本行为,成本行为取决于影响成本的驱动因素。在传统成本管理中,产量是唯一的成本驱动因素。在价值链框架下,产量根本无法说明不同作业成本行为的丰富性。通常多种成本动因(结构性成本动因和执行性成本动因)共同发生作用,而且不同价值作业之间成本动因不同。这时可用作业成本管理法来识别成本动因,从中找到降低成本的方法。成本动因分析的目的在于尽可能把成本动因与特定价值作业之间的关系量化,并识别成本动因之间的相互作用,从而对成本动因进行战略上的权衡与控制。

(3)开发持久竞争优势

一旦企业识别价值链、区分成本动因之后,可通过以下 6 个方面开发竞争优势,比竞争对手更好地控制成本:①在保持价值(收入)一定下削减成本;②在保持成本一定下提升价值(收入);③在成本、价值一定下缩小资产规模;④以不同的方式进行这项作业,甚至取消该作业;⑤把一组有联系的价值作业重新排序或重新组合;⑥开发与其他企业的关系。

15.2.3　成本动因分析

成本动因是与战略管理有关的成本动因,它是成本动因的一种。成本动因是引发成本的一种推动力或成本的驱动因素,也就是引起成本发生和变动的原因。按照成本动因涉及的层面和领域,可分为微观层面的生产经营成本动因和宏观层面的经营战略成本动因。生产经营成本动因普遍存在于企业生产经营过程的有关作业之中,如采购订单构成采购作业的成本动因,生产工单构成生产作业的成本动因,订货单构成销售作业的成本动因等。

成本动因与生产经营成本动因不同,它是从企业整体的、长远的宏观战略高度出发所考虑的成本动因,从战略的角度看,影响企业的成本态势主要来自企业经济结构和企业执行作业程序,从而构成结构性成本动因和执行性成本动因。两类成本动因的划分,从不同的战略角度影响企业的成本态势,从而为企业的战略选择和决策提供支持。

1.结构性成本动因分析

结构性成本动因是指决定企业基础经济结构的成本动因,其形成需要较长时间,而且一经确定往往很难变动;同时,这些因素往往发生在生产开始之前,必须慎重行事,在支出前进行充分评估与分析。另外,这些因素既决定了企业的产品成本,也会对企业的产品质量、人力资源、财务、生产经营等方面产生极其重要的影响。因此,对结构性成本动因的选择可以决定企业的成本态势。结构性成本动因通常包括:

(1)规模经济

价值链上的某项具体活动往往会受到规模经济的约束。规模经济是指在价值链活动规模较大时,活动效率的提高或活动成本因可分摊于较大规模的业务量而使单位成本降低,即增加使用企业共享资源的规模和频率,就可以降低产品成本。企业在已经开发、制造、营销等主要价值链活动方面都存在规模经济的情况。如在全球市场上,如果为每一个不同国家的市场生产不同的产品,而不是在全球范围内销售标准产品,往往会提高产品的单位成本。规模经济与横向一体化相关联。横向一体化联合,又称水平一体化联合,它是指同行业企业之间的联合,可以使企业的技术、市场、专利、商标、资金等优势充分发挥,易于开拓新市场,减少竞争对手,迅速提高市场占有率,但有可能存在经营规模过大的风险。

(2)整合程度

整合程度指的是垂直一体化程度,就是在同一个行业中扩大公司的竞争范围。整合是指企业为了让自己所负责的业务领域更广泛、更直接,将公司的活动范围后向扩展到供应源或前向延伸到最终产品的消费者。如对机械制造企业来讲,既可以只投资建一个总装厂,也可以再建一系列零部件生产厂。实际上,该机械制造企业依然没有超出原来行业的界限,唯一的变化是在行业的价值链体系之中,企业的业务单元跨越了两个阶段。垂直一体化可以是全线一体化(参与产业价值链的所有阶段),也可以是部分一体化(进入整个产业的某些阶段),这完全取决于企业和市场对垂直整合程度的要求。如果合并或协调行业价值链中紧密相关的活动能够带来重大的成本节约,前向或后向一体化就有很大的潜力。加强整合能够带来竞争优势,整合可以以若干种方式降低成本。然而,整合也可能因为丧失灵活性,将供应商以更低成本进行的活动带入企业内部来做,使得企业与供应商的关系成为一种束缚,从而侵蚀追求效率的动力;或提高了退出壁垒,从而提高了成本。垂直一体化的最大劣势是:它将一家企业深深地陷入某一个行业之中,如果跨越产业价值链体系的几个阶段的经营运作不能建立竞争优势,那么垂直一体化就是一个有问题的战略行动。

因此,企业必须详细评估整合的优点和缺点,视实际情况决定各价值链活动的整合程度。企业既可以选择整合的策略,也可以选择解除整合的竞争策略,但解除整合的策略往往被企业领导者所忽视。

(3)学习与溢出

企业价值链活动可以通过学习的过程提高作业效率,从而使成本下降。学习不仅使企业员工学会如何更有效地完成任务及使用和调试新的技术,还会给企业带来一些有价值的源泉——找到了改善工厂布局和工作流程的方式,找到了修改产品设计以提高制造效率的途径,找到了改进零配件以简化装配的途径。学习的作用因时而异,因而企业的学习策略也有所不同。首先,处于不同生命周期的企业,其学习效应会有很大区别。学习的效应在企业刚建立时表现突出,而在企业发展到非常成熟的阶段可能不太明显。其次,对于价格比较敏感的行业,学习的作用会更加显著。此外,学习还存在一个溢出的问题,即学习的成果可以通过咨询顾问、新闻媒体、前雇员和供应商等渠道从一个企业流到另一个企业。如获取一个竞争对手的样品,然后让设计师研究其产品制造的方式;以其他公司类似活动的业绩为参照对公司的活动进行标杆学习;采访供应商、咨询人员和竞争对手的退休职员,利用他们的智慧。开展学习的溢出活动对保持成本优势至关重要。

(4)地理位置

企业的地理位置可以以若干种方式影响成本。由于地区与地区之间通常存在工资水平、税率、能源成本、入厂和出厂装运及运输成本等方面的区别,地理位置几乎对所有价值链活动的成本均有影响。所以,企业应在进行厂址选择、工业布局活动中慎重行事。企业还可以通过重新布置生产工厂、基层办公室、仓储或总部的运作地点,找到降低成本的机会。

(5)技术

这里的技术是指企业在每一项价值链活动中所运用的技术处理方式,如机械零件的加工过程是采用现代工艺提高使用寿命、减少使用成本,还是采用简单的工艺方法降低产品成本,从而降低售价。任何企业都涉及大量的技术,只要那些技术能保持成本领先地位,或能使技术变革转变为率先行动者优势,那么它们就能为企业带来持久的成本优势。事实上,技术变革并非总能降低成本。首先,技术的开发或运用本身需支付较高的成本。其次,技术变革可能带来较大的风险。例如,在技术革新迅速、产品日新月异的行业,技术的先行采用者可能因过早行动而面临所采用的技术迅速被淘汰而又无力更新的窘境。

总之,从结构性成本动因来看,单纯扩大规模、范围或采用高新技术、追求产品的多样化,对一个企业而言,在一定的环境下,并非都是好事。例如,目前一些大中型企业只注重技术改造的投入而忽视产品结构的优化和企业管理,致使拳头产品缺乏,经济效益不佳。可见,结构性成本动因分析就是分析以上各项成本驱动因素对价值链活动成本的直接影响,以及它们之间的相互作用对价值链活动成本的影响,最终可归纳为一个"选择"问题,即企业采用何等规模和范围,如何设定目标和总结学习经验,如何选择地理位置和技术等。这种选择能够决定企业的"成本地位",其结构性成本动因分析无疑是企业在经济结构层面的战略选择。

2. 执行性成本动因分析

执行性成本动因是指与企业执行作业程序相关的成本驱动因素,它是在结构性成本动因决定以后才成立的,而且这些成本动因多属非量化的成本动因,其对成本的影响因企业而异。这些动因若能执行成功,则能降低成本;反之,则会使成本提高。执行性成本动因通常包括:

(1)生产能力运用模式

生产能力运用模式是价值链的一个很重要的成本驱动因素,因为它本身附带了巨大的固定成本。因此,生产能力运用模式主要通过固定成本影响企业的成本水平。在既定工厂选择的前提下,提高生产效率和采用强化措施,如进行技术改造以及采用先进的生产管理方法等。当企业的生产能力利用率提高、产量上升时,单位产品的固定成本相对较少,从而引起单位成本的降低。业务资本密集度越高或固定成本占总成本的比重越高,成本驱动因素的重要性就越明显,因为生产能力利用不足会大大提高产品的单位成本。在这种情况下,寻找生产运作接近年度满负荷运转的途径是获取成本优势的一个重要源泉。

(2)联系

联系是指各种价值链活动之间彼此的相互关联。这种关联可分为企业内部联系和垂直联系两类。企业内部各种价值链活动之间的联系遍布整个价值链。垂直联系反映的是企业与供应商和销售渠道之间的相互依存关系。如果一项活动的成本受到另一项活动的影响,那么,在确保相关活动以一种协调合作的方式开展的情况下,就可以降低成本。例如,当一个企业的质量控制成本或材料库存成本同供应商的活动相关时,就可以通过零配件的设计、质量保证程序、及时送货以及一体化材料供应等方面与关键供应商合作来降低成本。因此,有效地协调相联系的活动具有降低成本的潜力。

(3)全面质量管理

全面质量管理主要强调质量管理的范围应是全过程的质量控制,企业的每一名员工都要承担质量责任。其宗旨是以最少的质量成本获得最优的产品质量,并且最低的质量成本可以在缺点为零时达到,因为对错误的纠正成本是递减的,所以总成本会保持下降的趋势,直至最后的差错被消除。所以,全面质量管理的改进总是能降低成本的。对于质量成本较高的企业来说,全面质量管理是一个重要的成本动因,能给企业带来降低成本的重大机会。

(4)员工对企业的向心力

企业的行动是众多具体个人行动的总和。因而,员工对企业的向心力因两个原因而非常重要:第一,它有助于员工满意,在一个团结的团队中,成员之间相互交流和友好相处;第二,员工的向心力对绩效有重要影响。企业各部门的每一名员工都与成本直接相关,只有依靠全体员工的相互配合、共同努力,企业才能将成本置于真正的控制中,实现成本管理的目标。传统的成本管理以可计量的、按照成本核算制度计算的成本为核心内容,以物治人;战略成本管理则要求重视人的因素,强调以人为本,以人治物,充分调动员工的积极性和创造力,提高员工对企业投入的向心力,从而达到充分降低成本,取得竞争优势的目的。对执行性成本动因来讲,加强对全员参与全过程进行全面质量管理和全面成本管理对持续降低成本有利;提高生产能力利用效率、协调整个价值链等,会增加产出,提高效率。所有这些对企业来讲,当然投入力度越大越好。可见,这是针对业绩目标对成本态势的战略性强化。

3. 两类战略成本动因的关系

上述两种战略成本动因的最主要区别是,对于结构性成本动因而言,并不是程度越高越好,而是存在一个适度的问题。例如,企业的规模应适应其发展的需要而非越大越好,整合程度也非越高越好。但对于执行性成本动因而言,一般认为程度越高越好。例如,应尽量加强和鼓励员工的全面参与,健全全面质量管理体系。从以上分析还可以看出,执行性成本动因与结构性成本动因有着不同的性质。结构性成本动因分析所要求的战略性选择针对的是怎样才是"最优"的问题,而执行性成本动因分析所要求的战略性选择则针对"最佳"的效果目标。前者解决资源优化问题,是前提;后者解决绩效的提高问题,使其持续。

从企业微观层次看,结构性成本动因分析主要解决决策层的问题;而执行性成本动因分析主要解决管理层(执行层)的问题,应对目标的实现起到基础保证作用。两类成本动因分别从基础经济结构和作业程序两方面影响企业的总成本态势,为企业改变其成本地位提供选择。在企业基础经济结构既定的条件下,通过执行性成本动因分析,可以提高各种生产执行性因素的能动性及优化它们之间的组合,从而使价值链活动达到最优化而降低价值链总成本。

总之,战略成本动因分析为企业改变成本地位、增强竞争力提供了契机。由于企业的成本总是由一组独特的成本动因来控制,而每一个成本动因都可能成为企业独特的竞争优势来源,因此,选择于已有利的成本动因作为成本竞争的突破口无疑是企业竞争的一项重要策略,应引起企业领导者的高度重视。

15.3　战略成本管理的基本步骤

为了战略目标的实现,必须进行有效的战略成本管理。战略成本管理的实施主要通过以下几个步骤进行:

1.战略环境分析

战略环境分析是战略成本管理(初始或循环)的逻辑起点。通过对企业战略成本管理内部资源和外部环境的考察,评判企业现行战略成本的竞争地位以决定企业是否进入、发展、固守或是撤出某一行业的某一段价值链活动。战略环境分析的基本方法是价值链分析。

2.战略规划

战略规划是在明确战略成本管理方向的基础上确定战略成本管理的目标,包括总体目标和具体目标。各目标之间必须保持一致性和层次性,组成目标网络。为了实现所确定的目标,管理者需根据企业内部资源、外部环境及目标要求,制定相应的基本战略、策略及实施计划。

3.战略实施与控制

战略实施是指企业按实施计划中的要求,按进度进行。战略实施过程中,由于内部资源和外部环境的变化,会使实施过程产生偏差,因此必须进行战略控制。战略控制包括确立预期工作成效的标准,对照标准,衡量偏差,辨析与纠正偏差,从而控制成本动因。企业只有控制成本动因,特别是主要价值链活动的成本动因,才能真正控制成本,保证战略成本管理目标的实现。

当战略目标已实现或内外部条件发生重大变化,超过了控制能力时,则需进行战略调整,即重新开始进行战略环境分析、战略规划等,进入新一轮循环。

4.战略业绩计量与评价

战略业绩计量与评价通常包括业绩指标的设置、考核、评价、控制、反馈、调整、激励等。传统的业绩指标主要面向作业,缺少与战略方向和目标的相关性。因此,必须将战略思想贯穿于战略成本管理的整个业绩评价之中,以由竞争地位变化带来的报酬取代传统的投资报酬指标。

战略业绩指标应当具有以下基本特征:

①注重企业的长远利益;

②反映与战略决策密切相关的内外部因素;

③重视企业内部跨部门合作;

④综合运用不同层次的业绩指标；

⑤将战略业绩指标的执行贯穿于计划过程和评价过程。

总之，战略成本管理的业绩计量与评价应围绕战略目标来进行，并促进战略目标的实现，增加企业的战略成本优势。

复习思考题

1. 简述战略成本管理的特点，并指出传统成本管理与战略成本管理的区别。

2. 战略成本管理有哪几种分析方法，并分别阐述其概念。

3. 价值链分析的主要内容是什么？

4. 结构性成本动因分析的内容包括哪些？

5. 战略成本管理的基本步骤是什么？

第16章 质量成本管理

随着经济的发展和社会的进步,质量问题、环境问题都已成为人类所关心的焦点问题。就企业而言,产品质量在一定程度上决定其能否确保、扩大产品的市场份额,质量的提高可以改善企业的财务和竞争状况,影响企业成败,而质量管理则必须同经济效益相联系,充分考虑和重视质量成本问题;环境问题日益成为约束企业行为的重要方面,环境成本是企业经营成本中不可忽视的部分,企业加强环境成本管理和控制的紧迫性越来越强。可以说,质量成本管理、环境成本管理是质量管理和环境管理向企业成本管理领域的渗透和拓展。本章侧重于从理论上简要介绍和讨论质量成本及环境成本的会计计量与控制问题。

16.1 质量成本的含义和内容

质量成本(Cost of Quality)是与质量紧密相连的概念。质量是指产品或服务使消费者的要求得到满足的程度。它包括性能和效果两个方面,即一种产品不仅要在性能上满足顾客的需求,而且要在性能的实际效果上达到顾客的要求。前者是指产品设计的外观、性能等指标与顾客期望的偏离程度,称之为"设计质量";后者是指所生产的实际产品与设计要求的一致程度,称为"符合性质量"。这里的讨论侧重于质量的效果层面——符合性质量。

所谓质量成本,也称质量费用,是美国质量管理专家朱兰和费根堡姆等人在20世纪50年代首先提出的,ISO 8402—1994《质量管理和质量保证术语》将其定义为:为了确保满意的质量而发生的费用以及没有满意的质量所造成的损失。质量成本不包括制造合格的费用,其水平高低是衡量企业管理水平和技术水平的一个重要尺度,尤其是通过质量成本分析,可以找出最适宜的质量成本点,为企业挖掘潜力、提高经济效益提供依据。这一概念对深化质量管理的理论、方法和改变企业经营观念都有着重要意义。

一般地说,质量成本由以下内容组成:

1. 预防成本

预防成本(Prevention Cost)指用于预防不合格品等故障所支付的费用。主要内容为:①质量计划工作费用:为制定质量政策、目标及质量计划、质量体系文件的费用。②培训费用:对企业人员进行的正式或临时培训所支付的费用。③工资及福利基金:从事质量管理人员的工资总额及提取的福利基金。④设计评审费用:设计各阶段所进行的设计评审、实验和试验所支付的费用。⑤质量管理活动费用:质量管理协会经费,质量管理咨询诊断费、质量奖励费。⑥质量改进措施费用:制订和贯彻质量改进计划所支付的费用。⑦质量审核费:对质量体系、工序质量、产品质量所支付的费用。

2. 评估成本

评估成本(Appraisal Cost)指鉴定产品是否满足规定的质量要求所支付的费用。主要内容为:①进货检验费:对原材料、外购件、外协件进厂检验所发生的费用。②工序检验费:对处于制造过程中的产品进行检验所发生的费用。③成品检验费:对完工产品进行检验所发生的费用。④质检部门办公费:质检部门为开展日常检验工作所支付的办公费用。⑤试验设备的维护费:试验设备、检验工具、计量器具仪表的日常维护、校正所支付的费用。⑥工资及福利基金:从事质量、试验、检验人员的工资总额及提取的福利基金。

3. 内部缺陷成本

内部缺陷成本(Internal Failure Cost)指产品交货前因不满足规定的质量要求所损失的费用。主要内容为:①废品损失:因产品无法修复的缺陷或在经济上不值得修复而报废所造成的损失。②返工损失:为使不合格品适合使用而进行修复所发生的费用。③质量降级损失:产品质量达不到原有质量要求而降低等级所造成的损失。④停工损失:由于各种缺陷而引起的设备停工所造成的损失。⑤质量故障处理费:由于处理内部故障而发生的费用。

4. 外部缺陷成本

外部缺陷成本(External Failure Cost)指产品交货后,因不满足规定的质量要求,导致索赔、修理、更换或信誉损失等所损失的一切费用。主要内容为:①索赔费:由于产品质量缺陷经用户提出申诉而进行索赔处理所支付的一切费用。②退货损失:由于产品缺陷而造成用户退货、换货而支付的一切费用。③折价损失:由于产品质量低于质量标准,经与用户协商同意折价出售的损失和由此发生的费用。④保修费用:在保修期间或根据合同规定对用户提供修理服务发生的一切费用。

质量成本主要与控制作业、缺陷作业两项质量关联作业相联系。控制作业是指企业为预防或检测可能存在的不良质量而执行的作业活动,由防止作业和鉴定作业构成。因执行这些作业而发生的成本,称为控制成本(预防成本与鉴定成本之和)。缺陷作业是指企业或顾客对实际存在的不良质量做出反应而执行的作业活动。根据不良产品是否已交给顾客,可分为内部缺陷作业与外部缺陷作业两类。前者是指不良产品尚未进入产品市场前发现不良质量问题而进行的作业;后者则是指产品进入市场后被顾客发现不良质量问题而执行的作业。因作业而发生的支出,称为缺陷成本。

16.2　质量成本的计量

将质量视为企业的一个战略目标,就需要有一套较好的计量质量成本的制度与之相配合。它有助于管理当局实现以合理的成本生产产品并以及时的速度交货等其他战略目标。

质量成本根据其表现形式可以进一步划分为显性质量成本(Observable Quality Cost)和隐性质量成本(Hiden Quality Cost)两种。显性质量成本是指直接可从企业会计记录中获取数据的成本;而隐性质量成本则是指由不良质量而形成的机会成本,如因不良质量而失去的销售和市场份额、导致顾客不满意等,这些机会成本往往不反映在会计记录中。

16.2.1　显性质量成本的计量

显性质量成本主要由预防成本、评估成本和内部缺陷成本等构成,其计量方法结合简例说明如下:

【例1】　某技术公司生产并销售打印机,供保险公司、银行、电信公司使用。其基本生产流程为:首先生产打印机钢铁框架,然后将打印机零部件安装到框架上。这些零部件包括打印机械装置、控制电子件、色带供给系统、进纸装置和供电装置等。最后配上打印机外罩。

质量对该公司的客户非常重要,公司已了解到,两个压倒一切的因素对其客户最为重要,即:①减少打印机故障的停机时间;②保持较高的打印质量。

据此,公司对各流程工序和零部件供应商提出的质量目标为三个标准差水平。由于打印机包括多个零部件,所以打印机的次品率远高于千分之三,这是因为确保打印机零次品的方法只有一个,即保证打印机的所有主要零部件无次品。

尽管公司在质量上花费很多,但这些成本掩盖在传统会计中的原材料、工资、设备、租金、公用事业费等项目上。公司会计账簿上,组装部门的实际成本见表16-1。

表 16-1　　　　　某技术公司组装部门实际成本

2011 年 12 月 31 日　　　　　　　　单位:元

项目	成本
原材料	8 124 000
管理人员工资	64 000
监管人员工资	102 000
组装工人工资	3 360 000
设备	675 000
租金	270 000
公用事业费	90 000
合计	12 685 000

为确定与质量有关的成本,会计人员通过与组装部门的有关人员进行座谈,并观察其工作情况,经分析得到的结论见表16-2。

表 16-2　　　　　　　　组装部门与质量有关的成本

1.原材料
(1)所有花费中,约有 194 940 元用于损坏和返工零部件
(2)这 194 940 元中,大约又有 40%用于企业内部发现的废次品
(3)剩余的 60%属于顾客发现的废次品的花费
2.管理人员工资
管理人员用于质量相关作业上的时间:
(1)出席预防质量问题研讨会 15 天(3 周)
(2)分析质量检查结果 2 小时/周
(3)查找问题原因 10 小时/周
(4)会同销售经理解决顾客发现的质量问题 1 小时/周
3.监管人员工资
监管人员用于质量相关作业上的时间:
(1)质量培训 3 小时/周
(2)监督企业内部发现的废次品返工 5 小时/周
(3)监督顾客发现的次品的返工 7 小时/周

（续表）

4.组装工人工资
企业共有 120 名组装工人,平均每小时支付 14 元工资,其质量作业有:
(1)每人质量培训 8 小时/年
(2)检查外购零部件 28 800 小时/年
(3)检查部门内组装打印机 18 000 小时/年
(4)21 名组装工人的全部时间用于对部门内发现的不合格品的返工
(5)24 名组装工人的全部时间用于对顾客退货的不合格品的返工
5.设备
组装部门设备相关费用共计 675 000 元。包括下列质量项目:
(1)用于测试设备 8 500 元
(2)用于改正企业内部所发现问题的设备折旧 45 000 元
(3)用于改正顾客所发现问题的设备折旧 38 000 元
6.租金
组装部门分担的工厂租金 270 000 元,分析显示:
(1)组装部门占用约 10% 的场所用于检查
(2)组装部门占用约 30% 的场所用于对不合格品的返工,其中 60% 的返工产品为企业内部发现,其余 40% 为顾客发现
7.公用事业费
年度公用事业费 90 000 元,按返工和检查所占场所进行分配:
(1)公共事业费占用约 10% 的场所用于检查
(2)公共事业费占用约 30% 的场所用于对不合格品的返工,其中 60% 的返工产品为企业内部发现,其余 40% 为顾客发现

注:一年工作 50 周,每天工作 8 小时,一周工作 40 小时。

我们可以利用表 16-2 所列示的数据,将该公司组装部门的质量成本分为四类。其基本步骤为:

(1)对表 16-2 所列各项进行逐项分析,并确定它们是否属于预防成本、评估成本、内部缺陷成本或外部缺陷成本,见表 16-3。

表 16-3　　　　　　　　　　组装部门成本分类

	质量成本要素	类别
	原材料	
1	(1)内部发现的不合格品	内部缺陷
	(2)顾客发现的不合格品	外部缺陷
	管理人员工资	
	(1)参加预防质量问题会议	预防
2	(2)分析质量检查结果	评估
	(3)查找问题原因	内部缺陷
	(4)解决顾客发现的质量问题	外部缺陷

（续表）

	质量成本要素	类别
	监管人员工资	
3	(1)质量培训	预防
	(2)监督内部发现的不合格品的返工	内部缺陷
	(3)监督顾客发现的不合格品的返工	外部缺陷
	组装工人工资	
	(1)质量培训	预防
4	(2)检查外购零部件	评估
	(3)检查所组装的打印机	评估
	(4)对部门发现的不合格品返工	内部缺陷
	(5)对顾客退回的不合格品返工	外部缺陷
	设备	
5	(1)用于测试的设备	评估
	(2)折旧——内部发现的问题	内部缺陷
	(3)折旧——顾客发现的问题	外部缺陷
	租金	
	(1)用于检查的工厂场所	评估
6	(2)用于不合格品返工的工厂场所	
	——60%内部发现	内部缺陷(60%)
	——40%顾客发现	外部缺陷(40%)
	公用事业费	
	(1)用于检查的工厂场所	评估
7	(2)用于不合格品返工的工厂场所	
	——60%内部发现	内部缺陷(60%)
	——40%顾客发现	外部缺陷(40%)

（2）将表 16-3 所列各项重新区分为预防成本、评估成本、内部缺陷成本和外部缺陷成本四类，并将表 16-1 所列成本分配给上述各成本项目，见表 16-4。

表 16-4	组装部门质量成本		单位:元
表 16-3 所列项目	成本要素	计算过程	金额
	预防成本		
2(1)	管理人员工资——参加会议	3÷50×64 000	3 840
3(1)	监管人员工资——质量培训	3÷40×102 000	7 650
4(1)	组装工人工资——质量培训	8×120×14	13 440
	预防成本合计		24 930

（续表）

表16-3所列项目	成本要素	计算过程	金额
	评估成本		
	组装工人工资		
4(2)	——外购零部件检查	28 800×14	403 200
4(3)	——组装打印机检查	18 000×14	252 000
2(2)	管理人员工资	2÷40×64 000	3 200
5(1)	设备——测试		8 500
6(1)	租金——检查产品	0.10×270 000	2 7000
7(1)	公用事业费——检查产品	0.10×90 000	9 000
	评估成本合计		702 900
	内部缺陷成本		
1(1)	原材料——内部发现的不合格品	0.40×194 940	77 976
2(3)	管理人员工资——查找原因	10÷40×64 000	16 000
3(2)	监管人员工资——监督返工	5÷40×102 000	12 750
4(4)	组装工人工资——次品返工	21×2 000×14	588 000
5(2)	设备——内部问题		45 000
6(2)	租金——返工	0.30×270 000×0.6	48 600
7(2)	公用事业费——返工	0.30×90 000×0.6	16 200
	内部缺陷成本合计		804 526
	外部缺陷成本		
1(1)	原材料——外部发现的不合格品	0.6×194 940	116 964
2(4)	管理人员工资——销售人员会面	1÷40×64 000	1 600
3(3)	监管人员工资——次品返工	7÷40×102 000	17 850
4(5)	组装工人工资——返工	24×2 000×14	672 000
5(3)	设备——外部问题		38 000
6(2)	租金——返工	0.30×270 000×0.40	32 400
7(2)	公用事业费——返工	0.30×90 000×0.40	10 800
	外部缺陷成本合计		889 614
	质量成本总计		2 421 970

16.2.2　隐性质量成本的计量

尽管隐性质量成本的计量比较不容易，但通过适当的方法可以作相应的估计。下面介绍几种比较常用的方法。

1. 乘数法(Multiplier Method)

乘数法简单地假定全部缺陷成本是已计量缺陷成本的某一倍数。其计算公式为

外部缺陷成本总和＝K(已计量外部缺陷成本)

式中,K 为乘数效应,可根据经验确定。

若某公司的 K 值为 3～4,假定已计量的外部缺陷成本为 2 000 000 元,则实际外部缺陷成本为 6 000 000～8 000 000 元。将隐性成本计算到外部缺陷成本的估计数中,有助于管理当局更准确地确定用于防止和评估质量作业所耗资源的水平。尤其是当缺陷成本增高时,它有助于管理当局更准确地确定用于防止和评估质量作业所耗资源的水平;有助于管理当局做出对增加控制成本方面的投资等决策。

2. 市场研究法(Market Research Method)

市场研究法常用于判断不良质量对销售和市场份额的影响。顾客调查和对公司销售人数的面谈可以对公司隐性成本的放大效应提供重要参考依据。市场研究结果可用于预计未来因不良质量所带来的利润流失数。

3. 田口质量损失函数法(Tadguchi Quality Loss Function Method)

根据"零缺陷"理念,隐性成本只有当产品超出规格的上下限时才会存在,而田口质量损失函数则假设,对一个质量目标值的任何偏差都会引起隐性成本的发生。同时,当实际值偏离目标值时,隐性成本也以该偏差值的平方增加。田口质量损失函数可表示为

$$L(y) = K(y - T)^2$$

式中,K 为外部故障成本结构的比例常数;y 为质量特征的实际值;T 为质量特征的目标值。

16.3 质量成本的报告

质量成本报告制度对公司改善和控制质量成本是必要的。建立这样一种制度的第一个也是最简单的步骤是报告当期实际质量成本情况。按类别详细列示实际质量成本可以提供两种重要线索:①显示各类质量成本的支出情况及其对利润的财务影响;②显示各类质量成本的分布情况,以利于管理当局对各类质量成本的重要性做出判断。

16.3.1 质量成本报告

质量成本报告(Cost of Quality Reporting)可按构成及其所占百分比进行编制。举例说明如下:

【例2】 沿用例1资料,该技术公司组装部门 2011 年 12 月 31 日的质量成本报告见表 16-5 和表 16-6。

表 16-5		组装部门质量成本报告					单位:元
成本项目	预防	评估	内部缺陷	外部缺陷	质量成本合计	部门总成本
原材料			77 976	116 964	194 940	8 124 000
管理人员工资	3 840	3 200	16 000	1 600	24 640	64 000
监管人员工资	7 650		12 750	17 850	38 250	102 000
组装工人工资	13 440	655 200	588 000	672 000	1 928 640	3 360 000
设备		8 500	45 000	38 000	91 500	675 000
租金		27 000	48 600	32 400	108 000	270 000
公用事业费		9 000	16 200	10 800	36 000	90 000
合计	24 930	702 900	804 526	889 614	2 421 970	12 685 000

表 16-6		某技术公司质量成本报告				单位:元
项目	工程部	采购部	组装部	其他部门	合计	占总质量成本(%)
预防	47 400	8 400	24 930	8 520	89 250	1.5
评估	55 115	71 600	702 900	584 700	1 414 315	23.77
内部缺陷	829 685	329 600	804 526	781 124	2 744 935	46.13
外部缺陷	417 000	195 000	889 614	199 886	1 701 500	28.6
合计	1 349 200	604 600	2 421 970	1 574 230	5 950 000	100

16.3.2 质量成本的分析

1. 可接受质量水平的传统观点

可接受质量水平(Acceptable Quality Level,AQL)的传统观点认为,质量成本由两大类组成,一类是控制成本(包括预防成本和评估成本),另一类是缺陷成本(包括内部缺陷成本和外部缺陷成本)。控制成本与缺陷成本之间存在着此消彼长的关系,即随着产品质量的提高,控制成本出现向上增长的趋势,而损失成本则不断下降;反之,当控制成本减少时,损失成本则不断上升。所以,只要损失成本的减少额超过相应的控制成本的增加额,公司就应该继续努力去追踪或防止产生不合格产品,直至达到控制成本的任何增加额都将超过相应的损失成本的减少额,此时控制成本和损失成本处于最佳均衡状态,总质量成本有最小值,这时的质量水平为可接受质量水平,其理论关系如图16-1所示。

从图16-1可知,当控制成本减少时,成本次品率就会上升,同时缺陷成本也随之增加。从总质量成本函数可以看出,随着质量逐渐提高到某一水平,总质量成本逐渐降低。此后不需再有进一步的质量改进,即此处为最理想的次品水平,公司应努力达到并维持该水平。这一次品水平就是可接受质量水平。

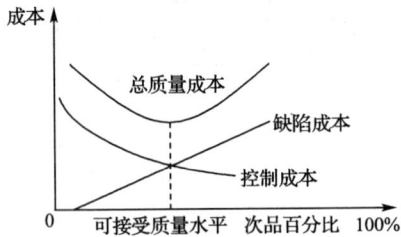

图 16-1　传统质量成本

2. 全面质量控制的现代观点

可接受质量水平的传统观点是建立在传统的缺陷性产品概念基础之上的。在这种传统观念里,如果一个产品的质量超出质量特征的容忍范围,则该产品是有疵点的或有缺陷的。在此观点下,只有当产品未能达到设计要求时才会发生缺陷成本,而且在控制成本与缺陷成本之间存在一个最优选择问题。事实上,可接受质量水平允许生产一定数量的缺陷性产品。这一模式在 20 世纪 70 年代较多用于质量控制中。70 年代后期,可接受质量水平受到零缺陷模式的挑战。零缺陷模式要求将不符合质量要求的产品降低到零。企业生产的不符合质量的产品越来越少,就可以取得比继续实施可接受质量水平模型的企业具有更多的竞争优势。80 年代中期,健全质量模式将零缺陷模式往前推进了一步。该模式对缺陷产品的定义提出了挑战。它认为,生产不符合目标价值的产品会招致损失,离目标价值越远,其损失越大。即使实际产品与设计要求之间的偏差在设计允许范围内,损失仍会因产品的生产而产生。换言之,偏离理想目标是要付出代价的。零缺陷模式低估了质量成本,因此,尚有通过努力改进质量以形成节约的潜力。由此可见,健全质量模式紧缩了缺陷性产品的定义,更新了人们的质量成本观,同时加快了质量管理步伐。

对在竞争日益激烈的环境中经营的企业来说,质量可以带来重要的竞争优势。如果健全质量模式是正确的,那么企业应进一步减少缺陷性产品的数量,以便降低其质量成本总水平。质量成本的最优水平存在于所生产产品达到目标价值之处。

(1)质量成本的动态性质

人们发现,不必像图 16-1 所示的关系那样在各质量成本种类中进行权衡选择。随着企业预防成本和评估成本的增加和缺陷成本的减少,人们发现预防成本和评估成本可以缩减。图 16-2 揭示了质量成本关系变化情况。

由图 16-2 可以看出,总质量成本函数与图 16-1 所示的质量成本关系保持一致,主要的不同在于:①以努力使成本水平降低到零的方式对缺陷成本发起正面进攻;②对正确的预防性作业进行投资,以实现降低成本的目的;③持续不断地评估

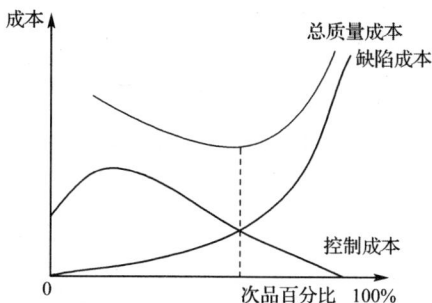

图 16-2　现代质量成本

和更正预防作业,促使产品质量得到进一步的改进。

这一战略赖以存在的前提是:①每种缺陷都有其产生的根本原因;②原因是可预防的;③预防总是较便宜的。

(2)作业管理与优化质量成本

作业管理将作业区分为增加价值作业与非增加价值作业两大类,并强调保留增加价值作业,尽可能减少甚至消除非增加价值作业。这一原理与全面质量管理强调的顾客愿意接受并支付增加价值的作业但拒绝接受并支付非增加价值作业的原理非常吻合。如前所述,质量成本可以分为四类,与之相对应的作业也可以辨认。因此,人们比较容易地将这些作业区分为增加价值作业和非增加价值作业。

内部缺陷作业和外部缺陷作业及其相关联的成本都属于非增加价值作业,应彻底消除。而预防作业则可视为增加价值作业而予以保留。评估作业比较难于分辨,乍看之下,所有评估作业似乎都应属于非增加价值作业。然而,事实上,一部分评估作业是预防作业所必需的,如质量审计,应视为增加价值作业。

各种作业一旦分类,即可根据资源动因将成本分配到各种作业中。人们可以据此分辨合法性动因,并用来帮助管理人员了解作业成本产生的原因。

16.4　质量成本的控制

管理当局可以利用编制质量成本业绩报告来实施质量成本的控制。编制质量成本业绩报告,首先必须确立质量成本的业绩标准。只有根据标准,才能比较分析实际结果与标准结果之间存在的差异及其原因,才能据此采取相应的纠正措施,更正存在的问题,提高企业质量成本管理水平。

16.4.1　质量标准的选择

质量标准的选择方法主要有传统法和全面质量法。

1.传统法

传统法认为,恰当的质量标准是可接受质量水平。可接受质量水平允许生产并销售一定数量的缺陷产品。例如,将可接受质量水平设为 3%,则在任何总量的产品中,总有不超过 3% 的不合格品将销售给顾客。故可接受质量水平的缺点在于,它将使以往的经营缺点持续存在。

2.全面质量法

全面质量法,也称零缺陷标准法。它反映了全面质量控制的哲学,并要求生产和提供的产品、服务必须满足目标价值。由于实施全面质量控制要求采用即时制造系统。因此,采用即时制造系统的企业比较倾向于采用全面质量控制。

16.4.2 质量业绩报告

质量业绩(Quality Performance)报告反映一个企业在质量改进项目上的进展程度。其报告类型主要有以下三种:

1.中期标准业绩报告

中期标准业绩报告是指将质量改进进度与当期标准或目标进行比较的报告。采用这一方法的企业,必须每年制定中期质量标准以及达到这一目标水平的计划。由于质量成本是质量的一个衡量指标,因此,各类质量成本及其成本项目的目标水平可以用预算金额表示。期末,中期标准业绩报告将当期实际质量成本与预算成本进行比较见表 16-7。

表 16-7　　　　　　中期标准业绩报告:质量成本

（截至 20××年 12 月 31 日）　　　　　　　　单位:元

	实际成本	预算成本	差异
预防成本			
质量培训	35 000	30 000	5 000U
可信赖工程	80 000	80 000	0
预防成本合计	115 000	110 000	5 000U
评估成本			
材料检验	20 000	28 000	8 000F
在产品验收	10 000	15 000	5 000F
产成品验收	38 000	35 000	3 000U
评估成本合计	68 000	78 000	10 000F
内部缺陷成本			
拆除	50 000	44 000	6 000U
返工	35 000	36 500	1 500F
内部缺陷成本合计	85 000	80 500	4 500U

（续表）

	实际成本	预算成本	差异
外部缺陷成本			
顾客投诉	25 000	25 000	0
保证	25 000	20 000	5 000U
维修	15 000	17 500	2 500F
外部缺陷成本合计	65 000	62 500	2 500U
质量成本总计	333 000	331 000	2 000U
占实际销售额比例	11.89％	11.82％	0.07％U

注：1. 实际销售额 2 800 000 元；

2. F 为有利差异，U 为不利差异。

2. 长期质量业绩报告

在零缺陷哲学下，缺陷成本是非增加价值成本，应予以消除。降低缺陷成本可以提高企业的竞争能力。然而，实现更高的质量标准，并不意味着彻底消除预防成本和评估成本。一般而言，我们希望评估成本能有所下降。企业必须确保产成品是在零缺陷条件下生产出来的。表 16-8 为长期质量业绩报告。

表 16-8 　　　　　　　　　　长期质量业绩报告

（截至 20××年 12 月 31 日）　　　　　　　　　单位：元

	实际成本	目标成本	差异
预防成本			
固定：			
质量培训	35 000	15 000	20 000U
可信赖工程	80 000	40 000	40 000U
预防成本合计	115 000	55 000	60 000U
评估成本			
变动：			
材料检验	20 000	5 000	15 000U
在产品验收	10 000		10 000U
产成品验收	38 000	10 000	28 000U
评估成本合计	68 000	15 000	53 000U
内部缺陷成本			
变动：			
拆除	50 000	—	50 000U
返工	35 000	—	35 000U
内部缺陷成本合计	85 000		85 000U
外部缺陷成本			
固定：			
顾客投诉	25 000	—	25 000U

（续表）

	实际成本	目标成本	差异
变动：			
保证	25 000	—	25 000U
维修	15 000	—	15 000U
外部缺陷成本合计	65 000	—	65 000U
质量成本总计	333 000	70 000	263 000U
占实际销售额比例	11.89%	2.5%	9.39%U

注：1. 以当期实际销售额 2 800 000 元为基础，这些成本属于增值成本；

2. F 为有利差异，U 为不利差异。

由表 16-8 可以看出，长期质量业绩报告是将当期实际成本与达到零缺陷标准所允许的成本水平进行比较。报告显示，企业尚有许多消除非增加价值作业的空间，公司在质量问题上花费了太多的资金。产品质量的提高，可以减少改进质量问题的工人人数，由此可以节省这方面的资金。例如，若不需要返工的话，就不会发生返工方面的成本。所节省的资金，企业可以用来扩展企业规模，提高企业的竞争能力。

3. 多期质量趋势报告

多期质量趋势报告是将期内质量改进项目的进展程度以图表的形式加以表达的报告。以横坐标表示年份，纵坐标表示相应时间内的销售百分比，将多年质量成本占销售百分比描述在图上，即可反映质量改进项目的执行情况。

【例3】 某企业有关资料见表 16-9。

表 16-9　　　　　　　　　　　　　　　某企业有关资料

项目 年份	质量成本（元）	实际销售（元）	成本占销售百分比（%）
20×7	440 000	2 200 000	20.0
20×8	423 000	2 350 000	18.0
20×9	412 500	2 750 000	15.0
20×0	406 000	2 800 000	14.5
20×1	280 000	2 800 000	10.0

以 20×7 年为起点，设目标值为 2.5%，根据上述数据作图，如图 16-3 所示。

由图 16-3 可以看出，以销售百分比表示的质量成本有持续下降的趋势，企业尚有朝长期目标百分比不断改进质量的空间。

另外，也可以根据资料做出各别质量成本的趋势报告。

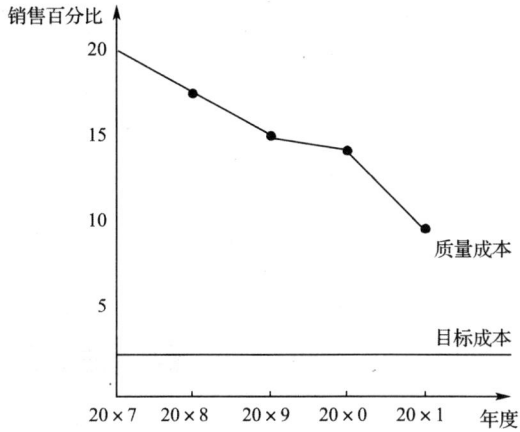

图 16-3　多期质量成本趋势

⊩ 复习思考题 ⊩

1. 质量成本的内容是什么？

2. 显性质量成本如何进行计量？

3. 隐性质量成本常用的计量方法是什么？

4. 如何编制质量成本报告？

5. 企业如何对质量管理进行控制？

第 17 章

环境成本管理

伴随着经济发展,世界环境问题日益突出。臭氧层被破坏、全球变暖、大面积的酸雨、淡水资源的危机、能源短缺、森林锐减、土地沙化、垃圾成灾等环境问题随处可见。根据环境保护部门的估计,环境污染主要来自企业的经营活动。1972 年6 月,联合国在瑞典斯德哥尔摩召开了第一次全球人类环境会议,呼吁"只有一个地球,为了生存,人们都必须明确自己保护环境的责任"。自此,保护环境、保护地球的呼声逐渐高涨,绿色风潮席卷全球。受此影响,许多学科开始向环境领域渗透,并主动参与环境保护,出现了"环境经济学"、"环境管理学"、"环境法学"等与环境保护有关的交叉科学。

随着世界各地环境污染所导致的经济、社会和政治问题日益突出,环境成本管理变得越来越重要。各个国家不断采取措施,在保护环境方面对各种类型的企业作出限制,以阻止和缓解环境污染的不良影响。这导致了一种趋势,即要求企业向公众披露大量的有关环境政策、目标和方案的信息,以及与这些政策、目标与方案相联系的成本与收益的信息,还要求企业披露所面临的环境风险。

企业的环境业绩如何影响其财务状况,有关环境业绩的财务信息又是如何被用来评价和管理环境风险的,这常常是投资者和债权人所关心的问题。这其中,投资者对环境成本十分关心,因为环境成本对其投资回报有潜在的影响。传统的成本核算范围狭窄,缺乏对环境资源耗费的确认和计量,显然不能满足各利益相关者在这方面的信息需要。

17.1　环境成本的含义及分类

1.环境成本的含义

环境成本是指本着对环境负责的原则,因企业管理活动对环境造成影响而采取或被要求采取相应措施的成本,以及因企业执行环境目标和要求所付出的其他成本。这里的环境成本是指企业所关心的那些影响或者可能影响企业的财务状况与成果的,从而要在财务报表中报告的成本。它不包括那些不由企业负担的成本(通常被称作"外部成本"),如空气污染和水污染对环境所造成了不良影响等。

2.环境成本的分类

在环境成本管理实践中,通常参考美国国家环境保护局(EPA)的《全球环境管理动议》的分类方法。具体内容包括:

(1)常规运营环境成本

常规运营环境成本包括环境资本(设备)投入成本、材料成本、环境管理活动中的直接人力成本和原料供应成本等。以上成本能够直接分配到有关账户中。

(2)隐藏成本

隐藏成本原来包含在管理费用中,它不能给决策者提供足够的环境成本信息。包括:①运营生产过程中发生的成本,它是指依据有关法律法规的约束而必须发生的成本。如环境监测、实验费用,环境损害的补救费用,档案保管费用,环境管理人员的计划、培训费用,污染控制费用,有害物溢出处理费用,自然灾害风险管理费用,废物处理费用和绿化费用等。②生产运营前发生的前置成本,它是指由于环境保护的目的而发生的选址费用,生产现场准备费用、达标费用、研发费用、环境工程和执行费用以及环保设备安装费用等。③生产运营后发生的后置成本,它是指关闭及退出费用,存货环境处理费用,关闭后的后续关注费用,厂址后续监测费用等。

(3)或有负债

或有负债包括未来依据法律必须追溯支付的费用,未来可能必须支付的罚款,未来的排放控制费用,未来可能的补救费用、设备损坏维修成本、人员伤害补偿费用、法律费用等经济损失。

(4)企业形象和公共关系成本

企业形象和公共关系成本包括企业为维持良好的保护环境的公众形象而对外披露环保信息、参加环保活动所发生的成本,以及公司为协调与社区、管理当局等利益相关者的关系而发生的成本。

由于环境成本计量本身的复杂性,以上分类应用的难度较大,即使在西方环境成本管理研究比较完善的国家里,其实务应用状况也是参差不齐的。

环境成本按不同的管理需求还可以形成其他不同的分类。例如,按空间范围划分,环境成本可以分为内部环境成本和外部环境成本;按时间范围划分,环境成本可以分为过去环境成本、当期环境成本和未来环境成本;按功能划分,环境成本可以分为弥补已发生的环境损失的环境支出、用于维护环境现状的环境性支出和预防将来可能出现不良环境后果的环境性支出;按照经济用途划分,环境成本可以分为环境污染预防成本、环境污染治理成本、废弃物再利用成本和环境损失成本;按照环境成本与环境收入的关系划分,环境成本可以分为环境资本性支出和环境收益性支出等。

17.2 环境成本的确认和计量

1. 环境成本的确认

环境成本应当在首次得以识别的期间加以确认。如果符合资产的确认标准,就应将环境成本资本化,并在当期及以后各受益期间进行摊销;否则,应作为费用计入当期损益。环境成本的确认,其关键在于成本是在一个期间还是几个期间确认,是资本化还是计入损益。

在有些情况下,环境成本可能涉及前期发生的损害。例如,财产取得前发生的对周围环境的损害,前期发生、现在需要予以清理的事故或其他活动;对前期处置财产的清理;处置或处理前期发生的危险废弃物的成本。然而,除非涉及会计政策变更或者重大会计差错,否则通常不把环境成本视作前期调整。

假如环境成本与企业今后将要以下列方式取得的经济利益有着直接或间接的关系,它应予以资本化:①提高企业拥有其他资产的能力,或者改进其安全状况或提高其效率。②减少或防止可能由今后的经营活动所产生的环境污染。③保护环境。资产的定义表明,如果企业发生的一项成本将在未来带来经济利益,那就应该将其资本化,并在利益实现时计入当期损益。因而,符合这个标准的环境成本应予以资本化。减少或防止潜在污染以保护未来环境而发生的成本,尽管它们可能不会直接产生经济利益,但是,企业为了从其他资产中获取或持续获取经济利益,发生这些成本是必要的,因此,将它们予以资本化是恰当的。

假如环境成本并不会在未来带来经济利益,或者与未来经济利益没有足够密切的关系,则不能将其资本化。这些成本包括:废物处理,与当期经营活动有关的清理成本,清除前期活动引起的损害,持续的环境管理以及环境审计成本等。因不遵守环境法规而导致的罚款以及因环境损害而给予第二方的赔偿,均视为与环境相关的成本。这些成本并不产生未来收益,因而应作为费用计入当期损益。

当一项可以确认为资产的环境成本与另一项资产有关时,它应当作为其他资产的组成部分而不单独确定。在大多数情况下,可以资本化的环境成本都与另一项资产有关。这些环境成本本身并不带来特定的或单独的未来收益,其未来收益存在于企业经营中使用的另一项生产性资产中。例如,清除建筑物中的石棉,这项工作本身并不产生未来经济收益或环境收益,受益的是建筑物。因而,石棉消除成本被确认为一项独立的资产是不合适的。再如,一台能清除空气或水污染的机器,它能够产生特定的或单独的未来经济收益,因此可以将其作为资产单独确认。

当一项环境成本作为另一项资产的价值的一部分时,应对这一资产进行评估,看其有无减值,如已减值,则应将其减值计入可回收价值。在某些情况下,将资本化了的环境成本计入相关资产后,会导致资产的成本高于其可回收价值。所以,应对这项资产是否减值进行评估。同样的,被确认为一项独立资产的环境成本也应就其是否减值进行评估。与环境因素有关的减值的确认与计量所采用的原则,尽管与其他形式的减值相同,但其不确定性更大。特别是环境污染对相邻资产所产生的减值影响,应当予以考虑。

2. 环境成本的计量

环境成本的计量应以货币计量为主,以实物、技术计量为辅。例如,计量三废处理成本时可辅之以吨、立方米等物理量度单位。根据产生环境成本业务或事项的不同特性,环境成本有以下三种独特的计量方法:

(1)全额法

全额法用于计量专门为进行环境保护而发生的费用。在全额法下,为某一环境问题的解决而专门支付的成本,其金额全部计入环境成本。如环境保护专设机构的费用、环境保护技术的研究开发费用、环境污染治理的专项投资等,均全部计入环境成本。

(2)比例法

比例法是指按一定的比例来计算经营中与环境相关的支出中的环境成本,它是与环境相关项目的总成本乘以一个环境成本比例系数而得到的一项环境成本,如按制造成本总额的一定比例来计算生产车间的废弃物治理成本。比例法应用过程中的主要问题在于环境成本的比例系数的分配还没有通用、有效的标准。可以根据以下原则来进行环境成本的划分:①成本项目的产生如果以环保为目的,则将其全部归为环境成本;②如果成本项目可以进行具体的成本细分,则比较容易划分出环境成本;③如果成本项目很难进行细分,其中 50% 以上的部分是因为环境而发生的支出,则将其列为环境成本;④如果成本项目很难进行细分,其中因环境而发生的支出明显低于 50%,则可以估计一个适当的比例,而不是将环境成本忽略不计。

17.3　环境成本的会计处理

1.科目设置

为了强化企业的环境意识,应单独设立一个"环境成本"会计科目,并按上述环境成本的内容设置六个明细科目。该科目属于损益类会计科目,其借方登记当期发生的环境成本支出以及分配计入本期的环境成本。平时借方余额反映企业本期实际的环境成本;期末,该科目借方额全部从其贷方转入"本年利润"会计科目,结转后无余额。

2.账务处理

(1)本期发生与本期相关的

发生时,借记"环境成本"科目,贷记"银行存款"、"应付工资"、"原材料"等相关科目。

(2)本期发生与本期非相关的

①预付待摊。待摊期在一个会计年度以内的,发生时借记"待摊费用——环境支出",贷记"银行存款"等相关科目;摊销时借记"环境成本"科目,贷记"待摊费用——环境支出"科目。当摊销期限超过一个会计年度时,则需将"待摊费用"换成"长期待摊费用"科目,处理方法与上述相同。

②预提待付。和一般的预提费用会计处理方式一样,当出现预提环境成本时,借记"环境成本"科目,贷记"预提费用"科目;待付款或结清时,借记"预提费用",贷记"银行存款"等相关科目。

上述各项在期末结转损益时,应借记"本年利润"科目,贷记"环境成本"科目。

17.4　环境成本的分配

按照传统会计的成本分配方法,在制造过程中产生的环境成本一般在发生时全部计入制造费用,期末时在所有产品中按工时等标准进行分摊。这种方法操作简便,但在环境成本大幅度增长的今天,按这种方法进行分配有时会产生很大的偏差,使无污染产品承担了部分应由污染产品承担的环境费用。

鉴于环境费用发生起因的复杂性,传统成本法不能准确地把环境成本归集到单个产品或活动中去,作业成本法被引入环境成本核算与管理中。作业成本法按成本动因对环境成本的发生进行有效追溯,将环境成本追溯到每一种产品,保证了分配的准确性,从而保证企业能对产品进行合理定价,并有利于企业实施成本控制。但在这种方法下,如何对或有负债成本进行准确估算是一个难题。

17.5　环境成本管理目标和内容

　　在环保法规的逐渐完善、消费者对绿色产品的偏好以及"绿色贸易壁垒"的威胁等因素的影响下,企业倘若置环境问题于不顾,其生产经营终将不可持续。为此,企业必须将环境成本纳入管理范畴,重视环境成本管理。企业进行环境成本管理,其内容包括建立健全成本管理机构和成本管理制度、进行环境成本预测、编制环境成本计划、进行环境成本核算、实施环境成本控制、编制环境成本报表、进行环境成本分析等。

　　以最小的环境成本取得最大的经济效益和环保效果,是企业环境成本管理的目标所在,它主要包括三个方面:①自然资源和能源利用的最合理化,即以最少的原材料和能源消耗生产尽可能多的产品,提供尽可能多的服务;②经济效益最大化,即通过不断提高生产效率,降低生产成本,增加产品和服务的附加值,以获取尽可能大的经济效益;③对人类和环境的危害最小化,即把生产活动和预期的产品消费活动对环境负面影响减至最小。这三方面的具体目标之间是相互联系的,如资源和能源的合理化使用可同时带来环境保护效果和环保经济效益的提高,认识到这种效果与效益的联系,可以使我们更好地进行环境成本管理。这三方面的具体目标有时又是相互矛盾的,如在保证对人类危害最小时,可能会降低一定的经济效益。此时,就应权衡利弊,在保证达到国家环境标准、不危害人类健康前提下,兼顾资源能源的节约和经济效益的提高。

　　为了实现环境成本管理目标,企业应根据自身生产经营的特点,考虑与环境保护的协调,建立现代环境成本管理模式。现代环境成本管理模式采用的是产品生命周期全过程的管理模式,即从产品设计开始,直至最后废弃物处理,对环境成本采取了事前控制的模式。产品生命周期成本管理主要体现在生态设计、清洁生产两方面:①生态设计。所谓生态设计是指在产品的设计中将生态保护、人类健康和安全问题有意识地融入其中,即在产品的整个生命周期内,优先考虑产品的环境属性(无害性、可回收利用性、可减量消耗性),并将其作为设计目标,在满足环境目标要求的同时,保证产品应有的基本性能、使用寿命、质量等。符合生态设计要求的产品应能让产品在使用过程中不产生污染或只有微小污染,应能使产品在生产过程中可以最大限度地利用材料资源,废弃后不对环境产生污染,并能使产品在整个生命周期所消耗的能源达到最少。②清洁生产。清洁生产可以减少生产经营活动给人体和环境带来的不良影响,可以使资源利用最优化,使经济效益最大化。其主要方法是:通过加强管理和改进生产技术,在废弃物产生之前最大限度地减少或降低废弃物的产生量和毒性;在生产现场对原材料、能源和水资源等进行回收和重复利用。如何对清洁生产方案进行环境成本与效益的分析,对清洁生产方案进行决策、评价和考核,是环境成本管理的一项重要内容。

▌▌ 复习思考题 ▐▐

1.环境成本的含义是什么?

2.环境成本分类的具体内容是什么?

3.环境成本如何进行确认和计量?

主要参考书目

[1] 胡国强.成本管理会计.成都:西南财经大学出版社,2006

[2] 杜晓荣.成本控制与管理.北京:清华大学出版社,2007

[3] 余景选.成本管理.杭州:浙江人民出版社,2008

[4] 陈良华.成本会计.大连:东北财经大学出版社,2008

[5] 柯琼.成本会计.武汉:华中科技大学出版社,2009

[6] 张涛.管理成本会计.北京:经济科学出版社,2009

[7] 胡铭.质量管理学.武汉:武汉大学出版社,2004

[8] 林万祥,肖序.环境成本管理学.北京:中国财政经济出版社,2006

[9] 乐艳芬.战略成本管理与企业竞争优势.上海:复旦大学出版社,2006

[10] 小克利夫顿·H.克雷普斯,理查德·F.瓦克特.财务管理.上海财经学院《财务管理》翻译组,译.北京:中国财政经济出版社,1981

[11] 查尔斯·T.亨格瑞.成本会计.8版(下).北京:中国人民大学出版社,1997

[12] 罗绍德.成本会计.北京:经济科学出版社,2007

[13] 田昆儒,吴彦龙.成本会计.北京:经济科学出版社,2005

[14] 孔德兰.成本会计.北京:中国金融出版社,2007

[15] 李敬福,唐艳.成本会计.武汉:华中科技大学出版社,2007

[16] 王俊生,黄贤明.成本会计.北京:中国人民大学出版社,2007

[17] 李定安.成本管理研究.北京:经济科学出版社,2002

[18] 王立彦,刘志远.成本管理会计.北京:经济科学出版社,2005

[19] 万寿义.成本管理会计.大连:东北财经大学出版社,2007

[20] 财政部企业司.企业成本管理.北京:经济科学出版社,2004

[21] 吴少平.现代成本管理.北京:经济管理出版社,2007

[22] 中国注册会计师协会.财务成本管理.北京:经济科学出版社,2008